정병무 장로 간증회고록

개정판

내 잔이 넘치나이다

도서출판 비움과 채움

들어가는 말 … 6

라. 생애 갈림길과 신혼생활

마. 인쇄 인생의 파노라마

바. 삶 속의 여운(餘韻)들

사. 새 소망 예수그리스도

들어가는 말

삶의 흔적들 속에서 아직 찌꺼기로 남아있는 것 중에 정신적으로나 물질적으로 빚진 자로서 부끄럽고 너절한 변명을 늘어놓으며 애절(哀切)하고 안타까운 희노애락(喜怒哀樂)의 지난날들을 돌아보려고 한다. 다행히 물질적 빚을 청산하고 홀가분한 심정으로 이 글을 쓰게 되어 만감이 교차한다. 8년 전(2018.4.25.) 저의 팔순(八旬) 감사와 함께 출판한 《내 잔이 넘치나이다》에 고백한 저의 인생의 잔을 다시 한번 뒤적여 보고 그 안에서 부지불식간(不知不識間)에 빠뜨리고 간 여운(餘韻)들을 더듬으며 잔잔한 호수를 거니는 심정으로 길지 않은 여생의 끝자락을 고이 여미어 보고자 하는 것이다.

지난번 간증 회고록에는 나의 80평생을 하나님의 섭리 안에서 큰 물줄기를 따라 도도히 떠내려온 저의 삶의 현장들을 보여 드리려고 했었다. 그러나 책을 낸 후 조금 아쉬움이 들었다면 작은 샛강들이 모퉁이를 돌고 돌아 조잘대며 흘러 흘러 큰 강물 줄기와 합류하면서 새옹지마(塞翁之馬)의 인생사를 더 구체적으로 드러내었으면 하는 마음이 들어 다시 한번 그 속삭임에 따라 내용을 보완하여 개정판을 내게 된 것이다.

이제는 빚진 자의 모든 굴레를 벗어던지고 좀 자유롭고 싶은 심정으로 여생을 다듬고 싶은 마음에서 자신을 말씀에 비춰보면서 간증하는 심정으로 기록해 보았다. 이 글을 읽는 이들에게 조금이라도 소통과 공명(共鳴)이 일어났으면 하는 바람이다. 다른 한편으로는 복음 전파의 편지로서 승화(昇華)되어 한 알의 밀알이 되기를 소원해 본다. 주님의 은혜를 찬미하면서 남은 여생을 정리하는 심정으로 이 글을 쓰고 있다.

기독교와 불교의 기본 교리로 삼는 자비(慈悲)와 사랑을 유교나 천도교에서는 경천애인(敬天愛人) 또는 홍익인간(弘益人間)으로 설명하면서 한편으로는 이것을 단군의 건국이념이라고도 한다. 기독인으로서 못다한 하나님 사랑, 이웃사랑의 빚은 끝내 온전히 갚아질 수 없지만 나에게 현실적으로 감당해야만 하는 물질적 빚은 어서 속히 벗어나고 싶은 것이 솔직한 심정이다. 남은 여생을 주님 주시는 평안과 기쁨으로 살아가면서 한없는 은총에 감사와 찬양을 드리며 어딘가에 매이지 않고 자유롭고 즐겁게 여생을 정리하면서 또 한 번 크게 "내 잔이 넘치나이다"를 외쳐보는 한 마당이라고 할 수 있을 것이다.

이 개정판에서 나는 연대기적 서술보다는 순간순간 펼쳐진 당시의 상황들을 회고하고 오늘의 관점에서 투영하면서 간증하고자 한다. 이런 간증이 삶 속에서 고요한 여울들로 수놓아 믿음의 간증이 되고 편지가 되어 주님의 향기로 널리 퍼지기를 바랄 뿐이다.

또한 우리 모두가 저마다의 삶 속에서 이생의 헛되고 헛된 것(전1:2)을 초월하고 극복하여 주님의 영광을 향하여 육신의 정욕과 안목의 정욕과 이생의 자랑거리(요1/2:16)인 세상의 모든 것들을 벗어버리고 지혜의 왕 솔로몬이 노년에 깨달은 후회나 한탄을 뒤로 하고 오로지 영화의 나라를 바라보며 눈물로 씨를 뿌리는 자로 충성을 다하는 하루하루가 되기를 기도한다. 우리 주님의 백성들은 종말론적 신앙으로 깨어 기도하고 항상 기름을 준비하는 나날들이 되시기를 바라며 이 부족하기 이를 데 없는 이 노종의 결혼 60주년(회혼)을 맞아 개정판을 쓰면서 다시 한번 감사와 영광을 하나님께 두 손 모아 올려 드린다.

2025. 12. 31.

대한예수교 장로회 서울교회

은퇴장로 정병무 드림

가. 나의 소망

1. 내 인생의 빛 3가지
2. 자식들에게 바라는 소망
3. 아린 호소는 흠집으로 남고

金婚記念 : 2016.7.7. (1966.1.12.결혼)

1. 내 인생의 빚 3가지

첫째 빚은 영원히 다 갚을 수 없는 하나님의 은혜에 대한 빚이다. 값없이 받아 누린 내 인생 송두리째의 하나님 은혜는 보상이 전제된 것이 아니지만 저로서는 그 큰 빚을 진 자로 책임과 의무를 다하지 못하는 불충한 종으로서 안타까움을 진채로 땅 위의 삶을 마감하게 될 것을 알기 때문에 영원히 빚진 자로 남을 수밖에 없다는 것이다. 나의 능력에는 한계가 있고 하나님의 은혜는 헤아릴 수 없으니 불가항력(不可抗力)적이라고 할 수 있을 것이다. 나는 그동안 말씀에 순종하는 신행 일치의 삶을 살아오지도 못했고 '하나님 사랑, 이웃사랑'의 대의(大義)로 영광을 돌려야 하는 것을 알면서도 온전히 행치 못했으며 그 큰 은혜는 끝내 다 갚을 수 없음을 알기 때문이다.

은혜란 종교적으로 말하면 값없이 주시는 하나님의 자비와 은덕이라고 할 수 있다. 이 땅 위에 나의 생명을 보내주신 것부터가 주님의 예정 섭리 안에서 이루어졌고 출생과 양육 과정에서 불구나 장애가 없는 건강한 몸으로 태어나고 자란 것, 화목한 가정에서 좋은 부모님의 양육을 받은 것, 또 다른 한편으로는 고난의 세월로 만 10살에 어머님을 여의고 세상에 내 던져져 어린 나이에 남보다 좀 빨리 성숙하게 하신 것도 그 하나님의 뜻을 이루기 위한 은혜였음을 믿는다.

1949년 어머니가 돌아가신 후 세상을 다 잃어버린 사람처럼 날마다 만취 상태로 이성을 잃고 울부짖는 아버지를 보는 어린 나의 새가슴은 불안하기만 했었다. 주변 어른들의 권유로 새엄마를 맞이하게 해야 한다는 뜻이 모아져 신부를 물색했다. 새엄마 될 분이 선을 보이려고 기다리고 있는데 나는 안타까운 마음으로 다가가 말벗이 되어 드리기도 했다. 이 또한 어른들의 생각을 뛰어넘는 배려의 마음이었으며 첫돌 전에 엄마를 여읜 여동생 계영이를 최우선으로 돌보겠다는 마음도 전능자 하나님의 섭리로 나의 마음을 조성하여 주시었다고 믿으니 이 또한 특별한 은혜가 아닐 수 없다.

또 나는 만 19살에 아버지가 별세하시고 형님의 대학 뒷바라지와 8가족의 생계를 책임져야 하는 소년가장이 되게 한 것도 하나님의 섭리 안에서 이루어졌으며 오늘의 나를 만들기 위한 과정이었다고 믿으니 이 또한 너무나 큰 은혜라 생각한다. 바로 이 모든 과정들이 '나와 우리 가정의 구원의 역사'라고 믿는다.

지금까지 87년을 살아온 일평생 내 앞에 펼쳐진 모든 것들이 깊으신 하나님의 뜻 안에서 이루어진 것이 아닌 것은 하나도 없다고 믿기에 그 은혜의 보답은 엄두도 낼 수 없고 상상조차 할 수 없는 일이니 영원히 빚진 자로 남을 수밖에 없다는 것이다.

그 크신 은혜를 갚는 방법은 하나님의 말씀대로 순종하며 나 자신보다 언제나 하나님을 내 앞에 모시는 삶으로 날마다 회개와 자복(自服)으로 거듭나는 것이라고 믿는다. 과연 내가 한 점 부끄러움 없는 삶을 통해 하나님의 영광을 드러낼 수 있을까를 묵상하면 결단코 못다 할 것이 분명하며 또 그렇게 살아갈 수도 없다는 것이다. 내가 사는 날 동안 갚을 수 있는 부분만이라도 최선을 다하여 갚아야 하겠다는 소명감을 갖고 안간힘을 다해 실천하겠다는 다짐만이 전부이다.

둘째 빚은 이웃에 대한 빚으로 내가 받은 모든 은혜 가운데 먼저 아내에게 빚을 갚아야 한다는 마음을 가슴에 새겨놓고 여생을 살아가려고 한다. 아내는 결혼 전에 현실적으로 얼마든지 나보다 훌륭한 사람이 주변에 많았겠지만 모두 다 제쳐버리고 '빈털터리 벌거숭이인 나를 기꺼이 남편으로 받아 주었다'는 사실이다. 천 길 낭떠러지 아래에서 하늘만 쳐다보며 허우적대는 천애고아와 같은 나에게 구원의 천사로 다가왔다는 것이다. 이 모든 것은 하나님의 섭리라고 믿지만 아내는 그 수종자(隨從者)요 실상과 증거자로 나에게 다가온 메신저이며 마치 천사와 같은 존재이니 이 또한 사는 날 동안 속 시원하게 갚을 수 없는 빚으로 남을 것 같으니 말이다.

사노라면 현실이 먼저이고 하나님은 뒷전인 것이 우리들의 진솔한 모습이고 또 나의 모습임을 알고 있으니 말이다. 지난날 어려웠던 순간순간에 나를 에워싼 도움의 손길들과 사랑의 이웃들이 아련한 추억으로 남아있지만 갚아야 할 책임과 사명을 송두리째 접어두고 지나쳐 왔고 앞으로도 마찬가지일 것이 분명하기 때문이다. 입술로는 다 표현할 수 없지만 마음 깊은 곳에 이 빚진 자로서 마음을 털어버릴 수 없으니 못내 간직하고 여생을 살아야 한다는 생각이다.

때로는 욱하는 성질을 못 참아서 아내에게 상처를 입히게 될 때마다 돌아서서 후회를 하지만 이미 지나갔으니 돌이킬 수 없는 일이다. 그때마다 좀 더 한발 물러서서 생각하고 부드럽게 표현하여야 되겠다는 다짐도 해 보았다. 역시 아담의 후손이기에 육신의 정욕, 안목의 정욕, 이생의 자랑(요1.2:16)으로 죄를 범하면서 살 수밖에 없지만 주님의 부름받은 자로서 성령의 9가지 열매를 심장에 새기고 '절제'라는 특효약을 떠올려 본다.

셋째 빚으로는 나는 물질적 빚으로 좀 많은 짐을 지고 있었지만 역삼동 건물을 정리하게 되면 부채 정리 후 양도소득세까지 납부해도 얼마쯤은 남을 것 같고 또 지금 살고 있는 아파트도 있으니 모든 물질적 빚은 청산할 수 있을 것 같아서 나름대로 구상을 하고 있었다. 매매의 적기를 기다리며 서두르지 않고 기도하는 중에 모세 앞에 홍해가 갈라졌던 이적이 내 앞에서 일어난 것이다. 이 개정판 초고(礎稿) 때에는 늦어도 2025~6년까지는 실행되어야 한다고 생각했는데 마침내 하나님은 그 길을 열어주시어 2025년이 다 가기 전에 매매의 길을 내어주심으로 살아계신 하나님을 또 한 번 만나는 기쁨에 나는 사정없는 감격의 눈물로 눈시울을 적시고 말았다.

또 내가 꼭 갚아야 할 노출되지 않은 빚도 그 안에 있는데 정ㅇㅇ 아저씨에게 빌린 몇천만 원이다. 장남 석균이가 인쇄를 하겠다고 했을 때 오뚜기식품에 납품하는 누룽지 용기를 개발할 자금이 필요하여 그 아저씨에게 어렵게 빌린 돈이다.

그 채무의 이면적 사연으로 오래전 1990년 초에 그 아저씨가 나에게 권유하여 정ㅇㅇ 이라는 고향 집안 형뻘 되는 분이 운영하는 온상 살수용 호스 제조업에 투자하게 되었는데 결과적으로 송두리째 손실을 볼 수밖에 없었다. 그 금액이 몇 천만

원 정도였으니 내가 빌린 금액 이상의 손실을 입게 되었다. 그런 투자권유를 했다는 부담감을 항상 떨치지 못하고 있던 그 아저씨는 나의 요구를 들어줘야 하겠다는 생각을 한 것 같았다.

그러나 나로서는 꼭 갚아야 할 빚으로 남아 있지만 그 아저씨의 연락처를 알아낼 수가 없어 속수무책이 되었다. 이처럼 파란만장의 삶으로 얼룩졌지만 지금까지 한 번도 나는 신용불량자가 된 적은 없었다. 아마도 첫째는 '은혜'요 둘째는 '신용은 생명이다'라는 나의 불변의 좌우명 때문으로 생각한다. 신용에 대한 것은 선친이신 아버지가 항상 말씀하시던 것인데 이것이 나의 좌우명이 되었다. 신뢰의 근원은 정직에서부터 시작되는 것이며 진실된 언행으로 그 기초가 되는 것이다. 아무튼 우선 물질적 빚만이라도 빨리 청산하는 것이 좋을 것 같아 그날이 오기를 기도하며 기다린 날이 눈앞에 다가와 드디어 청산을 하게 된 것이다.

빚진 자로서의 소회를 풀어놓고 인생 종착역을 향하여 달려가며 이 글을 쓰는 이면에는 나름 내 일생의 뒤안길을 돌아보고 후일을 기약하며 천국 소망으로 남은여생도 보람되게 살기를 바라는 마음이다. 또 나는 일제 강점기 말기와 해방과 그 후 좌우익 '이데올로기' 다툼으로 소용돌이쳤던 시대와 6.25 전쟁. 4.19 민주항쟁, 자유당 정권의 붕괴, 민주당의 어부지리 정권, 5.16 쿠데타와 군사정권, 박정희 대통령 시해, 문민정부 등을 거쳐 파란만장의 세월을 살아왔다.

오늘 우리는 세계 경제 10위권 안에서 민주 발전을 거듭하고 있는 우리나라를 바라보면서 지난날들이 나의 나 됨의 연단 과정으로서 성숙의 단계들이었다고 생각을 해 본다. 이 글을 읽는 사람마다 잔잔한 울림이 있기를 바라고 또 하나님을 드러내는 신앙 전파에 도움이 되기를 바라는 것이 더 큰 목표이기도 하다.

나는 어려운 이웃을 도와준 선행도 몇 번은 했었다. 그 두 가지만 예를 들면 1993년경 교회 집사인 박ㅇㅇ 님이 도움을 청하여 은행에서 대출을 받아 2천만원을 마련해 도와주었는데 그분의 형편이 더 어려워져서 갚을 수 없는 처지가 되었다. 고민하다가 내가 자원하여 원리금인 약 2천6백만 원에 대한 포기각서를 써서 박 집사님에게 건네주고 서로 잊어버리자고 했다. 그런데 그 후 15년이 훌쩍 지난 어느 날 분당선 지하철 객실 안 약 5미터 거리에서 스마트폰을 보고 있는 그를 발견하게 되었다. 순간 깜짝 놀라 우리 부부는 그에게 들키지 않으려고 숨어 버렸다. 그가 우리를 만나면 너무 당황해할 것을 생각하고 이 방법을 택했다. 아내와 나는 나름 하나님의 종으로서 '이웃사랑' 중에 한가지라도 순종했다는 자긍심을 가질 수 있었다.

또 한 번은 2012년 무렵에 권ㅇㅇ 집사라는 분이 자금난에 사업이 어렵다고 하여 조건 없이 계좌번호를 받아 천만 원을 송금해 줬는데 얼마 후에 그분은 종적을 감추고 교회 출석도 하지 않아 연락이 끊어지고 말았다. 지금까지도 행방을 알 수 없지만 하나님의 가이없는 사랑으로 회복의 때를 주시어 이전보다 더 큰 성공으로 여호와 라파, 여호와 닛시로 다시 일어서기만을 기도한다.

2. 자식들에게 바라는 소망

나와 아내가 자식들에게 바라는 소원 몇 가지를 먼저 간추려 본다.

첫째로는 성숙한 신앙인이 되어 주 안에서 의로운 삶을 살아야 한다.
두 번째는 정신(영혼)과 육신의 건강은 절대적 가치임을 명심해야 한다.
세 번째는 형제 우애와 자녀 사랑은 피조물의 본질이며 창조 이념에 속함을 알아야 한다.
네 번째는 하나님 사랑 이웃사랑을 실천하는 성도로서 거듭나야 한다.
다섯 번째는 효행과 부부 사랑은 복의 근원이니 필요조건으로 알고 실행해야 한다.

내가 이렇게 자식들에게 바라는 글을 쓰는 것은 내 마음을 자식들에게 언행으로는 다 보여줄 수가 없기 때문이다. 부모로서 나와 아내가 우리 자녀들에게 바라는 뜻을 얼마만이라도 보여주면 좋겠다는 생각으로 이렇게 써 보는 것이다.

이 글을 통하여 희로애락의 소용돌이 속에서 인생이 영글고 있었고 또 위기 앞에서 재도전의 용기를 부어주신 그 분 하나님은 언제나 나와 함께 하시고 엄위(嚴威)하신 손길로 붙잡아 주시었음을 확신한다.

나는 긴 세월을 살아오면서 나의 인도자 되신 분은 전지전능하시고 무소 부재하신 전능자 하나님이라는 것을 알게 되었다. 그 위대하신 섭리에 따라 내가 이 세상에 태어났고 파란만장의 삶을 통하여 하나님이 살아계심을 나에게 게시해 주시었다. 이에 올바른 응답은 오로지 그분에게 영광 돌려야 하는 것이며 부름받은 자로서 절대 순종해야 하고 이 신앙이 나의 소명감과 사명감의 원동력이 되고 있다고 믿는다. 이것이 피조물의 본분임을 나는 믿음 생활 50여 년 만에 터득하게 되었으니 늦은 감이 있지만 그래도 감사하며 다행이라 생각한다. 최선을 다하여 남은여생도 주님의 선하신 인도를 따라 감사와 순종으로 묵묵히 따라가려고 한다.

3. 아린 호소는 흠집으로 남고

사랑하는 아내가 "우리는 언제쯤 빚 없이 살 수 있을지 모르겠다" "이 집이라도 팔고 원룸으로 가서 살면 되잖아?"하며 투정을 부릴 때마다 나의 부족함으로 가슴 저려옴을 피할 수가 없다. 그러나 나의 인생은 헛되지 않았고 맨주먹으로 백척간두(百尺竿頭)에서 여기까지 온 것은 하나님의 은혜와 아내의 피맺힌 결의와 적극적인 내조에 힘입었음을 믿으며 또한 우리 부부가 함께 최선을 다한 열매라고 생각하고 스스로에게 자위하며 영광을 주님께 돌려드리는 것이다.

비록 쓸 수 있는 돈이 언제나 부족한 가운데에서도 뒤돌아보지 않고 두 주먹 불끈 쥐고 극복하며 살아왔지만 빚진자의 굴레를 훌떡 벗어던지고 이제는 홀가분한 여생을 살아가게 되었다. 언제나 주님이 동행하시고 긍휼하심이 나의 산성이 되고 새 소망이기 때문에 그 소망(영생)을 붙잡고 앞만 바라보며 나아가려는 것이다.

나와 아내의 남은여생이 얼마인지 모르나 60년 동안 아내에게 빚진 자로서 삶이 새록새록 떠오른다. 이제 앞으로는 홀가분한 일상생활로 지나온 흠집들을 말끔히 씻어주기를 바라며 내 한평생 빚진 자의 굴레를 벗어던지지 못하여 사랑하는 아내의 맺힌 가슴을 후련하게 씻어줄 수 없을까 봐 마음을 조려왔지만 이제 다 청산하게 되었으니 지난 아린 호소는 씻어 버려야 한다는 생각이다. 이 모든 아픔을 못내 씹어 삼키고 하루하루를 살아오면서 가장(家長)된 책임을 다하지 못한 서글픔에 탄식과 감사가 교차 되는 것 같다. 빚진 자의 마음속 찌꺼기가 애타게 했으나 이제는 훌훌 털어버리고 기쁨과 감사로만 여생을 채워야 한다는 다짐을 해 본다. 이 아리고 아픈 마음에서 나오는 아내의 호소가 내 마음에 지울 수 없는 흠집이 되어 있었으나 홀연히 말끔하게 씻어 던져 버렸으니 마치 도둑같이 이 종 앞에 그 숨겨졌던 때가 온 것이다.

아내는 무심코 던진 말이겠지만 그 말을 듣는 나로서는 죄책감과 자신의 무능함에 대한 아픔이 마음 한구석 후미진 곳을 흔들었다. '그래, 미안해요! 못난 나를 택하여 말로 다 할 수 없는 인생의 험한 파고를 넘고 넘어 여기까지 왔는데 아직도 그 찌꺼기가 당신을 괴롭히고 있으니 나는 할 말이 없군요'라는 말을 가슴속에 묻어 놓았었다. '조금만 더 참으면 우리가 물질적 빚진 자의 굴레는 벗어날 수 있을 것 같으니 그날이 올 때까지만 기다려 줘요' 라는 말과 함께 마음속으로 중얼거렸던 일이었다.

나는 못다한 책임과 빚진 자의 생각을 온전히 떨칠 수가 없고 그중에 첫째(하나님 사랑)와 두 번째(이웃 사랑)의 빚은 남은여생 나의 삶이 끝나는 날까지 최선을 다하다가 주님이 부르시면 미련 없이 순종하며 따라가겠다는 각오로 하루하루를 맞이하려고 한다.

인생은 순례자의 외로운 길이다. 영원 속에서 점 하나의 순간에 지나지 않지만 돌아갈 본향이 있다는 소망이 얼마나 귀한지 모른다. 이러한 소망조차 없이 헛된 것들에 매여 따라다니는 방랑자와 같은 불신자의 인생길은 얼마나 허무한 길이 될 것인가를 생각해 보면 안타까울 뿐이다.
주님의 복음이 땅끝까지 전해져서 모든 사람이 주님 재림의 영광을 고대하며 소망 중에 사는 것이 성도의 삶이요 본분이라 믿는다. 이 모든 역사가 하나님의 섭리 가운데 이루어져 간다고 믿기에 우리의 현실이 더욱 소중하게 느껴지고 두렵고 떨리는 마음을 잠시라도 내려놓을 수가 없다는 것이다. '여보! 미안해요. 당신은 나를 이해 해 줄 것이라 믿어요. 내가 당신을 믿는 것 같이'라고 마음속으로 속삭여 본다.

나. 어린 시절의 아픈 상처들

1. 어머니 별세와 여동생 계영이
2. 세배돈이 암죽 쌀값으로
3. 6.25와 아버지의 의로운 삶
4. 공산당 치하의 눈물겨운 극복기
5. 중공군의 참전으로 전세 역전
6. 빨치산 토벌대와 아버지

1. 어머니 별세와 여동생 계영이

1948년 10월 중순이었다. 초등학교 운동장에서 계영이를 등에 업고 운동회 구경을 하시던 어머니가 갑자기 쓰러지셨다. 병명은 '뇌빈혈'이라고 했다. 응급치료를 함양 박애의원에서 받았고 그 후 집에서 투병하면서 원기 회복을 위하여 개를 고아 그 국물을 잡숫게 하였다.

그런데 하루는 내가 학교에서 점심을 먹으러 집에 와서 개고기를 맛있게 먹는 것을 유심히 보시던 어머니가 식욕이 당기셨는지 몇 점을 잡수셨다. 이것이 잘못되어 병이 악화되었고 투병 끝에 다음 해인 1949년 9월 8일 세상을 떠나셨다. 당시 내 나이 만 10세로 초등학교 5학년이었다.

첫돌(49.10.27)도 되기 49일 전에 엄마를 여의게 된 여동생 계영이를 위해 출산한 이웃 엄마를 유모로 두었으나 체질이 맞지 않은 탓인지 소화를 시키지 못하고 계속 설사하여 더 이상 그 젖을 먹일 수가 없었다. 그 후에는 다른 방법이 없어 암죽으로 대체하게 되었고 그래서 성장이 좀 늦을 수밖에 없었다. 암죽 재료는 피문어를 물에 다려서 우린 물에 홍합 말린 것을 다듬고 멸치를 머리와 내장을 떼어내고 나머지를 함께 보자기에 싸서 빨래 다듬돌에 올려놓고 방망이로 두드려 가루를 만들어서 시금치와 불린 쌀과 함께 넣어 농그라지게 끓이면 부드럽고 영양가가 있는 암죽이 되었다.

큰방 윗목 왼쪽에 놓여 있던 다듬돌과 방망이가 가끔 기억을 스쳐 지나간다. 다듬돌과 방망이는 피문어를 두들겨서 삶을 때 잘 우러나게 하고 또 홍합과 멸치를 가루로 만들 때 쓰임받았던 긴요한 도구였다. 약 76년이 지난 지금도 그때의 기억이 생생하게 지나간다. 한참 동안 방망이질을 하면서 몇 번씩이나 보자기를 펴서 가루가 된 상태를 확인했던 기억이 새롭게 떠오른다. 당시 나는 갓 10살이 지났지만 돌전 어린 동생을 생각하는 애틋한 마음이 남달랐기에 지금도 머릿속 깊은 곳에 그 기억이 자리 잡고 있나보다.

어머니 별세 후 약 9개월이 지났을 때 뜻밖에 6.25전쟁이 일어났다. 북한군은 소련에서 지원받은 전차를 앞세워 일요일 새벽 미명에 38선을 넘어 파죽지세로 남침을 해왔다. 우리나라는 당시 미군이 남한을 지키고 있었는데 남로당 박헌영을 중심으로 한 좌파 단체와 빨치산이 합세하여 극렬한 반미 운동을 벌리고 있었다. 또 소련과 중국이 연합하여 미국에 대항하고 있으니 부담스러운 미국 트루먼 대통령은 38선을 지키던 미군을 철수시켰다. 소위 '애치슨라인(극동방위선으로 한국을 제외한 한일 중간 해안선)'까지 후퇴하였으니 절대적 경계선이 무너진 것이다. 소련의 부추김을 받고 있던 북한 김일성에게 6.25 전쟁 유발 기회를 만들어준 꼴이 되었고 소련과 중국의 공산 세력의 지원이 절호(絶好)의 기회로 다가선 것이다.

이러한 무방비 상태에서 우리 군은 한가롭게 장병 외출을 무작위로 실시하며 부사관과 장교들은 군량미 도둑질에 혈안이 되었고 지휘부는 기강이 다 무너져서 텅텅 빈 일요일 새벽은 저들에게 호구(虎口)가 되어 단 3일 후인 28일에 수도 서울을 넘겨줄 수밖에 없었다. 총력전으로 밀고 오는 적군의 남하를 방어하기 위하여 아군은 한강 다리를 폭파하였다. 당시 이 작전을 모르고 밀려오던 많은 피난민들이 한강을 넘지 못하고 한강에 빠져 죽게 되었으며 또 한 많고 눈물겨운 피난길에는 아군의 오폭(誤爆)으로 많은 난민의 시체가 나동그라져 있어 보는 자의 가슴을 찢어 놓았다.

7월 중순경 우리 고향 함양도 저들에게 점령을 당했고 맥아더 장군은 7월7일 전략적 최후 저지선으로 낙동강을 최종 방어선으로 선포하고 이를 사수토록 했다. 그 와중에 유엔총회에서는 유엔군의 한국전 참전 결의를 표결하는데 상임이사국 5국 중 소련은 사정이 있어 불참한 가운데 중국의 장개석 정부와 남은 우방국인 미국, 영국, 불란서 4개국이 천우신조(天佑神助)로 기적의 참전 결의를 만장일치로 할 수 있었다.

소련이 불참한 가운데 미, 영, 불, 중 4개국이 유엔참전결의를 통과시킨 것이다. 이것은 사람의 능력이나 의도로 된 것이 아니고 오직 전지전능하신 하나님이 만들어 내신 걸작 중 걸작이 아닐 수 없었다. 자유 대한민국을 지켜주시려는 하나님의 섭리와 우리나라 건국이념에서 기독교 국가를 지향하겠다는 이승만 대통령의 간절한 기도가 응답 되었다고 믿는다.

그 절체절명의 순간에 거부권을 행사할 수 있는 한 나라의 대표를 불참시켰다는 것은 상상할 수 없는 기적으로서 인간이 할 수 없는 이적임이 틀림없다. 그래서 합법적으로 유엔 연합군이 참전할 수 있었고 16개국에서 파병을 해 왔으며 공산당을 상대로 싸울 수 있었다. 그 러시아의 불참 원인에 대한 것은 아직도 세계 근대사에 미스터리로 남아있다고 한다. 합법적인 파병으로 드디어 유엔군과 북한 공산군의 대결 전쟁으로 바뀐 것이다.

유엔 참전 두 달 반이 지난 9월 15일에 인천상륙 작전이 감행되었고 마침내 9월 28일에는 서울을 수복하게 되었다. 계속 북진을 하여 10월26일에는 평양을 함락하였으나 그때 자유중국군과의 싸움에서 승기를 잡은 중공군 26만 명이 두만강을 넘어 남하하는 바람에 12월 6일에 평양을 다시 내어주고 후퇴할 수밖에 없었다. 당시 우리 고향 함양은 그해 추석(9월26일) 전날쯤에 저들이 후퇴한 것으로 기억한다. 그간 공산 치하에서 고통은 입으로 다 형언할 수가 없다.

그 비극을 어른들은 고생스럽지만 참았고 허기진 배는 아직 영글지 않은 풋벼를 쪄서 말리어 빻아 채우기도 하고 밭에 나는 푸성귀라도 먹으며 견딜 수 있었다. 어린 여동생은 암죽 외에는 먹을 수 있는 것이 전혀 없었으니 암죽 끓일 쌀이 없어 난감할 때가 많았다.

이같은 6.25전쟁을 지금도 주사파와 종북(從北)주의자들과 전교조와 일부 좌파 단체들은 엉뚱하게 우리나라가 북침을 한 것으로 주장하며 그렇게 교육을 했다고 한다. 말도 되지 않는 이런 논리를 송두리째 지울 수 있었던 계기가 있었다. 그것은 십여 년 전에 소련 정부에서 국가 기밀문서 해제 기간 50년을 맞아 6.25 관련 문서를 공개하면서 6.25는 분명히 소련과 중공의 지원으로 북한의 남침이었음을 확인해 준 것이었다. 이 땅위에 공산주의의 뿌리가 온전히 뽑히고 자유민주주의가 꽃을 피울 날을 학수고대하며 기도한다.

2. 세배돈이 암죽 쌀값으로

공산 치하에서 그들에게 강제 압류를 당하여 모든 재산을 다 빼앗기고 온 식구가 어린 여동생인 계영이의 암죽 끓일 쌀이 없어 전전긍긍하는데 뾰족한 방법이 나오지를 않았다. 그때 나는 문득 한 가지 생각을 떠올렸다. 나는 설 때마다 세뱃돈 받은 것을 모아둔 것이 생각났다. 그 돈을 하나도 쓰지 않고 책을 보관하는 상자 밑창에 모아둔 것이 생각난 것이다. 어린 내 마음이었지만 이 돈을 모아둔 목적이 비상시를 대비한 것이 아니었겠나 라는 생각이 들었다. 그렇다면 바로 이때를 위한 것이라고 판단을 한 것이다.

책을 다 들어내고 밑창에 있는 돈을 꺼내어서 세어보니 1,800원이었다. 이제 우리 동생이 살겠구나 하는 생각에 가슴이 뭉클하는 감격과 함께 안도의 긴 한숨을 내어 쉴 수 있었고 이 상황을 지켜본 어른들인 고모와 새엄마는 전혀 생각할 수 없었던 일이 눈앞에 벌어지니 놀라서 어리둥절하시며 얼굴에 화색이 돌았다.

당시는 공산 치하임으로 이웃집 사람들은 우리 집을 드나들면 반동분자로 몰리게 되니 멀리할 수밖에 없었다. 이러한 현실에서 아무리 돕고 싶어도 마음속으로는 간절하나 도울 수가 없는 삭막한 분위기였다. 그 상황을 직접 체험하지 않은 사람은 짐작하기가 어려울 것이다.

그 귀한 돈 1,800원을 여러 번 나누어서 쌀을 한두 되씩 사서 암죽을 끓였다. 그 돈도 두 달이 가까워지니 바닥이 나고 또 난감한 지경이 되었다. 걱정하고 있을 때 어느 날 초저녁 밤에 큰집에서 종부님이 담벼락 통용문인 샛문을 통하여 텃밭을 지나오시어 암죽에 쓰라고 하시며 쌀을 바가지에 건네주고 선 채로 바로 가셨다. 그때가 초저녁 시간이었는데 남의 눈에 뜨일까 서둘러 돌아갈 수밖에 없었다. 밤 12시가 넘으면 저들의 소년 첩보원이 소위 반동분자 집에 잠복하여 밤에 오가는 동정과 비밀 대화를 염탐하여 그다음 날 그들 치안 담당 처인 자위대에 보고해 처벌받도록 하는 상황이었기 때문이다.

그때 만약 어린 여동생 계영이의 생명줄이 되었던 그 세뱃돈이 없었더라면 어떤 어려움을 겪었을지 모른다는 생각을 하니 너무나 다행한 일이었고 내가 어린 나이에도 그러한 준비성을 갖고 있었다는 것이 참으로 신기하였다. 이 또한 하나님이 내 어린 마음을 조성하셨다고 믿으니 역시 나는 예정 섭리 가운데 선택받은 자이었음이 분명하고 이에 또 한 번 감사와 함께 영광을 돌려 드린다.

3. 6.25와 아버지의 의로운 삶

나는 세계 제2차대전이 일어난 후 일제강점기인 1939년 2월 16일에 태어났지만 어린시절은 나름 순탄하게 자랐다. 그러나 1948년 10월 어느 날 어머니가 초등학교 운동회장에서 뇌빈혈로 여동생 계영이를 업고 쓰러지셨는데 약 1년을 고생하시다가 내가 만 10세였던 1949년 9월 8일에 돌아가셨다. 아버지는 1948년부터 고향 지곡면장을 하시던 중에 1950년 6.25를 몸소 겪으셨다.

전쟁이 역전되어 수복 후 또다시 면장직을 추대받아 1956년 중반까지 약 8년을 감당하셨다. 1957년 2월, 내가 해동고등학교를 졸업하기 몇 달 전에 아버지가 병환으로 면장직을 사임하게 되면서 부득이 나는 대학 진학을 미룰 수밖에 없었다. 그 뒤 1년여를 투병하시던 아버지는 1958년 5월 20일 끝내 돌아가셨다.

전쟁이 일어났을 때 주변의 공직자들과 유지급 인사들은 너나 할 것 없이 모두 피난을 가는데 아버지는 내가 뭣 때문에 피난을 가야 하며 또 면민을 두고 면장이 혼자 살겠다고 피난 간다는 것은 어불성설(語不成說)이라고 하시고 고스란히 남침한 공산당을 그대로 맞았다.

영락없이 다음날 체포되어 함양경찰서 유치장에 감금(監禁)되고 말았다. 아버지는 성품이 너무나 강직하시고 워낙 배려심이 특출하시며 불의를 보고는 방관(傍觀)하지 않는 정의로우신 천성을 타고나셨다고 생각한다.

이처럼 전쟁 상황에서도 피난조차 거부하신 것은 그 강직성에서 찾을 수 있다. 또 한편은 공산주의를 전혀 모르시어 일반 상식으로만 추측(推測)하시고 우리가 잘 모르는 그 공산당 사회도 사람 사는 세상이니 다 엇비슷할 것이라고만 생각하셨던 것 같았다.

아버지는 유치장 감옥살이 54일 만에 유엔군의 인천상륙작전 성공으로 서울을 수복하고 우리 고향에서도 공산당이 후퇴하면서 출감할 수 있었다. 1950년 9월 28일, 약 3개월 만에 수도를 되찾게 되었는데 이것을 당시에 9.28수복이라고 명명했다. 그 후 10월 중순경 추석 전후에 우리 고향 지역도 수복되었는데 그때까지 아버지는 감금되어 있었으니 수감자 총살 집행 순위가 아직 오지 않았던 것 같았다. 천만다행으로 함양경찰서 유치장에 남아계시어 살아나올 수 있었다.

부산으로 피난 간 우리나라 임시정부가 환도하고 각 지방까지도 수복이 속속 되고 있었다. 출감한 아버지는 건강 회복이 미진한 상태인데도 면민들의 추대로 다시 면장직을 맡게 되었다. 아버지는 거듭 사양했지만 공산 치하에서 몇 달 지내는 동안 소위 저들이 즐겨하는 '인민재판'으로 면민 간에 원한이 쌓여 있었다. 우리 마을 몇 사람이 낫, 도끼, 망치, 괭이, 소시랑 등 각종 농기구에 의하여 잔인하고 비참하게 죽어갔던 것이다. 이처럼 억울한 피를 흘리게 되자 그 원한이 쌓이게 되었고 이런 원한을 수습할 수 있는 사람은 아버지 한 분밖에 없다는 것이 절대적인 추대 이유라고 할 수 있었다. 또 그때까지 아버지가 유치장에 감금 상태로 있으면서 처형이 미루어진 이면에는 면장 재직시 청렴결백했고 오직 면민을 위해서 헌신적으로 직무를 수행하였다는 것이 결정적인 영향을 준 것으로 해석할 수밖에 없었다.

해방 이후 우리나라가 미국의 원조 물자에 의지하여 살아가던 시기에 설탕, 우유, 밀가루, 옥수수 등의 배급으로 연명할 때가 있었는데 아버지는 공과 사를 분명히 하셨다. 우리 집도 다른 사람들과 똑같은 자격으로 그릇을 들고 차례대로 배급받는 줄에 서서 받아오라고 말씀하실 정도로 불평등한 행동은 있을 수 없음을 실천으로 보여주신 것이다.

어느 날 설탕 한 포대를 면장 집인 우리 집에 가져다준 면서기가 있었는데 그다음 날 출근하시어 그 직원을 자격 미달이라며 직위해제 처분을 할 정도로 그 강직하고 엄정한 직무수행은 누구도 흉내 낼 수 없을 정도였다. 이러한 의인 된 삶은 온 면민들의 귀감이 되었고 모든 공직(면장, 수리조합장, 학교사친회 회장 등)은 아버지에게 위임될 수밖에 없었다. 또 그 직책들은 무보수 명예직으로서 공정한 직무수행을 하면서 이권을 멀리하고 투명하게 할 수 있는 분이 아버지가 유일한 분이었기에 그럴 법도 하였다.

아버지의 좌우명인 '짧게 살아도 굵게 살아야 한다'는 말씀에 부합되는 삶이 되려면 인간적 영욕은 다 그 의로운 삶 앞에 무릎 꿇어야 한다는 것이니 나는 그 숭고한 아버지의 삶에 머리를 숙이지 않을 수가 없었다. 그러나 당시에는 생명의 주인은 하나님이라는 것을 모르고 유교적 가치관이 일반적 상식이었기에 의로운 삶을 위해서는 생명까지도 내어놓아야 한다는 보편적 가치의 소유자였다. 천하를 다 주고도 바꿀 수 없다는 것이 기독교의 생명관인데 이와는 거리가 먼 생명의 주인이 자신이며 전권이 자신에게 있다고 믿는 잘못된 유교적 인식과 가치관의 소유자였다는 것이다.

생명의 주인은 창조주라고 믿는 기독교의 생명관과 피조물인 자기가 생명의 주인이 된다는 타 종교의 인식 차이는 너무나 큰 것이며 본질적으로 그 주체가 창조주와 피조물로 완전히 다른 정반대라 할 수 있다.

4. 공산당 치하의 눈물겨운 극복기

우리 집은 아버지가 감금된 후 전 재산 차압이 들어왔고 가재도구로부터 모든 재물에는 송두리째 붉은 딱지가 붙여졌으며 당장 쓸 수 있는 물건이나 식량은 그들 마음대로 다 가져갔다. 벽시계를 비롯하여 쌀, 보리쌀 등 식량 종류는 잡히는 대로 챙겨 가면서 겨우 남겨 둔 것은 밀가루를 빻고 남은 밀기울 반의반(1/4) 가마니만 남겨 두고 갔다.

전술한 대로 당장 어린 여동생 계영이 암죽을 끓여야 하는데 쌀이 없고 돈도 나올 데가 없었다. 남의 집에 위탁해 기르던 소도 몇 마리가 되돌아왔다. 이 소 한 마리를 재종 동생인 병문이집에 맡겨 기르게 했으나 그냥 연명만 시키는 정도였다. 또 소 한 마리는 우리 집에서 길러야 하므로 학교 방과 후에는 소에게 꼴을 먹이러 들로 나가야만 했다.

우리 온 가족은 끝내 목숨만은 살아남아야 한다는 굳은 결의로 안간힘을 다해 견디고 버티며 때를 기다렸다. 9월 중순경에 너무나 배가 고파서 허기를 채우려고 감나무에 올라가 아직 제대로 크지도 않은 풋감을 따고 있는데 집 앞길을 지나가던 자위대라는 치안 담당 직원에게 발각이 되었다.

"야, 너 거기서 뭘 하는 거야?"

하는 물음에 나는 곧이곧대로 대답했다.

"배가 고파서 감을 삭혀 먹으려고요"

그러자 그들은 따지 말라고 하면서 "다 익으면 어버이 수령님께 바치고 난 후에 먹어야 하는 거야"

라고 호통을 치며 내려오라고 하는 것이었다. 자유 대한민국에서 자란 나는 전혀 이해할 수가 없었고 너무나 어이없는 말에 더 이상 말문이 막혀버렸다. 정말 그들은 대한민국에서 들어보지 못한 이상한 소리를 하고 있었다.

나는 세월이 흐른 후에야 공산주의는 사유재산을 인정하지 않고 모든 재산이 국가에 귀속되어 인민은 국가의 위임을 받아 농사를 지어야 하며 그 수확을 모두 국가에 바치고 남은 찌꺼기 조금만 사용할 수 있는 배급제 사회라는 것을 알게 되어 그 사상과 이념과 제도가 다름을 깨달았다.

공산국가는 1917년 러시아 혁명으로 일어난 마르크스레닌주의를 국가 이데올로기(의식형태)로 정하고 통치하는 국가를 말한다. 그 사회주의 국가들은 제2차 세계대전이 끝난 후 소련의 강력한 영향권에 들어간 동유럽 8개국(동독, 폴란드, 체코슬로바키아, 루마니아, 불가리아, 헝가리, 알바니아, 유고슬라비아)들이 공산국가로 변모한 것이다. 또 아시아에는 중국과 북한이 이에 합류하게 되어 오늘에 이른 것이다.

1980년대 중반부터 공산주의 이데올로기가 무너지기 시작하면서 시장경제가 도입되어 드디어 공산주의는 실패작이라는 것이 증명되었다. 약 60년 동안의 세월이 그 시험기가 된 것이다. 지금은 러시아, 중국, 북한, 베트남, 쿠바만 공산국가로 남아 있지만 본질은 변형되어서 시장경제를 수용하고 있으니 공산국가로서 체질이 변모하여 사회주의적 독재주의 체제로 변질되어 가고 있다는 것을 눈으로 보고 있다.

앞으로 머지않은 미래에 자유민주주의와 시장경제시대가

인류 사회를 선도할 것이 분명하며 이 제도가 인간사회를 주도하리라 믿는다. 이것이 바로 창조주 하나님의 만인 평등사상에서부터 시작된 것이다.

우리는 창조주의 섭리에 의한 피조 인간임을 믿을 수밖에 없고 그 믿음은 논리적으로 이해하고 난 후에 믿는 것이 아니고 먼저 믿고 알아가게 되는 신앙이라고 할 수 있다. 세상만사는 논리가 선행되고 있지만 하나님 나라는 역설적으로 증명되는 것이라고 믿는다.

하나님을 절대자로 인정하고 그분이 사람(45명)을 도구로 사용하여 1.500년간 쓰여진 말씀이 성경 66권에 담겨진 것이며 그 신,구약의 연관성과 역사성이 인간의 능력과 논리로는 불가능한 사실임을 알 수 있다.

민주주의 평등사상과 인권의 근거는 성경에서 찾을 수 있다. 이사야 24장 2절에는 '백성과 제사장이 일반일 것이며, 종과 상전이 일반일 것이며, 비자와 가모가 일반일 것이며, 사는 자와 파는 자가 일반일 것이며, 채급하는 자와 채용하는 자가 일반일 것이며, 이자를 받는 자와 이자를 내는 자가 일반일 것이라'(사24:2)라고 기록되어 있다. 기원전 730년경 선지자 이사야가 하나님 뜻을 선포한 기록인 것이다.

우리가 살고 있는 민주주의의 근원을 이 성경말씀에서 찾을 수 있다고 할 수 있다. 이 민주주의를 막연히 인간이 오랫동안 수정 발전시킨 작품으로 아는 것이 일반적 상식이지만 그렇지 않다는 것을 증명하는 것이다. 그 본질은 자유민주주의, 시장경제, 인권, 법치라고 할 수 있다. 그 가운데에서 민주주의의 근원이 함축되어 있고 그것이 본질이며 제각기 사람마다 인권과 자유가 보장되어야 하고 직업과 신분의 귀천이 없어 평등이 보장되어야 한다는 것이다. 사회주의나 공산주의와는 본질과 근원이 완전히 달라서 집단이나 국가가 아닌 개개인이 주체가 된다는 것이다. 다시 말해서 하나님이 보장해 주신 절대권한을 각 개인에게 인정하는 체제가 민주주의국가 이념이며 체계이다.

5. 중공군의 참전으로 전세 역전

아버지는 수복 후 부득이 면장직에 다시 복귀해야만 했다. 짧은 기간이지만 공산 치하의 인민재판에서 억울하게 죽어간 가족이나 친지들 그리고 죽음은 면했지만 가혹한 고통을 겪었던 면민들이 많았다. 보복의 칼을 갈고 있는 그들을 설득하는데 절대적인 권위와 능력을 가지고 있는 분은 오직 아버지가 유일한 분이라는 것을 면민들이 다 믿기에 그들의 적극적인 추대로 면장직을 다시 수락할 수밖에 없었다. 그 상처투성이 면민들을 품어 주기에 중점을 두고 위로와 사랑으로 보복의 씨앗들을 조심스럽게 걷어내고 평정을 되찾을 수 있었다.

수복은 했지만 끝나지 않은 전쟁은 38선을 오르내리며 치열한 전투가 반복되고 있다가 우리 국군이 유엔 16개국의 지원에 힘입어 파죽지세로 북진하여 평양을 넘고 함경도 원산과 함흥까지 진격하게 되었다.

다급한 북한의 김일성은 중국에 지원군을 요청하였다. 중국 모택동은 이를 외면하면 북한이라는 방패 하나가 사라지고 자유민주주의 국가인 대한민국이 턱밑에 받치고 있게 될 것을 우려하여 즉각 승낙하였다.

1950년 10월 25일 중공군은 1차로 26만 명의 대군을 투입하였다. 당시 물밀듯이 밀려오는 중공군들은 그들의 전우들의 시체를 밟고 넘어 물밀듯 내려왔다. 당시 그것을 우리는 '인해전술(人海戰術)'이라고 불렀다.

이 참혹한 전투는 우리 아군을 밀어붙여 드디어 서울을 다시 저들 손에 내어줄 수밖에 없었다. 이를 작전상 후퇴라는 명분을 내세웠는데 이를 '1.4후퇴'라고 불렀다. 점점 남하하는 북한군과 중공군은 천안을 거쳐 대전까지 내려왔다. 아버지는 전쟁 초기에 공산 치하에서 이미 혹독한 고통을 몸소 치렀기 때문에 공산당의 정체성을 조금 알게 되었다. 이에 형님과 나를 도의원댁 두 아들과 함께 부산으로 먼저 피난을 시켰다. 나와 형님은 부산에서 수복을 애타게 기다리다가 약 한 달 후 다시 아군의 반격인 인천상륙작전으로 서울을 탈환하게 되어 20여일 만에 고향으로 돌아올 수 있었다.

엄동설한 1월 하순경 부산에서 밤에 출항하는 작은 배를 타고 삼천포항에 새벽녘쯤 도착하여 좁은 방 한 칸에 많은 사람들이 앉은 채로 날이 새기를 기다렸다.

날이 밝아 왔지만 교통편이 없어 지나가는 '쓰리쿼터'라는 화물차의 적재함에 어렵게 승낙을 받고 올라탔다. 차가 달리는 동안 차량 뒤에서 내뿜어지는 매연에 중독되어 심한 현기증이 났는데 진주에 도착한 뒤 한동안 안정을 취한 후 회복할 수 있었다. 그날 아침밥도 거른 채 허기진 배에 허겁지겁 먹었던 진주비빔밥은 지금도 잊을 수 없을 만큼 환상적이었고 기가 찬 맛이었다.

1951년 7월 개성에서 휴전회담이 시작되었고 전쟁은 소강상태로 접어들었다. 휴전 이전에 한치의 땅이라도 더 확보하겠다는 목표로 밀고 당기는 전투가 그칠 줄 모르고 치열했다. 당시 가장 힘들었던 전투는 철의 삼각지대이었으며 이는 평강. 철원, 금화를 잇는 삼각요충지로 적의 방어가 유리하고 아군의 공격이 어려운 난공불락(難攻不落)의 지형에 수십 번씩 뺏고 뺏기는 전투가 벌어진 지역이다. 드디어 회담 2년 만에 한미동맹을 전제조건으로 우리나라가 양해하여 1953년 7월 27일에 휴전협정이 체결되었다.

이때 우리나라는 영구 분단을 우려하여 휴전을 반대했으나 유엔군의 주도로 합의를 이끌어낸 것이다. 우리나라는 남북통일의 날이 더 멀어질 것을 우려했지만 약소국가의 서러움을 못내 견디며 울며 겨자 먹기로 수용할 수밖에 없었다. 이 또한 하나님의 섭리라 믿는다. 이로써 한반도에는 총성이 멎었고 유엔 휴전 감시위원단이 판문점에 설치되어 지금까지 약 72년이 흘렀다.

6. 빨치산 토벌대와 아버지

전쟁의 소용돌이 속에서 지리산에 잠적(潛跡)한 빨치산은 밤이면 민간 주거지인 산골 동네를 습격하여 식량과 가축을 탈취하고 그 과정에서 살인도 하는 경우가 비일비재하였다. 심지어는 함양군 경찰서도 한 때는 저들에게 2일간을 점거당했을 때도 있었다.

그때는 북한으로 미처 철수하지 못한 북한군 잔당들도 빨치산에 합류하여 세력이 한층 더 강해졌다. 나는 당시 중학교 2학년이었는데 학교에서는 수시로 빨치산 토벌 전과(戰果)를 견학시키려고 수업을 단축하고 사살된 저들의 시체 전시장을 보여주었다. 그 현장은 함양읍 한복판에 있는 위성국민학교 운동장 마당이었는데 거적대기로 덮어있는 2~30명의 시체는 처참하기 그지없었다. 늘비한 시체들을 현장에서 직접 보여주는 것을 반공 교육으로 활용하고 있었다.

이런 현실적 상황에서 우리 정부는 군대 병력이 모자라니 군이 감당해야 할 빨치산 토벌 임무를 '전투경찰대'라는 특수부대를 만들어 이를 수행토록 했다. 이들은 급조된 전투 병력이어서 체제 자체가 불완전하고 그 지휘부 역시 정상 수준이 아니었다고 생각한다.

이 부대는 국가 보급이 원활치 못해서 부대장은 주둔지의 면장과 단판을 벌려 식품과 난방용 땔감 등을 조달하는 것이 관행(慣行)처럼 되어 있었다. 쌀, 화목, 간장, 된장, 김치 등을 면민에게서 거두어 내라는 것이다. 도저히 받아들일 수 없는

양을 요구할 때 대판거리로 싸우며 실랑이를 하다가 급기야는 극단적인 방법으로 이어지곤 했다. 무기를 가진 전투경찰 부대장이 아버지의 머리에 권총을 들이대고 협박하며 가부를 다그치며 협박까지 하는 경우가 비일비재했다고 한다. 면장으로서 면민을 보호하기 위하여 극한적으로 다투다가 보면 격분을 못 참아서 "그래 총 쏴 봐"하는 경지까지 이른 적이 한두 번이 아니었다고 들었다.

그런 일이 있었던 날이면 아버지는 퇴근길에 면사무소 옆 네거리 상점에서 안주도 없이 깡소주를 몇 병씩이나 마시고 인사불성이 되어 집에 오셨다. 식사는 물론 할 수 없었고 만취 상태 그대로 주무셨다. 다음 날 아침이면 계란에 간장을 조금 넣어 저어서 드시는 것으로 아침 식사를 대신하셨다.

이처럼 극한적 직무에 몇 년간 시달리다가 보니 아버지의 건강은 날이 갈수록 악화되었고 전쟁은 휴전 협상으로 소강상태가 되었지만 1951년부터 56년까지 6년여의 빨치산 토벌대와의 악전고투는 아버지를 극도로 쇠약하게 만들고 말았다. 결국 체력이 회복불능 상태에 이르러서 더 이상 면장직을 수행할 수 없게 되어 부득이 1956년 중반에 사임하시게 되었다.

나는 이러한 참혹한 현실이 몇 년간 이어졌다는 것을 고교 졸업 후 고향에 돌아와서야 알게 되었다. 아버지는 강직 그 자체였고 공직자로서 책임을 다하겠다는 의무감은 어느누구보다 특별하셨으며 당당하고 떳떳하신 그 처신은 모든 사람들의 표상이 되고도 남았다고 믿는다. 마음속으로 나는 아버지를 영원한 존경의 롤모델로 모시겠다고 다짐했다. '짧게 살아도 바르고 굵게 살아야 한다'고 말씀하시던 아버지의 좌우명을 다시 한번 되새겨 보기도 하면서 명상 중에 그 아버지의 강인하시고 철두철미한 모습을 그려본다.

이 짧은 아버지의 좌우명 말씀 속에는 자기 개인의 이해관계나 목숨까지도 이웃 다른 사람의 '의'를 위하여 희생할 수 있어야 한다는 것이며 불의와 타협해서는 안 된다는 뜻이 담겨있다. 이 냉혹한 좌우명은 주님의 공의와 정의를 연상케 하는 것이지만 인간적인 의를 뛰어넘어 하나님의 공의와 정의를 위해서는 목숨까지도 아끼지 않아야 함이 성도의 선한 싸움일진대 이것이 우리가 명심해야 하는 진리이고 실천 강령이 되어야 한다고 믿어 의심치 않는다.

다. 소년가장과 군대생활

1. 아버지 병간호로 막힌 대학 진학
2. 가족 우선 가치관이 낳은 희생
3. 소년가장의 모진 인생수업
4. 아버지 명예회복을 위한 부채 정리
5. 내 생애 중간결산인 형님 졸업식
6. 민주당 집권과 군 생활
7. 첫 휴가 중에 듣게 된 5.16혁명
8. 혁명정부와 나의 원대 복귀
9. 쓴 약이 된 군 영창의 하룻밤
10. 문장력과 송치 의견서
11. 황무지의 순례자가 된 전역

1. 아버지 병간호로 막힌 대학 진학

나는 당시 1956년 해동고등학교 3학년이었고 대학 진학 구상을 하고 있든 중인데 아버지가 건강 악화로 머지않아 면장직을 사임하게 될 것이라는 소식이 왔다. 이 소식이야말로 나에게 날벼락과 같은 충격으로 다가왔다. 그렇다면 나는 진학을 포기할 수밖에 없고 형님은 대학 2학년 진급을 할 수 없게 되겠다는 생각에 눈앞이 캄캄해졌다. 아무리 생각해도 다른 길을 찾을 수가 없지만 실망만은 금물이라고 다짐했다.

나는 고향에 내려가서 한 해 동안 아버지 병간호를 하고 그 다음 해에 진학할 수밖에 없다고 생각하고 마음을 다잡아 먹었다. 내가 동기생들보다 한 해를 빨리 학교 입학을 했으니 일년 후에 진학해도 동갑네 친구들과 차이가 나지 않는다는 것으로 억지 위로를 삼았다. 졸업 후에는 고향에 올라가 아버지의 건강을 회복시키겠다는 마음을 굳게 다짐하고 더 이상 고민을 접기로 했다.

고향에 와 보니 아버지가 병색이 짙은 몸으로 개평 아랫마을인 숫꿀 정미소 옆에 있는 집 왼쪽에 방 하나가 있는 공간을 무상으로 빌려 가게를 차려놓고 계시었다. 그 집 뒤편에 초등학교가 있어 학용품을 구비해 놓았고 농촌 일용 생활용품 등을 진열해 놓았다. 또 농약(B.H.C등)과 양약을 뒤쪽에 진열하였다. 양약 진열장은 나무로 자그맣게 만들어 높이 세워 두었고 그 뒤쪽 공간에는 땅을 파서 구덩이에 옹기 독을 묻어 놓고 그 독에 막걸리를 시원하게 보관하여 빨리 쉬지 않도록 해서

낱잔 술을 팔고 있었다.

소위 면장직을 8년여 동안 하시면서 오직 면민만을 위하여 전적으로 헌신하시다가 퇴임하시었는데 이렇게까지 밑바닥 생활로 떨어진다는 것은 누구도 예상 밖의 일이었다. 의외로 아버지께서는 자존심 따위 정도는 안중에 없었고 최선을 다하여 생업에 몰두하시면서 당당하고 평범한 모습으로 바뀐 것을 보고 나도 놀라지 않을 수 없었다.

아버지의 생활신조는 '짧게 살아도 바르고 굵게 사는 것'이다. 그러기에 절대 불의는 용납할 수 없고 남의 불의도 방관하지 못하시며 공직자로서의 본분에 충실해야 한다는 것이 기본 자세로 되어 있었다.

아마 면장으로서 이권에 눈을 돌려 불의한 일을 했다면 퇴직 후 생계 대책을 준비할 수 있었을 것인데 단 한 가지의 준비도 없었다. 아버지는 강직하시고 인격적으로 누구보다 존경을 받았던 분이시었지만 공직을 사임하고서는 자존심과 모든 체면을 다 내려놓으시고 호구지책에 매달려 계신다는 것이 일반적 상식으로는 쉽게 이해할 수가 없었다. 아버지는 유교의 중심사상인 성리학 선비 가문의 후손으로서 표본이 되시는 분이라고 생각을 해 보았다. 아버지의 그 숭고하고 위대한 뜻과 정신이 나를 더욱 감동케 하였고 오히려 나로 하여금 생명보다 귀하게 여기시는 그 '의로운 삶'에서 나로 새로운 다짐을 하도록 한 것 같았다.

우리 기독교에서 십계명에 명시되어 있는 계명의 대부분이 아버지의 생활 철학과 일맥상통하였다고 생각이 된다. 하나님 사랑은 명심보감에 '순천(順天)자는 천(天)이~~'라는 글귀가 하나님을 절대자로 지칭하는 것이고, 그 이외의 모든 신은 그 하나님 손안에 있다는 것을 암시하고 있으며 십계명 중 대신 계명(1~4)이 이를 증명하고 다음으로 대인관계 계명(5~10) 전부가 아버지의 사상과 인생철학에 일치함을 느낄 수 있었다. 그 하나님의 영이 전통적 유교의 성리학 가문 후손인 아버지에게도 함께한 것이 아닐까 하는 생각을 펼쳐 보기도 했다.

2. 가족 우선 가치관이 낳은 희생

긴 인생을 사노라면 뜻밖에 닥쳐온 어려운 고비를 만났을 때 누구나 생존에 대한 회의에 깊이 빠져들 때도 있다. 나의 미래가 오리무중(五里霧中)으로 마치 한밤중에 등불 하나 없이 황야를 헤매 돌며 걸어가는 신세이었으니 그럴 법도 하였다. 한편은 어린 나이에 그래도 대담했다는 생각을 해 본다. 한때는 왜 내가 장남도 아닌데 이 큰 짐을 지고 피눈물을 흘려야 하는지 자신에게 질문을 해 보았지만 대답은 '나 자신도 중요하지만 우리 가족이 더 우선이다'라 는 가치관이 내 마음을 붙들어 맨 사슬이 되었던 것 같았다.

내가 어려운 기로에서 헤맬 때마다 보이지 않는 신의 역사하심이 전권 적으로 붙들어 주시었기에 다시 새 힘을 얻어서 일어날 수 있었다고 믿는다. 붙잡히지 않는 장래의 희망을 잡으려고 발버둥을 치며 살아남아야 한다는 절체절명에서 분루(憤淚)를 흘려야만 했지만 그 길목마다 그분이 새 힘을 주신 것이다.

이러한 악전고투는 나를 더욱 강하게 연단시키는 과정이 되었다. 나의 인생을 운명의 신에게 맡기고 당면한 현실에 최선을 다하는 것이 나에게 주어진 책무라고 믿었다. 그 당시에는 나는 전지전능 자 하나님을 몰랐고 막연히 운명의 신이 인도하는 대로 인간이 살아가고 있다고만 생각했었다. 알 수없는 허탄한 신을 의지하는 범신론적 신앙관을 갖고 있었던 것이었다.

아버지께서 살아계실 때 수시로 <명심보감>이라는 금언집을 큰 소리로 낭독하시는 것을 들을 수 있었다. 그 내용이 우리 인간 생활 지침이 되고 의로운 인간이 나아갈 방향 제시를 해주는 내용들이고 유익하였다. 내용 중에는 '순천(順天)자는 천이(天而) 보지(報之) 이복(以福)하고 역천(逆天)자는 천이(天而) 보지(報之) 이화(以禍)하니라'라는 말이 있는데 이것을 해석하면 '하늘에 순종하는 자는 하늘이 복으로 갚아줄 것이요 하늘을 거역하는 자는 하늘이 화로 갚아줄 것이다'라고 할 수 있다.

여기에서 우리 하나님을 하늘로 지칭하며 전지 전능자로 인정하는 것을 보아 그분을 절대자로 인정한다는 뜻이 함축되어 있음을 알 수 있으며 역시 기독교 교리와 근간(根幹)이 일맥상통한다는 생각이 들었다. 유교의 궁극적 종점은 도학(道學)이라고 하고 또 이를 주자학이라고도 한다. 이것은 하느님을 중심사상으로 하여 이론을 정립한 것이라고 하며 성리학의 중심사상인 도덕 윤리의 중심축이 된다는 것이다.

나는 그 어린 나이였든 만 18세에도 부모나 가족을 원망하지 않았고 형님과 가족을 위하여서 나 하나는 희생이 되어도 어쩔 수 없는 일이라는 생각을 했다. 이 또한 보이지 않는 성령님이 내 생각을 조성하시고 의의 길로 인도하셨다고 믿었으니 바른 해석이라고 생각한다. 나 자신의 이익만을 생각했다면 가정이나 형님의 학업이나 동생들의 생계를 왜 내가 책임져야 하느냐 하는 질문으로 헤맸겠지만 나는 나보다 가족을 더 중요시했고 그것이 대의(大義)라고 생각했던것은 소아(小我)가 아닌 대아(大我)를 지향한 것이 분명했다.

누구나 자기의 장래를 위한 기로에 섰을 때 가족과 자신 중 당연히 서슴없이 자기의 장래에 비중을 더 두는 것이 인지상정(人之常情)이라 할 것이며 그 길을 외면하고 대의명분을 찾는다는 것은 쉽지 않은 일이다. 내가 나의 길을 우선했다면 당초에 고등학교 졸업을 하고 집을 떠났을 것이고 주경야독으로라도 대학 진학을 했겠지만 역시 그 길은 의롭지 않은 길이라고 생각하였다. 나에게는 보이지 않는 의의 손길이 나를 인도한 것으로 믿으며 그분이 바로 내가 믿는 공평하고 의로우신 공의와 정의의 하나님이라고 확신한다.

어린 마음에 나 자신보다 가족의 비중을 더 크게 보았던 것은 역시 철저한 자기관리를 통하여 의로운 삶을 살아야 한다는 아버지의 유전자를 이어받았고 '짧게 살아도 굵고 바르게 살아야 한다'고 하신 아버지의 유지(遺志)가 나를 붙들어 매어 가족 제일주의 가치를 스스로 실현한 것으로 생각한다. 그러므로 자신의 장래에 대한 희생을 감수할 수밖에 없었다.

이것이 우리 기독교의 '하나님 사랑 이웃 사랑'의 지상 대명과 일치하며 경천애인(敬天愛人), 외유내강(外柔內剛), 홍익인간(弘益人間) 등의 유교 사상과도 상통하는 공의라고 볼 수 있으니 나를 불쌍히 여기신 하나님이 모든 나의 환경과 마음을 조성하셨다고 믿어서 또 한 번 하나님께 감사와 영광을 돌려 드린다.

'한 알의 밀이 땅에 떨어져 죽지 아니하면 한 알 그대로 있고 죽으면 많은 열매를 맺느니라'(요12:24)라는 말씀을 묵상하며 명상에 잠겨 본다.

3. 소년가장의 모진 인생수업

내가 만 18세였던 1957년 2월 말경부터 나는 아버지의 병간호와 8가족의 생계와 형님의 대학 학비를 책임지고 살아야만 하는 소년가장이 되었다. 어떻게 해야 아버지의 건강을 회복시킬 수 있을까를 고심 했지만 당시에는 의료 수준이 낮은 데다가 우리 집 경제 사정이 너무나 열악하여 도시의 큰 병원은 꿈도 꿀 수가 없었다. 생업인 가게는 밥 먹기도 힘들 정도였지만 돈이 되는대로 개를 잡아 아버지의 보양식을 만들어 드렸다. 그때마다 며칠 동안은 아버지의 기력이 좀 회복되시는 것을 피부로 느낄 수가 있었다. 그러나 그것도 어려운 형편에서 자주 해 드릴 수가 없었다.

당시에 아버지의 병명은 전신 쇠약증이라고 하였다. 지금 생각하면 모든 장기가 영양부족으로 제 기능을 하지 못하고 가끔 심한 기침과 함께 객담(喀痰)을 뱉기도 하면서 기력이 떨어져서 말씀도 제대로 할 수 없을 정도로 탈진 상태였다. 그 당시는 수액(링거)주사가 고작이었고 비타민 앰플 몇 가지를 섞어 영양 보충을 하셨다. 아버지는 음식 섭취가 용이하지 않아 나는 매일 약방 가게에서 동생 병근이와 함께 자고 아침이 되면 주사기 50cc와 5cc짜리 2개를 가지고 집으로 올라갔다. 그리고 유한양행제 영양주사인 포도당 50%50cc와 캄퍼라는 강심제 주사를 준비하여 아버지에게 주사를 놓아드렸다.

매일 사용해야 하는 유리 주사기는 소독용 냄비를 하나 정해놓고 맑은 물에 끓여 소독해서 재사용했으며 팔을 고무줄로 묶고 혈관을 찾아서 주사를 놓아드려야만 했다. 이것이 음식 섭취가 어려운 아버지의 유일한 연명 수단이기 때문이다. 처음에는 의사 왕진을 받아 주사를 맞기도 하였지만 왕진비 부담이 너무 커서 내가 직접 혈관과 근육주사 놓는 법을 터득하여 이를 실천에 옮긴 것이다.

기약 없는 아버지의 건강 회복은 어쩌면 불가능에 가까웠고 살아계실 수 있는 시간만 최대한 연장하는 유일한 방법이라고 볼 수밖에 없었다. 그러나 다른 길이 없으니 속수무책이었다. 아버지는 나를 대학에 진학시키지 못하고 자신의 병간호에 매달리게 한 것에 죄책감을 갖고 수시로 나를 위로해 주셨다.

"내가 꼭 일어나서 내년에는 네가 대학을 갈 수 있도록 할께"

이렇게 말씀하시면서 눈물을 글썽이시던 그 모습이 눈앞을 어른거릴 때면 나도 모르게 울컥함을 어찌할 수가 없었다. 기력이 조금 나아질 때마다 아버지는 마음속에 응어리진 말씀을 또 하시곤 했다.

"내가 내년에는 꼭 일어날 것이니 네가 대학을 갈 수 있을 거야"

이런 말씀을 수시로 하시면서 나를 위로하곤 했다. 그때마다 나는 '예, 걱정마세요'라며 아버지를 안심시켜 드리곤 했다. 가족 생계가 어려워 보양식을 자주 해 드릴 수도 없는 실정이었지만 때때로 동네 아이들이 민물에서 자라 를 잡아 우리 집에 팔러오면 그걸 사서 솥에 푹 고아 드렸다. 이것도 기력을 돋우는 효과가 있는지 좀 생기를 얻는 것 같았다. 또 뱀이 고단백이라는 것을 알고는 그것도 같은 방법으로 해 드리면 얼마

간 도움이 되었다. 한 번은 뱀을 팔려고 가져온 사람을 그냥 돌려보낸 적이 있었는데 그때는 이미 아버지가 별세하시어 뱀이 쓸모가 없어졌기 때문이다. 그러나 한편으로는 그분에게 미안한 마음을 어쩔 수가 없었다.

기적은 일어나지 않았고 다음 해 1958년 5월 20일 08시 20분경에 아버지는 유명을 달리해 세상을 떠나셨다. 운명 시간도 정확히는 모르게 돌아가신 것 같다. 그날도 여느 때와 같이 아침에 혈관주사를 놓으려고 아버지가 계신 뒷방에 들어갔더니 주무시고 계시는 것 같았다. 팔을 걷고 강심제인 캄파 주사를 놓고 혈관주사를 놓기 위해 피골이 상접한 팔에 혈관을 잡으려고 뒤적여가며 주사를 하는데 그날따라 평상시 보였던 자동반사적 반응이 전혀 보이지 않아서 평소와 다르다는 느낌을 받았다. 아무 반응도 보이지 않으시는 아버지를 보는 순간 두려움이 엄습해 왔고 곧 큰 방으로 나가 고모님을 불렀다. "아버지가 이상해요" 하고 말했더니 고모님이 방에 들어와 운명하신 아버지를 확인하고 "오빠 오빠"하고 목을 놓아 울기 시작했다.

고모님은 나를 그 방에 더 이상 들어오지 못하게 하였다. 당시의 의료 수준은 서양의학이 초기 단계이고 전통적으로 내려오는 가정의학인 구전 의학과 민초 의학, 한의학이 전부라고 할 정도였다. 이에 따른 격리 처방이라고 생각한다. 즉 사람이 죽으면 죽어가는 사람의 온갖 나쁜 병균들이 시신의 낮아지는 체온을 피해 몸 밖으로 나온다고 믿었고 그로 인해 병균들이 옮겨질 것을 사전 예방하는 차원으로 나를 격리시킨 것이다.

후에 생각해 보니 고모님이 당신은 죽어도 되지만 청춘이 만리 같은 조카에게는 피해가 없어야 한다는 평소의 신념이 그대로 실천된 것이란 생각이 들었다. 그 생각을 하고 보니 그 깊으신 뜻에 큰 감사가 여울져 내 기억 속에 남게 되었다.

아직 어린 소년가장이었던 나에게 들이닥친 모진 인생 수업은 나를 일찍이 연단시키려는 섭리주의 손길이라고 생각한다. 그 과정에서 인내와 담력을 키워주셨고 세파와 결전하는 불굴의 의지를 길러 주시었으며 올바른 판단과 결의를 할 수 있도록 학습시켜 주셨다고 믿으니 이 또한 부정할 수 없는 주님의 은혜라고 생각한다. 소년가장의 모진 인생 수업은 나의 일생에 주춧돌이 되었고 지금까지의 한세상 살아가는 동안에 밑거름이 되었음에 감사할 따름이다.

한세상을 사노라면 뜻밖에 밀리고 밀려오는 크고 작은 파고들을 넘어야만 했다. 때때로 걷잡을 수 없이 힘겨운 고비와 생사의 기로에서 갈 길을 못 찾아 헤맬 때도 많았지만 언제나 보이지 않는 손길이 나를 붙들어 주시었다. 끊임없이 다가오는 가혹한 연단을 통하여 나에게 지구력을 길러 주셨고 이 모든 파란만장의 파고를 넘어 오늘에 이른 모든 섭리가 나의 선택이라기보다 섭리주의 인도하심으로 믿기에 부지불식간에 깨어지기 쉬운 한낱 질그릇 같은 내 인생의 잔을 넘치도록 채워 주심에 또 한 번 감사를 드린다.

4. 아버지 명예 회복을 위한 부채 정리

내 나이 만 19세에 아버지의 별세로 8가족만 남게 되었고 가세는 여전하여서 형님의 대학 뒷바라지를 비롯하여 가족들의 생계와 우리 집의 빚까지 다 도맡아 처리해야만 했다. 어린 동생들 4명과 고모, 그리고 새엄마를 거느리고 살아남아야 하는 막중한 책임이 나의 작은 어깨를 짓누르고 있었다. 이런 참혹한 현실은 세상 어디에도 찾아보기 힘든 천애고아(天涯孤兒)와 같은 가련하고 처참한 소년가장이 되고 말았다.

아버지의 묘소를 동네 건너편 '도림이' 산에 모시었는데 거기는 증조모와 할아버지 할머니 어머니의 산소가 있는 우리집 선산이다. 그곳은 옛날 증조모가 돌아가셨을 때 큰집(종가)에서 작은집(우리집) 선산으로 사용하라고 넘겨준 산이라고 했다. 그래서 그곳이 우리 가족 묘지가 된 것이다. 특별히 증조부(홍문관 교리, 응교)만 경성에서 운구하여 고향 명산 터를 찾아 수동면 상백리 산 중턱에 따로 모시게 되었으니 그 외 모든 선영 묘소는 이곳에 모시게 된 것이다.

아버지가 돌아가신 후 형님과 함께 장례를 치르고 형님이 상경하기 전에 형님과 상속 의논을 했다. 당시 형님은 서울 연세대학교 상학과 3학년으로 서울에 있으니 집 사정을 잘 모를 수밖에 없었다. 그래서 형님에게 재산과 부채 정리 상의를 했다.

나는 '우리가 아버지의 빚을 갚지 않으면 아버지는 돌아가셨지만 빚쟁이로 남을 것이고 또한 씻지 못할 나쁜 사람으로 낙인찍힐 것이며 그 오명은 영원히 벗을 수가 없을 것이니 모든 재산을 다 팔아서라도 부채 정리를 해야 한다'고 주장하면서 돌아가신 분에게 욕되지 않게 해야 한다는 내 생각을 강조하고 의견을 내어놓았다. 이에 형님도 '네 말이 맞는 것 같다'고 동의하면서 '네가 알아서 처리하라'고 하셨다.

형님이 상경한 후 논 8마지기와 밭 두 때기(필지)를 매물로 내어놓았다. 집은 부지의 소유권이 큰집 종손인 병호 형님 명의로 되어 있고 건축물은 무등기 상태였기 때문에 상속 대상이 아니었다. 우리집은 옛날에 국현 증조부님께서 홍문관 교리와 응교라는 벼슬을 거쳐 진주 부사로 왕의 임명장인 교지를 받고 부임하시기 직전에 송별회 연회장에서 토사곽란이란 병으로 돌아가시게 되었다고 한다. 장례비용을 마련하기 위하여 살던 집을 담보로 하여 돈을 빌려서 약 한 달여를 걸쳐 경성에서 고향인 개평까지 장례를 치르고 수동면 상백리 산소에 묘소를 잡았다고 했다. 그때 빚을 갚지 못해 집을 넘겨준 후 마련한 것이 지금 우리가 살던 집이었다고 했다. 당시에 하서 김인후(울산김씨 18현인) 가문이셨던 할머니가 친정에 가서 돈을 얻어다가 그 집을 샀는데 소유권 명의변경도 하지 않은 채로 지금까지 살아왔기 때문에 여전히 종손 이름으로 남아 있었다.

남은 유산을 처분하였으나 재산보다 부채가 더 많아서 완전히 빚을 정리할 수가 없었다. 그래서 채권자 중에 제일 이해를 잘해주리라 생각되는 정순장 대부께 어렵게 변제 연기 허락을 받아 2년 후로 미룰 수가 있었다. 또 만약의 비상사태를 대비하기 위하여 2만원(판매대금 합계 약 29만원?)을 부산 재당숙

모에게 맡겼었는데 그 돈은 몇 년 후에 형님 군대 문제 해결을 위해 다 쓰게 되었다. 그 후 약 2년여에 걸쳐 남은 부채를 청산하기까지 온 가족은 연명만 하면서 악전고투 끝에 1960년 2월 경에는 남은 빚을 모두 청산할 수 있었다.

그동안 힘들었던 노정(路程)은 말로 다 표현할 수가 없다. 수시로 삶과 죽음의 기로에 서서 하루가 멀다하고 갈팡질팡 할 수밖에 없었다. 죽기 살기로 몸부림칠 수밖에 없었던 나는 수시로 주체할 수 없는 눈물을 흘려야 했고 천길 나락에서 실낱 같은 밧줄에 매달려 소리를 질러야 했다. 그러나 소스라쳐 분연히 일어서서 정신을 다잡고 나의 약해진 의지를 흔들어 깨워 마음을 다잡으며 신들메를 고쳐 매고 또 매었다.

우선 약방을 발전시키는 것이 급선무라고 생각하여 열심히 일을 하면서 성심성의로 주변의 신뢰를 얻고자 최선을 다했다. 서점에서 건강 의학서적을 사서 읽는 독학, 또 현장 경험으로 의술을 터득해 나갔다. 날이 갈수록 의사가 없는 경남 함양군 지곡면 개평리 고향에서 나는 면허 없는 의사로 명성을 제법 떨치면서 동분서주했고 청진기도 없는 왕진도 자주 할 정도였다.

왕진하는 경우는 노인이나 급성 위경련 환자들이니 직접 방문할 수밖에 없었다. 언젠가 한 번은 개평 아랫마을 황산댁이라는 집에 노경환 씨의 어머니가 중풍으로 누워 계셨는데 변비가 너무 심하여 매우 고통스러워한다고 해서 왕진갔다. 먼저 배변 촉진제인 글리세린을 항문에 주입하여 시도해 보았지만 불가능하였다. 여러 가지로 생각하다가 물리력을 가하여

서라도 돌같이 굳어있는 대장의 숙변을 깨뜨려 부셔서 밖으로 끌어내어야겠다고 생각했다. 그래서 내 손가락을 소독하고 고무장갑도 없이 환자의 항문에 제일 긴 중지를 삽입하여 조금씩 뜯어내어서 결과적으로 성공한 적도 있었다.

이처럼 살아남아야 한다는 절체절명의 결의가 나를 용감하게 만들었고 도둑질만 빼고는 무엇이든지 다 해야 한다는 굳은 의지가 나의 등을 떠밀었다. 나의 왕진 가방에는 주사기로부터 상비약인 진통제와 소화제 해열제 등과 붕대와 수술용 작은 칼까지 가지고 다녀야 만 했다. 통신이 어렵던 그 시절 좀 멀리 떨어져 있는 동네에 왕진을 가면 소문을 듣고 다른 집에서 진료 요청을 받기도 했다. 그때는 바로 그 집으로 가야 되기 때문에 언제나 응급치료 준비가 되어 있어야 했다. 그래서 농촌에서 제법 수입을 늘릴 수 있었기에 남은 부채까지 말끔히 청산할 수 있었다고 생각한다.

존경하는 아버지를 위하여 부채 정리를 말끔히 끝냄으로서 사후 명예 회복을 해 드렸고 이렇게라도 늦게나마 효자 노릇을 한 것 같았다. 그래서 내 마음 한편에 뿌듯함을 느꼈으며 또한 천지(天地)간의 정의를 바로 세웠다고도 생각했다. 그 당시에는 주님을 알지 못했던 나였지만 지금 생각하면 나의 등 뒤에서 나의 생각과 마음을 조성하신 섭리주 하나님이 예정 섭리 가운데에 지난 세월 구비구비마다 나의 손과 마음을 굳게 붙잡고 계시었음을 깨닫게 된 것이다. 모든 게 내 뜻대로가 아닌 주님의 뜻을 이루기 위한 과정이었음을 또 한 번 묵상하게 했고 고달픈 나의 인생 항로가 믿음의 실상과 증거임을 보여

주게 된 것이다.

'믿음은 바라는 것들의 실상이요 보이지 않는 것들의 증거니'(히11:1)라는 성경 말씀을 묵상해 본다.

5. 내 생애 중간결산인 형님 졸업식

세월이 흘러 1960년 2월에 형님은 나의 전폭적인 뒷바라지를 받아서 대학을 졸업하고 동방생명 보험(주) 직원 공채에 취업하게 되었다. 나는 형님의 졸업식 날짜를 연락받고 감회(感懷)에 젖어 성취감의 한숨을 내쉴 수 있었다. 지난 3년간 나는 매달 1500원에서 2000원을 우체국 소액환으로 바꾸어서 편지 속에 넣어 등기우편으로 학비를 보냈던 결실이기 때문이다. 형님 등록금은 사채를 빌려야 했고 그 사채는 계를 들어서 갚아나가야 했다. 당시 한 학기 등록금은 10만원 안팎이었으며 그것은 큰돈이어서 소액환이 아닌 통상환을 이용하였다. 졸업식 날이 오기까지 나는 산 넘고 물도 건넜으며 눈비도 마다하지 않고 달려온 쓰라린 황야(荒野)의 고달픈 가시밭길의 연속이었다.

드디어 나에게는 너무나 벅찬 감격의 결실인 형님의 대학 졸업 현장을 그려보면서 설레는 가슴은 이루 형언할 수가 없었다. 온 가족과 함께 모든 힘을 합하여 우리집 대들보인 형님을 졸업시키게 되었다는 것은 남다른 특별한 의미이였고 우리 온 가족의 궁극적 목표였기 때문이다. 어떤 일이 있어도 그 장엄(莊嚴)하고 뜻깊은 졸업식 현장에 참석해야 하겠다고 나는 마음을 먹었다. 지난 4년여 동안 형설(螢雪)의 공을 거두는 자리이기 때문이었다. 공교롭게도 그 무렵 나는 유사 장질부사에 걸려 어렵게 치료를 받고 겨우 기동할 정도로 회복 중이어서 여행이 자유롭지 못한 상태였지만 졸업식에는 꼭 참석해야만 한다고 굳게 마음을 먹었다.

그래서 졸업식 하루 전에 함양읍에 가서 내가 거래하는 '위생당' 약국에 미리 양해를 구하고 밤에 링거와 영양제주사를 맞고 그 다음 날 아침 남원행 버스에 부실한 몸을 실었다. 남원에서는 서울행 기차로 환승을 하여 동행의 도움을 받아 서울까지 무사히 올 수 있었다. 형님은 그 당시 종문 친척집인 관찰댁 조카뻘 되는 정원기를 가르치는 가정교사로 있었다. 원기네 외갓집 직조공장 내에 있는 관사였는데 나는 그 집에서 3일을 묵게 되었다.

고향에서 원기 어머니와 할머니의 건강을 수시로 보아 드렸고 영양제 주사도 놓아 드렸기에 그분들과 나는 남다른 친분도 있었다. 내가 초췌한 모습으로 형님 졸업식에 참석하기 위하여 온 것을 보고 원기 어머니께서는 무척 애처롭게 바라보시며 끼니때마다 소고기 국으로 보신을 시켜주셨다. 그 갸륵한 정성을 온몸으로 느낄 수 있었고 그래서 며칠 만에 몸이 많이 회복되었다. 그런 몸으로 나는 카메라 하나 없이 졸업식장에 참석하였다. 행색이나 준비 상태로는 보잘것 없었으나 내 마음은 너무나 흐뭇했고 마치 추수한 곡식단을 바라보는 농부의 심정 같았으며 천하를 다 얻은 것 같은 기쁨으로 차고 넘쳤다.

내 생애의 중간결산과 같은 이 행사는 정말 감격의 도가니였으며 내 인생에 잠시 잠깐 쉼표를 찍는 순간이었다. 또 한 편은 그동안 나는 소년가장으로서 가족부양의 임무와 형님 학업도 다 마무리 했으니 이제부터는 나의 앞날을 향해 나아가야 할 새로운 시발점에 섰다는 생각에 가슴이 뛰고 벅차오르는 새 희망으로 가득 찬 느낌이었다.

그때까지 나는 가정을 지키는 것만이 나에게 주어진 사명이라고 생각하며 굳게 마음을 먹고 우리집이 안정될 때까지 군 입대를 미루고 있었다. 만약 내가 고등학교를 졸업하고 나의 장래만을 위하여 집을 나가서 고학(苦學)이라도 하여 야간대학을 진학하였다면 나의 일신상은 발전하여 희망찬 앞날을 바라볼 수는 있었을 것이다. 그렇게 했다면 우리 집은 풍비박산(風飛雹散)이 될 수밖에 없었을 것이다. 형님은 대학을 중도에 포기할 수밖에 없었을 것이고 고모와 새엄마는 남의 집 가정부로, 병근이는 꼴머슴으로, 여동생들은 천애(天涯)고아가 될 수밖에 없었을 것이다. 이처럼 우리 온 가족은 각자도생(各自圖生)의 길을 면치 못했을 것은 불문가지사(不問可知事)였으리라고 생각한다.

다음날 서울을 뒤로 하고 고향 개평으로 돌아가는 내 마음은 홀가분하기도 하고 한 편은 착잡하기도 하였다. 이제 나에게 맡겨진 책무를 다 완수했으니 지금부터는 나의 장래를 위한 길을 찾아가야 한다는 생각에 빠져 마치 황량한 벌판에서 먼 하늘만 바라보며 멍때리고 서 있는 처량한 방랑자의 신세가 된 것 같았다.

이제 형님은 사회 진출의 첫 페달을 밟았으니 그 앞에는 시간이 지나면서 발전만이 기다리고 있지만 나는 이제부터 시작인데 내 앞길에는 자욱한 안개로 오리무중(五里霧中)이 되어 앞이 보이지 않았다. 우선 공개적으로 미루어 두었던 군대 입대 문제를 해결하고 군 생활에 최선을 다하면서 그다음 진로 문제는 차츰 생각하기로 하고 지금은 더 이상 잡히지 않는 미래에 대한 번민에서 벗어나기로 마음을 다잡으며 긴 한숨을 내 쉬고 눈을 감았다.

6. 민주당 집권과 군 생활

이승만 정권 말기 국무총리인 이기붕 일당이 전적으로 획책(劃策)한 1960년 3.15부정선거가 다 들통나고 말았다. 이를 규탄하는 학생운동이 산발적으로 일어나고 있었는데 전국적으로 대학생들이 이에 합류하게 되고 심지어는 고등학생까지 가세하는 곳도 있었다. 그 와중에 마산 앞 바다에서 돌로 매달아 버려진 김주열(15세)이라는 고등학생의 시신이 떠올라 시민들의 분노는 극에 달했다. 급기야 4.19 의거(義擧)로 발전하게 되었고 중소도시까지 일파만파로 반정부 시위가 퍼져나가니 정부로서는 도무지 감당할 방법을 찾을 수 없게 되었다.

이에 비상계엄령이 선포되었고 계엄군의 포화에 많은 학생들이 희생되자 이것이 더 큰 도화선이 되어 전국 방방곡곡은 반정부 시위로 온 나라가 혼비백산(魂飛魄散) 상태에 이르게 되었다. 군경으로서 진압이 어려워지자 이승만 대통령은 결단을 내려서 하야(下野) 성명을 발표하게 되었고 드디어 자유당 정권이 막을 내리게 되었다.

당시 야당이었던 민주당은 어부지리로 집권 세력이 되었고 대통령 후보 윤보선이 제4대 대통령으로 당선되었다. 자유당 정권은 몰락하였고 이승만 대통령은 하와이로 망명하게 되었으며 이기붕 총리와 부인은 아들 이강석의 권총에 사살되었고 이강석 자신도 스스로 자결함으로 종말을 고하게 되었다. 이승만 대통령은 망명 전 비행장에서 '불의에 굴하지 않는 젊은이들이 있으니 우리나라의 장래가 기대됩니다'라고 기자 질문에 응답했다고 했다. 또한 4.19의거(義擧) 진압군의 총상을 입고 병원에서 치료받는 대학생 문병을 하면서 울먹이며 '내가 맞아야 하는 총알을 자네들이 맞았으니 가슴이 아프다'라고도 하셨다고 한다.

1960년 7월 29일 국회의원 총선이 실시되었는데 아버지가 면장직에서 퇴임 후 우리 집이 생계조차 어려워졌을 때 적극적으로 도와주신 분이신 정준현(전임 도의원) 대부께서 민주당 후보로 국회의원 출마를 하셨다. 이 어른은 1956년 아버지가 면장직을 퇴임하고 가족의 생계 문제가 막막할 때 가게를 할 수 있도록 집과 담배 하치장과 연초 판매권을 포함하여 매약 청매상 면허까지 무상으로 빌려주시며 절대적 후원자가 되어 주신 분이다. 아버지가 (進退維谷)에 처했을 때 기댈 수 있는 언덕을 만들어 주심으로 우리 가족이 살아갈 생계의 터전을 만들어 주셨으니 은인중에 은인이셨다. 물론 아버지께서 그동안 쌓아온 덕망이 그러한 도움으로 연결될 수 있었을 것이라 보지만 대부께서는 아버지의 진실하고 의로운 삶을 오랜 세월 동안 옆에서 지켜보시면서 자신의 인생관과 가치관이 서로 일맥상통(一脈相通)한다고 생각하신 것 같았다.

나는 그동안 가족을 지키기 위하여 입대를 미루어 뒀던 것을 지원 입대하기로 마음먹었다. 그리고 입대 전에 총선에 출마하신 정준현 대부의 선거사무실에서 도우미로 전심전력을 다하였다. 정준현 대부는 무난히 당선되었고 나는 입대 소집영장이 나올 때를 기다렸다가 9월 21일 논산훈련소 입소 모집영장이 나왔다는 것을 알게 되어 이에 자원입대 신청을 하였다.

입대(군번 10753933)를 한 나는 논산훈련소 8주간의 전반기 훈련을 마치고 6주간의 후반기 교육을 앞두고 있었다. 보병 병과 훈련병 중에 입대시에 지능검사 우수자만이 갈 수 있는 특과 학교 후보생으로 선발되었고 후반기 훈련이 면제되면서 배출대대로 넘겨져서 대기병이 되었다. 그 뒤 며칠 만에 헌병학교로 충원 명령이 나서 경북 영천의 헌병특과 학교에 입학했다. 나는 헌병이 나의 적성에 맞지 않는다고 생각하여 다른 특과 학교로 바꿔 보려고 노력해 보았지만 불가능했다. 때마침 배출대대에 기간 사병으로 제대를 앞두고 있던 초등학교 동창인 강신반이라는 친구가 있어서 부탁했는데 허사가 되었고 별다른 방법이 없었다.

결국 나는 현병학교 109기생으로 8주간의 교육을 마치고 부대 배치를 받았다. 당시 제2군 사령부가 있는 대구로 와서 하루를 보내고 나니 제6관구로 명령이 다시 나서 서울로 올라와 지금 남산 한옥마을 자리에 있는 부대로 들어갔다. 나와 같이 명령을 받고 온 동료들이 약 40명 정도였다.

그곳에 도착하자마자 군대에서 전입 신병이 공식적으로 쓰는 신상명세서라는 것을 쓰게 되었다. 사회에서 쓰는 이력서와 같은 성격의 자기소개서였다. 처음에는 한글로 쓰게 하고 두 번째는 한문으로 쓰게 하였다. 하루를 지나서 배치 명령을 하는데 다른 동료들이 거의 다 호명될 때까지 나의 이름은 부르지 않아 궁금증이 일어났다. 마지막 두 명이 남았는데 그때에야 호명하면서 "명 참모부"라고 했다. 다른 전입자들은 일선 헌병중대로 배치하고 제일 우수하다고 판단한 두 명을 남겨 상위부대인 참모부 요원으로 발탁한 것이었다. 아마도 필체(筆體)와 한문 실력을 본 것 같았고 또 인상과 얼굴표정도 고려가 된 것 같았다. 나와 같이 참모부에 남게 된 다른 한 사람은 고향의 안의면 고등학교에서 영어를 가르치던 선생님 출신이었다.

나는 군기계에 배치되었고 그 친구는 수사계에 배치되었다. 군기계에서는 예하 부대에서 군기 단속 카드가 올라오면 종류별과 처분별로 분류하여 처리하는 업무였다. 업무를 선임자 이도춘에게 배우며 익혔다. 몇 달이 지난 5월 초순에 입대 후 첫 휴가를 받게 되었다. 너무나 기다렸기에 벅찬 가슴으로 고향을 내려갔지만 8개월 만에 찾은 고향이라 좀 어색하기도 했다. 나는 차츰 안정을 찾아가면서 동생 병근이가 하고있는 약방 일을 도와서 하루하루를 보냈다. 약 10일이 지났는데 국가적 큰 변란이 일어난 것을 라디오 방송을 통하여 알게 되었다.

민주당 정부가 들어선 이후 국정이 제대로 순탄치 않은 틈을 타서 육군 주도로 혁명이 일어난 것이다. 당시 박정희 소장이 중심이 되어 혁명이 일어났으며 계엄사령관 육군대장 장도영 이름으로 혁명공약 방송만 반복되고 정규방송은 중단된 상태로 며칠이 지나갔다.

7. 첫 휴가 중에 듣게 된 5.16혁명

휴가 중 어느 날 아침에 느닷없이 라디오에서 정규방송은 하지 않고 격앙(激昂)된 고성에 반복적으로 흘러나오는 소리가 '혁명공약'이라는 장문의 성명서가 터져 나왔다. 전 국민은 조금도 동요하지말고 혁명 공약을 잘 익혀서 현재 상태 그대로 각자 생업에 전력을 다하라고 거듭 강조하는 내용이었다.

나는 그때 아직 휴가 기간이 약 일주일쯤 남아 있었다. 혁명정부에서는 외출이나 휴가 중인 모든 장병은 즉시 귀대하라는 특별 명령이 떨어진 상태였다. 나는 곰곰이 생각하다가 휴가 기간을 다 채우고 귀대하기로 마음을 먹었다. 군에 입대 이전에 이미 체험한 극한적 생사(生死)의 8부 능선을 넘어온 담력으로 그렇게 대담한 결단을 내릴 수 있었다고 생각한다. 어디까지나 나의 독자적 판단 아래 모든 것을 시행하는 습관과 의지력을 키웠다고 생각되며 그 대담했던 자신에 대하여 지금도 이해하기가 쉽지 않은 것이 사실이다.

그런데 휴가 기간을 다 사용하고 귀대를 하면서 나름 큰 처벌을 각오하고 귀대를 했다. 한 울타리 안에 헌병 감실과 서울, 경기지역을 관할하는 6관구 헌병참모부와 3CID, 15CID라는 수사대와 10헌병중대, 20헌병 중대와 군 영창(구치소)이 있었다. 혁명정부는 계엄령을 선포하고 야간 통행금지를 실시하였으며 모든 정부 기관을 통제하기 위하여 군인 감독관을 전국 공공기관에 다 배치하였다. 삼엄한 검문검색을 하는 헌병이 길거리마다 널려 있는 판국에 나는 느긋하게 휴가를 끝까지

다 소진한 후에야 귀대한 것이다. 처벌받을 각오를 단단히 하였고 틀림없이 큰 벌을 받을 것이라는 예상과 각오도 했었다.

귀대 신고를 하니 선임하사가 "엎드려 뻗쳐"라고 소리를 친다. 명령대로 엎드리니 병장인 선임병과 선임하사 두명이 침대 마후라 몽둥이를 들고 양쪽에 선다.

"너 이 자식아 기록카드에 잉크도 마르지 않은 놈이 왜 이리 간덩이가 커? 너 한 번 죽어 볼래?" 하고 얼리는 것이다.

나는 아무런 대꾸도 하지 않고 묵묵부답으로 응수했다. 한참 동안 얼러대더니

"너 한 번만 더 이런 일이 있을 때에는 죽는 줄 알아!"

하고는 '일어서'하는 말과 함께 체벌(體罰) 해제 명령이 떨어졌다. 아마도 내가 평소에 열심히 쌓아온 책임감과 업무 수행 평가가 나쁘지 않아서 관용이 떨어진 것 같았다. 또한 나의 담력은 내가 일찍이 소년가장으로서 연단을 받으며 다지고 다진 맷집이 생겼고 또 한편으로는 하나님의 섭리에 따른 공의와 정의로 불굴의 강한 담력이 있었던 것으로 믿는다. 나는 정당한 휴가를 누릴 자격이 있다는 생각으로 국가 비상사태의 긴급 상황 파악을 제대로 하지 못한 것이 두려움을 떨쳐버릴 수 있었던 것 같았다.

귀대를 해 보니 헌병참모(중령)실 문 앞에 2명의 헌병이 보초를 서고 있었다. 선임자에게 물으니 "쉿"하며 말문을 막는다. 나중에 조용히 다시 물어보니 1군 사령관 이한림 장군(중장)이라고 한다. 혁명정부에서 만약을 위하여 연금해 놓은 것이라고 했다. 전방을 사수해야 하는 1군이 총부리를 남쪽으로

돌리면 혁명이 실패로 돌아갈 수 있기 때문에 미연(未然)의 방지차원으로 내려진 조치였다.

절대적 비밀이 보장되어야 성공할 수 있고 생명을 담보로 한 혁명이기에 철저한 통제 아래 작전계획을 세우느라 1군 사령관과 또 다른 군 고위층과도 사전에 의논할 수가 없으니 부득이한 처사라고 생각했다.

8. 혁명정부와 나의 원대 복귀

휴가를 마치고 귀대해서 보니 영내에서 전에 없었던 큰 기관이 들어온 것을 발견했다. '국가재건 최고회의'라는 무시무시한 간판이 달린 기관이 영내 맨 뒤편 큰 건물에 들어서 있었다. 며칠이 지난 후 영내에서 연병장을 지나다가 중학교 동창을 우연히 만났다. 그 친구는 강위주라는 친구로 함양읍 하동에 살았는데 내가 하숙 생활을 할 때 삼일여관에서 밥을 먹고 상동에 있는 사위 집으로 잠을 자러 갈 때 중간에서 자주 만나서 좀 친했던 터였다.

서로 반가움을 나눈 후 대뜸 하는 말이 "너 헌병감실로 오지 않겠느냐?"고 물었다. 그래서 "나는 잘 모르니 네가 알아서 해 줘"라고 대답했다. 그랬더니 곧바로 헌병감실 전통문(전언통신문)으로 파견근무 명령이 떨어졌다. 갑자기 근무지를 옮겨 관리관실에 배치가 되니 내가 근무하던 6관구 헌병참모부에서는 무슨 큰 배경이 있는 것으로 생각하고 부러워했다. 관리관실은 소령이 실장이고 대위가 부실장, 중사가 선임하사이고 나는 실무 담당이 된 것이다. 하는 일은 헌병감실의 모든 수발신 문서를 통제 관리하고 헌병감실의 장병 급여와 경리 업무였다.

나를 헌병감실로 이끌어 준 친구 강위주는 나보다 먼저 제대하고 이미 동거하고 있던 여자 친구와 함께 성동구 화양동에서 쌀 소매상을 시작하여 나름대로 잘하고 있었다. 자본이 많지 않고 보니 변두리에서 조그마한 가게를 빌려 새벽이면 왕십리 중앙시장까지 자전거로 가서 쌀 한두 가마를 도매로 사서 가져와 가게 근처 마을에 소매로 판매하는 일을 했다.

하루는 그 친구가 결혼식을 치러야 하는데 나에게 사회를 좀 부탁한다고 하였다. 주례는 직업 주례를 세우기로 했다는 것이다. 그래서 신설동에 있는 건물 2층 작은 결혼식장을 빌려 조촐하게 예식을 치르고 떳떳한 부부가 되어 장사를 하였다.

나는 그 부부가 너무나 열심히 살아가고 있는 모습을 통해 나의 미래를 그려보았다. 그 친구는 노동력이 밑천의 전부였다. 그렇지만 최선을 다하는 모습이 내 눈에는 감동적으로 비쳐왔다. 친구 부부는 새벽부터 밤중까지 전력을 다해 일하더니 날이 갈수록 점점 가게가 확장되고 자리도 잡아갔다. 나도 제대한 후 그렇게 할 수 있을까를 생각해 보며 미래의 청사진을 그려보기도 했다.

그 후 약 30여년이 흐른 후에 그 친구가 자기 아들 결혼 주례를 좀 해달라는 부탁을 해서 나는 사양을 했으나 진심 어린 간곡한 부탁에 그러자고 승낙하였다. 나로서는 난생처음으로 주례를 했지만 나름대로 준비하여 잘 마칠 수 있었다. 아마도 자기가 어려울 때 결혼을 도와준 은공을 잊지 못하여 나에게 그런 부탁을 한 것으로 생각했다. 후에 주례를 멋지게 잘하였다고 친구들로부터 칭찬을 받기도 했지만 나로서는 서툴렀고 어딘가가 부족하였으리라 생각했으나 나름 보람은 느꼈다.

나는 군 생활을 열심히 하면서 오매불망(寤寐不忘) 내 장래의 고민을 떨칠 수가 없었다. 어렵게 내가 야간대학에 진학하는 문제를 의논하려고 형님에게 말했더니 '그런 것을 왜 나한테 말하느냐?'는 형님의 매정한 대구로 절망에 빠지기도 했다. 이 같은 고민으로 불면증과 위 무력증이 생기고 소화불량과 변비까지 이어지는 합병증으로 고통스러운 시간을 보내기도 했다. 당시에 종합영양제 겸 소화제로 원기소와 에비오제라는 것이 있었는데 그것을 먹었지만 별로 효과가 없었다. 아무리 생각하여도 묘책이 나오지 않았다. 내가 내 몸을 진단해 본 결과 나는 분명 스트레스성 신경과민으로 인한 화병(火病)으로 기능 저하라 판단했다.

그래서 마음을 다잡았다. 우선 건강이 먼저라는 절대적 원칙을 세우고 건강을 위하여 모든 고민을 내려놓기로 했다. 나의 미래는 내가 건강이 있고 난 후에 존재한다는 것을 깊이 깨닫게 되면서 그때부터 모든 번민에서 벗어나는 연습을 시작했다. 최선을 다하다 보면 현재로서는 보이지 않지만 분명 앞길이 열릴 것이라는 확신을 가지고 근심 걱정을 초월하기로 했다. 끝까지 현실에 최선을 다하면 기필코 밝은 날이 온다는 것을 믿고 매일 주어진 임무에 충실할 것을 다짐하였다. 가려먹던 음식도 무엇이든지 맛있게 먹으며 기뻐하는 습관도 만들어 갔다. 그러자 나도 모르는 사이에 식욕이 생기면서 변비도 완화되고 불면증도 서서히 완화되었다. 이로써 내가 진단을 잘했다는 증거가 결과로 나타나고 보니 나의 판단이 옳았다고 증명된 것이다.

약 1년이 지난 후 혁명정부에서 군대의 기강과 질서를 바로 잡는 차원으로 파견근무 사병은 원대 복귀하라는 명령이 떨어졌다. 나는 원대인 제6관구 헌병참모부로 돌아가게 되었고 몇 달간 보직 없이 빈둥대다가 자원하여 간신히 11헌병 중대로 보직을 받게 되었다.

이 모두가 보이지 않는 예정 섭리 가운데에서 나의 인생길을 인도하신 하나님이 계셨음을 이제야 깨닫게 되었으니 이 또한 한없는 은혜로 감사드릴 뿐이다.

9. 쓴 약이 된 군 영창의 하룻밤

내가 근무하던 헌병감실 건물은 2층 목조건물로 오랜 세월을 지난 것 같았고 아마도 일정 때 건축한 것으로 추정되었다. 목조 마루와 계단이 닳고 닳아 여기저기 패인 흠집들이 많이나 있었다.

나의 근무처 관리관실이 2층에 있고 헌병감 집무실도 같은 층 동쪽 끝자락에 있었다. 구형 건물로 냉난방 시설은 전혀 없는 건물이었으니 여름에는 선풍기와 부채로, 겨울에는 무연탄 난로가 냉난방 대책의 유일한 방법으로 사용될 수밖에 없었다.

겨울에는 하루 종일 연탄난로에 불을 피워서 난방을 하고 퇴근 이후에는 사무실 청소와 다음 날 사용할 연탄을 배급받아야 하는 것이 나의 또 다른 임무 중 하나였다. 정해진 시간보다 늦게 가면 연탄을 탈 수가 없으니 서두를 수밖에 없었고 조급한 마음에 항상 부지런히 서둘러 연탄재를 난로에서 끌어내어 들통에 담아 퇴적장에 버리고 그 통으로 다음날 물로 반죽을 해서 연료로 사용해야 하는 가루 연탄을 받아와야 했다.

하루는 퇴근 시간 후에 느닷없이 야간 주번 사령관이 행정병을 총집합시켰다. 사령관은 집합한 사병들을 앞에 두고 '2층 계단에 연탄재를 떨어뜨린 자는 스스로 자수하라'고 하는 것이다. 2층에는 행정실, 관리관실, 기획과, 수사과 등 여러 사무실이 총집결해 있었고 끝자락에 헌병감 집무실과 부속실 등 고위급들의 집무실이 있었다. 알고 보니 당시 헌병감 박태원

대령이 퇴근길에 1층으로 내려가는 계단에서 연탄재 하나가 떨어진 것을 보고는 이 사병을 찾아내서 입창시키라는 지시를 하고 퇴근했다고 했다. 군대의 상관 명령은 곧 법이기에 반드시 야간 책임자인 주번사령관은 이행해야만 했다.

처음에는 나도 어리둥절했으나 그 시간대에 연탄재를 버린 자를 추적하다 보니 내가 흘린 것 같았다. 나는 저항하지 않고 가능성을 시인하고 영창에 입창 신세가 되었다. 연탄재를 난로에서 끌어내어 한 번에 다 버리려고 들통에 채우고 조심스럽게 그 위에다 더 높이 쌓아 삽으로 다독여서 떨어지지 않도록 하여 재빨리 아래층을 내려가 퇴적장에 버리고 그 통에 연탄을 타 와야 했는데 시간에 쫓기다 보니 서둘 수밖에 없었고 연탄재 하나쯤 떨어지는 것을 나로서는 알 수 없었기 때문이다.

소위 영창이라는 곳은 군기범이나 범죄 피의자들을 임시 감금해 두는 곳이다. 나는 난생처음으로 당하는 일이기에 영창 관리헌병이 시키는 대로 다 순응했다. 허리띠를 풀게 하고 소지품 일체를 몰수하여 별도로 보관한다며 가져갔다. 그리고 다른 입창자들과 함께 그날 밤을 보내야 하는 신세가 되었다. 감방에 들어가니 감방 선임 입창자들이 신고식을 하라고 했다. 어떻게 하면 되느냐고 물으니 시키는 대로 하라고 했다. 감방 오른편 위쪽에 철창살 문이 있었는데 그 창살을 잡고 올라가라고 했다. 올라가다가 보니 천정에 머리가 맞대어 더 올라갈 수가 없는데도 더 올라가라고 했다. 결국 발이 손잡은 곳까지 올라가야 하니 손과 발이 같은 위치에 모여져 창살 맨 위에 거꾸로 매달리는 거미 신세가 되었다. 이런저런 수모를 다 겪고 한밤을 지내고 아침이 되니 내가 근무하는 관리관실 선임하사인 원(元) 중사님이 나를 인수하러 왔다. 그래서 하룻밤 사이에 돈을 주고도 살 수 없는 일생일대의 쓴 체험으로 임시 감옥인 유치장의 모진 맛을 볼 수 있었다.

고의성이나 의도적이 아닌 실수였지만 결과적으로 잘못이 드러났으니 응분의 책임을 나는 져야 했고 이 또한 나를 붙드시는 그 어떤 분(하나님)의 섭리 안에서 연단 받게 된 과정이라고 믿으니 이 또한 나도 모르게 받은 은혜의 통로였음을 묵상하며 감사를 드려야 마땅하고 이것이 또한 순종의 도라는 생각을 했다.

10. 문장력과 송치 의견서

약 1년 동안 헌병감실에서 근무하다가 1962년 초에 다시 나의 소속 원대인 영등포 문래동 6관구 헌병참모부로 복귀했으나 빈자리가 없어 보직을 받을 수가 없었다. 한동안 무보직으로 지루한 하루하루를 소일 할 수밖에 없었다. 하루는 같은 영내에 있었던 11헌병 중대의 부관(중위)이 나에게 빈정대듯이 말을 던지며 지나갔다.

"정 병장, 놀지만 말고 일 좀 해."

이렇게 놀려대며 빈정거렸다.

"저도 놀기 힘들어요. 일거리를 좀 주세요."

하고 응대하니 '정말이야?' 하고 되물었다.

"예, 정말입니다"

내가 정색하며 대답하자 바로 '그러면 알았으니 명령을 내겠다'고 하여 곧바로 보직 발령을 냈다. 그래서 11헌병 중대에 보직을 받게 되었는데 조사계 지도서무 담당으로 보임이 되었다.

그 자리는 모든 사건 발생 보고와 결과 보고를 상위부대에 해야 하며 또 조사관들이 피의자들에게서 받은 모든 심문조서와 증인 진술조서를 넘겨받아 그 사건을 요약하여 송치 의견서를 만들어야 하는 중요한 직책이었다. 내 앞의 선임자는 경북대 법대생이었는데 곧 제대를 앞두고 있어서 후임자로 내가 선택된 것이다. 그 직책은 문장 구성력이 필수이며 한문 실력도 있어야 하고 제3자가 일목요연(一目瞭然)하게 이해할 수 있도록 문장을 작성하는 것이 필수조건이었다.

모든 의견서 작성은 원칙적으로 한자를 기본 어휘로 사용해야 하며 서론 본론 결론이 분명히 드러나야 했다. 당시에는 전동 타자기도 없고 컴퓨터는 더더욱 이름조차 없던 시대이고 복사기도 물론 없었다. 공병우 타자기가 있었으나 능률적이지 않았고 또 복사도 되지 않았다. 의견서는 4부가 필요했기 때문에 얇은 미농지 4장을 겹쳐 놓고 사이사이에 먹지를 넣고 양철 받침을 깔고 그 위에 담배갑 겉껍질인 세로환지를 위에 덮어서 미농지가 찢어지지 않도록 하여 철편(쇠 송곳/등사원지용)으로 힘껏 눌러 꼭꼭 눌러 박아 써야 했다.

그 조사계 업무가 헌병 중대의 가장 중요하고 힘 드는 업무이며 아무나 할 수 없는 일이기 때문에 내 위의 상사들도 나에게는 함부로 접근하지 않았고 주위 사람들에게도 인정을 받았다. 물론 점호 따위도 항상 열외로 제외되었다. 중대장, 계장, 선임하사, 조사관 등은 병장인 나의 신상에 불편을 주지 않으려고 눈에 띄도록 예우를 해 주었다. 외출 시에도 선임하사인 김선동 상사는 나의 주머니에 잊지 않고 용돈을 찔러주었다. 자기들도 할 수 없는 업무를 빈틈없이 잘 처리하니 보배 중의 보배라고 생각했던 것 같다. 자화자찬 같지만 한문 실력이 좀 출중했었다고 생각해 본다.

그러나 바쁜 일과 중에도 늦은 밤이면 6관구 헌병참모부 초년병 시절 군기계 선임인 이도춘과 만나 소주를 마시며 서로 어렵게 살아온 과거를 흉허물없이 털어놓고 푸념과 함께 미래 설계도 하였다. 그 친구도 어릴 때 어머니와 아버지를 여의고 큰형 밑에서 고등학교까지 마치고 군에 입대하였다고 했다. 피차가 어려운 어린 시절 비슷한 삶을 살아왔기에 나와 소통이 잘 되어 점점 친밀해졌다. 이도춘은 글씨 솜씨가 있고 차드 그리기를 잘하여 주로 공고문 등 영내 게시물 제작을 도맡았다.

제대 후 약 27~8년이 흘러 1990년대 초쯤에 내가 규문사를 설립하여 인쇄업을 할 때 인현동 골목길에서 우연히 그 군대 친구였던 이도춘을 만난 일이 있었다. 너무나 반갑고 뜻밖의 일이라 두 손을 붙잡고 한동안 놓을 줄을 몰랐다. 다방을 찾아 찻잔을 앞에 놓고 지난 세월 이야기를 나누면서 서로의 연락처를 주고받았다. 역시 그 친구는 그의 재능대로 여직원 한 사람을 두고 자그마한 인쇄 도안실을 운영하고 있었다.

그래서 나도 필요에 따라 그와 거래를 조금씩 하게 되었다. 당시에는 컴퓨터가 개발된 지 얼마 되지 않았고 컴퓨터에 도안 기능이 없었기 때문에 모든 도안을 수작업으로 해야만 했고 모든 문자는 식자 기계(일제)로 타자해 인화하여 말린 후에 칼이나 가위로 오려 붙여서 사용하곤 했다. 지금 생각하면 호랑이 담배 피던 시절 같이 까마득한 옛날 일이다. 지금같이 통신 수단으로 핸드폰이 없었고 다만 '삐삐'라고 불리던 신호기를 허리띠에 달고 다니면서 신호가 오면 공중 전화박스를 찾아 전화를 걸어 용무를 처리하던 시절이었다.

그 뒤 몇 년이 지나 핸드폰이 개발되었는데 덩치가 군대에서 쓰는 무전기와 비슷하여 들고 다니기가 아주 불편할 정도로 컸다. 충전을 밤새껏 하여 하루를 쓰다가 보면 배터리가 모자랄 때도 있어 아껴 써야만 했다. 그 육중한 전화기도 너무나 비싸서 웬만한 사람은 소유할 수가 없었다. 가정용 전화기에도 청색과 백색 2종류가 있었는데 고유 전화번호를 그대로 가지고 이사를 할 수 있는 백색전화는 당시 작은집 한 채 값인 250만원~300만원 정도였다. 따라서 그 당시에는 대부분의 가정에 전화가 없었고 주로 공중전화를 이용했는데 불편하기가 이루 말할 수 없었다. 가정용 청색전화는 이사를 하면 전화번호가 그 지역 전화국 번호로 바뀔 수밖에 없었는데 약 20만 원 정도의 청색전화이다. 이것은 소유권자가 국가임으로 이동이 될 수가 없으므로 반납하고 이사 간 지역의 전화를 받아 사용하여야만 했는데 이런 전화도 있는 가정이 매우 드물었다.

나는 군 복무 후반인 1962년 3월경부터 1963년 8월 3일 전역 전까지 약 1년 반을 제11 헌병중대 조사계에서 송치 의견서, 소속부대 징계회부 의견서를 작성하는 업무에만 매달려 정신없이 일하다가 제대하게 되었다.

그때 나의 문장 구성 능력이 배양된 것으로 생각한다. 그리고 그 실력으로 간증 회고록까지 집필할 수 있었으니 이 또한 하나님이 주신 연단을 통하여 재능을 길러 주시었다고 믿고 더 없이 감사할 뿐이다.

네이버 검색창에 내 이름이나 간증 회고록을 검색하면 《내 잔이 넘치나이다》라는 나의 간증 회고록이 뜨는데 저자 소개와 책의 줄거리, 목차 등이 나오고 인터넷 전문서점인 YES24, 알라딘, 교보문고, 영풍문고를 비롯하여 30여 곳에서 판매되고 있는 것을 보았지만 나의 간증 회고록에 대한 인기는 잘 알 수 없고 그러나 판매가 좀 이루어지고 있다는 증거로 보여서 한편 자부심이 생기기도 했다. 또한 이 보잘것없는 책이지만 복음 전파에 작은 밀알이 되어 주면 더없는 기쁨이 되겠다고 하는 생각은 변함이 없다.

11. 황무지의 순례자가 된 전역

나는 창원에 있는 제39 예비사단에 전역 신고를 했다. 중학교 동기 친구인 김석춘과 동행하게 되었는데 자기 친형이 진해 해군본부에 근무하면서 창원에 살고 있다고 하여 같이 그 집에서 자고 예비사단으로 가자고 했다. 가서 보니 친구의 형수 되는 사람이 우리 고향 개평에서 함께 자라던 1년 선배인 민범호인 것을 알게 되었다. 보지 못했던 몇 년 세월이 흐른 후였으니 서로가 너무 반가워 어쩔 줄을 몰라 했다. 내가 개평에서 약방을 할 때 자주 만날 수 있었고 서로 말을 놓고 할 정도로 가까운 사이였다. 거기서 하룻밤을 쉬고 아침을 잘 대접받고 바로 전역 신고를 한 후 고향으로 돌아올 수 있었다.

고향을 와서 보니 동생 병근이가 하던 가게는 잡화 판매를 다 접고 약방만을 집앞 오두막집으로 옮겨서 유지하고 있었는데 너무나 초라해진 것을 피부로 느낄 수가 있었다. 약방이 있던 집과 정미소는 정준현 대부께서 사정이 너무 어려워져서 부득이 집안 친족인 일본교포 정순표 대부에게 매도하여 그분의 동생 정순필 대부에게 맡겨 관리를 하게 했다는 것을 알게 되었다. 그래서 그 자리에서 약방을 계속할 수가 없어 집앞 오두막으로 옮겼다는 것이다.

그 말을 듣고 마음이 아팠지만 내가 도울 수 있는 일도 없었고 또 병근이에게 조언할 일도 없었다. 그래서 예비군복을 입은 채로 구두끈을 풀지도 않고 마루에 걸터앉아 점심을 먹고 '나는 서울로 간다'라는 한 마디 말을 남기고 돌아섰다. 병근이는 너무나 허탈한 심정을 못내 참으면서 나를 배웅하러 면사무소 앞 네거리까지 나왔다. 그리고 내 주머니에 무엇인가를 넣어주면서 차비에 보태라고 하였다. 나는 내게 돈이 있으니 걱정하지 말라고 하며 거부하고 떠나왔다. 당시 나는 제대비 800원과 하사 마지막 월급 800원과 남은 용돈 1,100원 하여 도합 2,700원을 가지고 있었다. 극구 거절을 하면서 한 푼이라도 병근이의 부담을 덜고 싶은 생각뿐이니 안타까운 내 마음을 그렇게라도 달래야만 했다.

나는 남원행 버스로 남원에 도착하여 야간열차로 갈아타고 새벽녘에 서울에 도착하였다. 당시 호남선과 전라선은 종착역이 용산역이었는데 밤새 잠을 잘 마음의 여유를 찾지 못하고 장래에 대한 고민으로 온밤을 지새웠다. 군 복무 시 야간대학을 진학하려고 형님에게 의논했을 때 "너는 왜 그런 일을 나한테 말하느냐? 그리고 나는 이제 신입사원으로서 너를 도울 처지가 안 되니 더 이상 할 말이 없다"라고 해 너무나 황당하고 예상 밖의 대답을 듣고 실망과 낙심으로 고민하다가 위 무력증이라는 병과 불면증, 변비 등의 병에 시달렸던 지난날의 일이 다시 생각났다. 그때 나의 장래 문제는 누구의 도움도 바라서는 않되며 오로지 나의 자력으로 해결해야 한다는 굳은 각오를 했었는데 그날의 한스럽고 눈물겹게 허탈했던 지난날의 그림자가 아직도 눈앞을 주마등으로 지나가곤 했다.

그때 나의 입지는 찾아갈 곳 없는 방랑자 같아 앞길이 보이지 않았고 황무지 앞에 선 외톨이 신세일 뿐이었다. 만약에 약방을 내가 다시 한다면 병근이의 설 자리가 없어질 수밖에 없었고 재산이라곤 논과 밭을 다 팔아서 빚 정리를 했으니 농사지을 땅도 없기에 미련을 버려야 했기 때문이다. 어떠한 고난이 닥쳐와도 극복해야 한다는 결의를 다짐하며 나는 서울에서 죽을 각오로 살길을 찾아야 한다고 굳게 다짐했다.

형님은 그때 어렵사리 결혼했는데 청량리에서 전세로 살고 있는 처갓집에 방 한 칸을 빌려 단칸방에서 신혼생활을 하고 있었다. 제대를 한 나는 염치(廉恥)불구하고 형님 신혼생활 단칸방에 끼어들어 갔다. 밤이면 방 윗목에서 새우잠을 잘 수밖에 없었으나 당시로는 다른 길이 없었다. 일반적 관습법으로 생각하면 상식 밖의 일이지만 다른 돌파구를 찾을 수가 없었고 그 후에 다행히 문간에 있는 헛간 방을 수리하여 혼자 쓰게 되었다.

형님의 대학 2학년부터 뒷바라지와 보호자 역할을 내가 모두 해 왔고 내가 입대하기 전에 시작했던 곗돈을 병근이에게 맡겨서 계를 끝내고 찾아 놓은 돈으로 형님 결혼 비용을 썼으니 형님으로서는 나에 관한 모든 것은 어떠한 어려운 일이라도 감내하지 않을 수 없었다. 아무튼 그런 어려움을 다 기꺼이 수용해 준 형님 내외분께 두고두고 감사할 따름이다. 내가 야간대학이라도 가겠다고 하며 처음 상의했을 때 그 매정했던 형님의 태도였다면 아마도 그렇게 아량을 베풀 수가 없었을 것이다. 이 무렵은 형님도 직장 생활을 몇 년 정도를 하고 난 후였으니 형님도 생각의 폭이 좀 넓어졌고 인생관의 융통성에 변화가 있었다고 볼 수 있었다.

당시 시대상은 취업하려면 첫째는 사회적 배경인 소위 빽(

큰배경)이 필요했고 둘째로는 돈이며 그다음은 학벌이 있어야만 자격이 주어졌는데 나에게는 그 어느 하나도 갖춘 것이 없었다. 그래서 고종형님인 남해용에게 의지하여 일자리를 얻으려고 매달릴 수밖에 없었고 그 형님의 말이면 절대복종할 수밖에 없었다. 그 형님은 그 당시 우리나라 군소(群小) 재벌에 속하는 신덕균이라는 분의 맏사위가 되어 동방유량(해표 식용유)을 창립했고 그 회사를 주도하는 위치에 있었다. 일찍이 일본 와세다 대학을 졸업하고 귀국하여 잠시 동국대학교에서 교편을 잡고 있다가 동방유량 신 회장의 맏사위가 되어 기업인으로 탈바꿈을 한 것이다.

그 형님의 셋째 동생인 남윤성은 직장이 없어서 백수였고 또 와세다 대학에서 함께 공부하던 한태혁이라는 분도 귀국하여 할 일이 마땅치 않아 일할 곳을 찾고 있었다. 그래서 한태혁에게 세 사람(한태혁, 남윤성, 정병무)을 묶어서 할 수 있는 사업을 구상하게 했다. 나는 그 연장선상에서 여러 회사를 전전하게 되었고 미풍상사(문구제조 판매), 영화제작사, 반도여행사, 삼공전자를 거치게 되었다. 삼공전자에 근무할 때인 1970년 7월에 한일인쇄교역(주)을 설립하였고 나는 정병현 3종 형님과 동업자로 사주(社主)가 되었다. 인쇄 문외한(門外漢)인 나에게 약 6개 여 월을 매달리듯 강권하는 정병현 형님의 뜻을 따라 나는 전업을 하게 된 것이다. 그때부터 나는 월급쟁이 종업원이 아닌 사주로 바뀌었고 안목을 멀리 또 넓게 바라보며 큰 꿈을 그리며 최선을 다하는 자영업자가 되어 이로써 나의 인생 행로에 변곡점을 만들게 된 것이다. 이 또한 내가 원해서 이루어진 것이 아니고 하나님의 뜻에 따라 그의 섭리로 인도받은 것으로 믿어 지나온 고달픈 삶 속에 언제나 함께해 주신 전능자 하나님의 가이없는 큰 사랑과 은혜에 감사와 찬양을 드릴 따름이다.

라. 생애 갈림길과 신혼생활

1. 인생 역전의 관문인 첫선
2. 섭리의 상봉이 영원한 부부로
3. 결혼 결심까지 거듭된 고뇌의 늪
4. 여기까지 인도하신 분께 감사
5. 삶의 중심 가치가 된 종교관
6. 결혼 결단으로 인생 새출발
7. 초특급 결혼 준비작전
8. 경과 의례로서의 결혼식과 여행
9. 나의 오아시스가 된 단칸방
10. 셋방살이의 서러움과 시민아파트
11. 사경을 헤매며 의지로 극복한 출산
12. 외기러기의 괴로운 나날들

1. 인생 역전의 관문인 첫선

1964년 초쯤, 남해용 고종형님이 내가 근무하던 미풍상사를 정리하고 영화 제작업에 투자했다. 한태혁이라는 동창 친구를 앞세웠던 형님은 그가 잘 알고 지내던 전홍직이라는 감독을 고용하여 극동영화사(차태진) 이름을 빌려 첫 작품으로 <사랑의 배달부>라는 TV 연속드라마를 영화로 제작하였다. 사무실은 충무로 3가에 있는 그 유명한 '스타다방' 옆에 있는 극동 아카데미 건물 2층이었다. 주연 배우는 김희갑과 도금봉이었고 개봉관은 조선일보 옆 광화문 옆에 있던 아카데미 극장이었다. 연속방송극에서 인기가 높았던 터라 큰 기대를 걸었으나 결과는 겨우 제작비를 빼고 약간의 이익을 낼 수 있었을 정도였다.

그 후 두 번째 작품으로 <세 엄마>라는 작품을 제작했는데, 주연은 김지미를 엄마로 내세웠고 태현실을 여고생 딸로 등용했다. 개봉관은 국도극장을 잡았지만 그 영화도 결과는 별로 좋지 않았다.

세 번째 작품으로는 <칠 인의 난폭자>라는 제목의 액션영화였는데, 주연으로 당시 인기가 상승하고 있던 배우 독고성과 이예춘, 서영춘, 최지희, 트위스트 김 등으로 출연료 비중이 너무 컸다.

당시에 후진국의 열악한 사회경제의 흐름 가운데 영화제작 사업은 꽤 많은 돈을 투자해야만 되기 때문에 아무나 할 수 없는 사업이었다. 영화가 개봉관에서 관객 10만 명만 넘으면 요

즈음 로또 당첨과 같이 대박이 터진다는 통념(通念)이 있었기에 일부 돈 있는 투자자들을 유혹하기에 알맞았다. 이러한 영화 사업은 그 요행수를 노리는 투기의 일종이라고 알고 있었지만 나의 입장에서는 사회 경험이라고는 전무하고 또 나의 직위로는 내 의견을 함부로 제시할 수 없었기 때문에 주어진 일에만 최선을 다했다.

세 번째 작품을 한창 촬영하고 있을 때 혼기가 찬 나에게 시골에서 고모님이 선보기를 권유하였다. 나로서는 너무나 힘든 처지이다가 보니 결혼에 대한 생각이나 계획은 한 번도 해본 적이 없는 상태였다. 고모님은 먼저 사진이라도 보내야 한다고 하시면서 강하게 재촉해서 마지못해 을지로 3가 네거리 2층에 있는 사진관에서 반명함판 사진을 찍었다. 그리고 수정도 하지 않아서 내가 보기에도 어설픈 사진을 우편으로 보냈다. 그 사진이 중매하는 분을 통하여 아내의 집에 전달되었다.

나는 결혼에 대한 아무런 마음의 준비가 없는 상태였기에 그 초췌한 사진을 보면 누구나 실망하여 거절 할 것이라는 예상을 하고 더 이상 결혼 이야기가 나오지 않기를 은연중에 바랐던 것 같다. 당시 나로서는 결혼이란 언감생심(焉敢生心)이어서 감히 생각조차 할 수 없는 일이라고 접어놓은 상태였기에 그렇게 생각할 수밖에 없었다.

결혼 후에 들은 이야기이지만 사진을 보신 장인어른께서 "어라어라, 아니다"라고 하시면서 부정적으로 말씀하시는 분위기로 돌아가니 다른 가족들은 함부로 말을 꺼내기가 어려웠다고 한다. 아내는 사진을 들고 전주에 사시는 큰 언니에게 평가를 받으러 갔다고 했다. 사진을 본 큰 언니는 다른 무엇보다 눈매가 보통이 넘는 것 같으니 힘들 것 같다고 하시며 역시 부정적이었다고 한다.

이에 아내는 시무룩하게 집으로 돌아오게 되었고 혼자 여러 가지 생각을 하였다고 한다. 어딘지 모르게 한번 만나보고 싶은 생각이 들었고 스스로 직접 판단을 하는 것이 좋겠다는 마음을 먹었다고 한다. 당시 아내는 내가 마음에 들어서기보다는 장인을 비롯하여 모든 가족이 다 호의적으로 말을 해 주는 사람이 없어 어딘가 측은한 마음이 들기도 했고 다른 한편으로는 궁금증이 마음 한구석에서 떠나지를 않았다고 하였다. 눈매가 무섭다는 것은 그만큼 의지력이 있고 주체성이 분명하고 투지력이 있을 것이라고 볼 수 있으니 오히려 긍정적인 생각이 들기도 한 것이었다.

이런 아내의 마음을 조성해 주신 분은 가족도 아니고 친구도 아니며 그 어느누구도 없었는데 분명 보이지 않는 손길이 있었음을 믿을 수밖에 없었다. 또 그분이 아내에게 긍휼의 마음을 주셨음을 믿으니 이것이 바로 믿음 안에서 '바라는 것들의 실상'(히11:1)이 된 것이라고 생각해 본다. 부족한 나를 바라보게 한 것은 분명 긍휼의 본체이신 성령님이라고 확신한다. 애지중지로 사랑의 둥지 안에서 자라온 아내가 주님의 부르심을 받았고 신실한 딸로 선택받아서 그 영혼을 통하여 구원의 그물을 나에게 던진 것이라고 믿는다. 나아가서 하나님의 복음 전파를 이루시기 위한 역사이기도 하다. 물론 그 당시는 내가 하나님을 몰랐으니 부름받아 성도가 된 사실을 이제야 비로소 깨닫게 된 것이다.

아내의 이러한 심정을 장인께서는 알아보시고 아내 몰래 나의 고향에 가서 총각인 나에 대한 정보를 다 수집하시었다고 했다. 그 결과 '집안은 좋은 집안이지만 재산은 없고 부모도 없지만 총각은 성실하고 효자라는 것을 알게 되었으며 아버지 별세 후 가정을 혼자 이끌어 갔다고 하는 사실'을 알게 되셨고 그만하면 결혼해도 될 것 같다는 생각으로 허락을 해 줬다는 말을 몇 년 후에야 들을 수 있었다.

당시 아내의 입지는 몹시 외롭고 고독한 상태로 장모님이 별세하시기 전에는 9남매 막내둥이로 세상 물정과는 거리가 멀었다고 했다. 학교에서나 가정에서나 동네 모든 사람들에게 사랑받는 귀염둥이로 자라다가 장모님을 여의고 허탈한 마음을 둘 곳이 없었다고 했다. 밀려오는 울적함을 털어놓을 길이 없어 한없이 흐느끼기도 하였고 걷잡을 수 없는 외로움에 방황할 때도 많았다고 했다. 하루속히 이 환경을 벗어나서 갈 길을 찾아야 한다고 마음을 다졌다고 한다. 그렇게 의지할 곳을 찾던 중 교회가 그 안식처임을 깨달았고 교회에서 서러움을 달래며 많은 위로를 받을 수 있었다고 했다.

당시 아내는 초등학교 교사로 일을 하고 있어서 업무시간이 되면 사생활을 다 잊고 분위기 전환의 기회가 될 수도 있었다고 한다. 장모님이 살아 계실 때에는 한 번도 해 보지 않았던 집안일을 서슴없이 당당하게 시키는 올케언니가 속으로는 야속했지만 묵묵히 하라는 대로 순종할 수밖에 없었다고 했다.

그때까지 천국이었던 집이 이제는 지옥으로 변한것이다. 이러한 상황을 벗어나려고 빨래 몇 가지를 챙겨 냇물로 나가면 동네 사람들이 '어떻게 귀한 집 막내딸이 이렇게 되었느냐'고 하면서 놀라며 애처롭게 바라보기도 했다고 한다.

아내는 그 순간에 '나는 지금까지 울타리 밖을 모르고 살아 왔으니 우물 안 개구리였구나' 하는 생각을 하게 되었고 지금부터라도 스스로 자신의 장래를 열어가야만 하겠다는 것을 깨닫게 되었다고 했다. 온실(溫室)에서 노지(露地)로 나오게 된 것이니 모든 것이 서툴렀고 달갑지 않았지만 마음을 다잡아먹고 집안일을 솔선하면서 시키지 않은 것들도 찾아서 하겠다는 결심을 하고 실천에 옮겨가면서 조금씩 안정을 찾아갈 수 있었다고 했다.

아내는 이러한 분위기 가운데에 맞선용으로 보낸 나의 반명함판 사진을 받게 된 것이다. 나는 전혀 기대를 하지 않았기에 잊고 있었는데 뜻밖에 의외의 전갈을 받고 놀라지 않을 수 없었다. 예비 신부인 아내가 나와 첫 상봉을 원한다고 하는 전갈이었다. 나는 어리둥절할 수밖에 없었으며 이게 정말일까 하는 의심까지 들 정도였다. 그러나 현실은 부정할 수 없어서 형님에게 의논하였더니 무조건 가서 선을 보라고 강권하는 것이었다.

나는 나름대로 내세울 수 있는 조건이 전무(全無)한 상태였기에 어설픈 사진을 보내면서 혼담은 끝났다고 생각하였기 때문에 얼떨떨한 상태였다. 이렇게 예비 신부의 예상치 않은 상봉 요청을 받고 보니 이 또한 묵살할 수 없는 일생일대의 중대사임을 다시 생각하게 되었다. 가부(可否)는 어떻게 될지 모르겠지만 일단은 선을 보고 난 후에 다음 문제는 생각하기로 마음을 먹게 되었다.

나의 운명을 내가 좌우할 수 없지만 맞선을 보는 것이 순리일 것으로 생각하고 부정적인 생각을 긍정적으로 사고의 전환을 하게 되었다. 생각을 뒤집는다는 것 또한 쉽게 할 수 없다는 것은 사실이다.

그러나 보이지 않는 신의 섭리가 나의 등을 떠밀어 주시었기에 용기를 얻을 수 있었으니 이 또한 나의 지혜와 능력 밖의 일이며 오직 전지전능하신 그 분의 영역에 속한다는 것을 굳게 믿는 것이다.

감히 나의 입지와 처지로는 한 발짝도 내디딜 수 없는 가련한 인생 그 자체인데 이렇게 뜻밖의 현실이 내 앞에 다가온 것은 섭리주 되시는 하나님의 역사(役事)라고 믿을 수밖에 없었다.

2. 섭리의 상봉이 영원한 부부로

1965년 11월 30일 회사 일을 마치고 용산역에서 호남선 밤 열차를 타고 이리역에서 전라선으로 환승하여 새벽에 남원역에 하차해 다시 함양행 버스에 승차하여 중간지점인 운봉에 내렸다. 아직 날이 밝기 전이므로 여인숙을 찾아 방을 하나 빌렸다. 전등불이 없어 등잔불 아래에서 잠시 쉬었다가 예비 신부네 집에 연락하여 안내를 받고 들어갔다. 그 집은 예비 신부의 작은아버지 집이었고 깨끗한 한옥 사랑방이었는데 마침 가는 날이 장날이라는 속담처럼 그날 본가에서는 김장하는 날이라 그곳으로 안내하게 되었다고 했다.

개평에서 동생 병근이가 나를 안내하려고 그곳을 미리 왔는데 아내의 작은어머니가 아내를 놀리려고 동생을 신랑인 것처럼 속여 "신랑감이 얼굴이 새까만데 어떻게 할래?" 하고 말씀하셔서 아내가 "나도 검은데 그 사람도 검으면 나는 보지 않을래"라고 말했다는 것이다. 그때 그 작은 어머니는 낄낄대며 웃고 "아니야, 신랑감은 얼굴이 백옥 같으니 걱정하지 않아도 돼"라고 말씀하셔서 그제서야 동생인 병근이를 신랑감으로 속여서 놀리려고 한 말이었음을 알게 되었다고 했다. 아무튼 가족들이 박장대소를 하며 그 사람은 동생이고 신랑감은 따로 있다고 하여 안심하였다는 것이다. 신부는 자기도 얼굴이 검은데 신랑까지 검으면 안 된다는 평소의 생각이 오버랩(overlap)되어 선을 볼 필요가 없다는 말을하게 되었다는 것이다.

조금 후에 신부가 방으로 조심스럽게 들어왔다. 내가 먼저 나의 이름을 소개하고 피차 통성명과 인사를 나눈 후 이야기를 주고받게 되었다. 나는 내 소개를 먼저 했다.

"나는 아무것도 가진 것이 없어요. 부모도 재산도 학벌도 배경도 없지만 건강한 정신과 육신이 나의 전부입니다. 그러나 나는 지금까지 가족을 위해 희생하며 형님을 연세대학 졸업까지 시켰고 동생들을 거느리고 가정을 지켰다는 것은 보람되게 생각합니다. 그리고 어떤 고난이라도 함께 힘을 합하여 극복하며 웃고 살아갈 수만 있는 사람이라면 더 이상 바랄 것이 없겠어요"

내 말을 듣던 신부는 자기도 화목한 가정이 꿈이라고 응답하였다.

"죽을 먹으면서도 서로 웃으며 먹을 수만 있다면 좋아요"

이렇게 공감하는 말을 들으니 나와 같은 생각을 하고 있음을 직감적으로 알게 되었다. 이어 여러가지 이야기를 나누는 가운데 아내가 이런 질문을 했다.

"교회 나가는 것을 어떻게 생각해요?"

나는 즉시

"나는 긍정적으로 생각해요" 라고 대답을 했다. 그 대답이 나올 수 있었던 것은 평상시 나의 생모가 돌아가신 후 우리를 돌봐 주시던 고모님이 새엄마를 닦달하고 몰아칠 때 마음이 상하신 아버지가 몇 번이나 말씀하신 말이 떠올랐기 때문이다. 아버지는 그때마다

"저게(고모를 지칭) 교회라도 나가면 저렇지는 않을 것인데 … 저게 일찍 과부가 되었으니 다행이지 남편이 있었다면 어

떻게 할 뻔했어?"

이렇게 혼자 말로 중얼대시며 어찌할 바를 모르시고 안타까움에 애태워하시던 모습을 여러 번 보았다. 그래서 교회라는 곳은 사람을 순화시키고 바르게 가르치는 곳임을 은연중에 느끼게 되었고 삶에 도움이 되는 신앙 생활이라고 믿게 되었다. 나의 대답에 아내는 거의 반 마음을 열 수 있었다고 한다. 우리나라에서 내로라하는 옛 양반 가문의 총각이 의외의 답변을 하니 어딘가 긍정적인 생각이 들어 함께 신앙생활을 할 수 있겠다는 희망으로 한 걸음 더 다가설 마음이 생겼다는 것이다.

이런저런 이야기를 진지하게 나누다가 보니 점심시간이 되었다. 중국집에서 우동을 시켜 배달이 왔다. 아내가 밥상을 들여놓고 우동그릇을 나르는데 나는 놀라지 않을 수 없었다. 예비 신부의 손이 내 손보다 크고 구릿빛 진갈색이었다. 나는 아내가 역시 일을 많이 하여 손이 크고 거칠구나 하고 긍정적인 생각을 했다. 나중에 알고 보니 그 당시 아내는 어머니를 여의고 몇 년 동안에 스트레스성으로 체중이 늘어나면서 그런 현상이 잠시 일어났었다고 했다.

나는 오전 내내 방에서 이야기를 나누었으니 오후에는 바깥에 나가 바람을 쐬며 이야기를 더 하고 싶어서 제안을 했다. 그랬더니

"안되요 여기는 시골이라서 이웃집에서 일어난 일이 금새 다 소문나게 되어 있어 동네에 소문이 퍼지면 곤란해요"

라고 했다. 나는 이해를 하고 방안에서 이런저런 이야기로 또 몇 시간을 주고받고 보니 함양행 마지막 버스 시간이 다 되

었다. 서둘러 이야기를 마치고 함양행 버스를 타고 개평 고향을 들렀다. 고모님은 어떻더냐고 묻는데 대답할 수가 없었다.

당시에 나는 하나님을 몰랐고 막연히 운명의 신을 믿고 있었을 때였지만 이미 나는 하나님의 예정 섭리 가운데 선택받은 하나님의 자녀였음이 분명 하였다. 그래서 그분의 섭리 안에서 모든 것이 이루어졌다는 것을 뒤늦게야 깨닫게 되었다. 다만 내가 택정 받은 후 부름받게 되는 과정에서 아내를 통하여 주님 앞으로 인도해 주신 것이다. 바울 사도의 고백처럼 '내가 나 된 것은 하나님의 은혜로 된 것이니(고전15:10)'라고 한 말씀이 나에게 부합되는 말씀이라고 생각하며 그 크신 은혜에 깊은 감사를 드린다.

3. 결혼 결심까지 거듭된 고뇌의 늪

서로의 마음 가운데 인생관에 대한 가장 중요한 부문과 생활관에는 공통점을 찾았으나 내 입장에서는 너무나 준비가 없는 상태이고 보니 이렇다 저렇다 할 말을 잃고 있었다. 선을 보고 온 이후 며칠 동안 형님에게 묵묵부답으로 지내다가 형님이 "거두절미하고 너의 소감을 말해봐"라고 다그쳤다. 그래서 "몸과 정신은 똑바르고 건강한 것 같아요"라고 대답을 했더니 "그러면 되었다"라고 하며 개평에 편지를 보내어 사성을 보내라고 하였다. 그 사성을 받게 된 신부 집에서는 이제 혼사가 결정된 것으로 판단하고 결혼 준비에 들어갔다. 당사자인 나의 결정적 의사를 물어보지도 않은 채 결단을 내려 밀어붙인 형님의 처신 역시 하나님의 섭리라고 믿을 수밖에 없었다.

나는 얼떨결에 자의 반 타의 반의 결정에 당황하지 않을 수 없었다. 전혀 예상 밖의 일이 벌어지니 이 일을 어떻게 감당해야 할까를 고민하면서 한편으로는 왜 아내가 빈털터리인 나를 택했는지 그 상식 밖의 결정을 다시 한번 재확인해야 하겠다고 생각했다. 진정 예비 신부가 나를 택한 것이 확실한 사실인지를 다시 확인하고 싶었다.

나는 아내에게 편지를 써서 어떤 점을 보고 나를 택할 수 있었는지를 물으면서 내가 이미 말한 것처럼 "나는 가진 것이 아무것도 없는데 어찌하면 좋겠느냐"고 물었다. 며칠 후에 답장이 왔는데 "방 한 칸만 얻을 수 있으면 다른 것은 다 함께 극복해 나가면 된다고 생각해요"라는 것이다. 그야말로 이 말 한마디가 천군만마를 얻은 것 같아 나는 자신감과 용기가 솟구쳐 올라왔다. 그렇다면 나도 할 수 있다는 자긍심(自矜心)이 내 마음에 생기면서 도전의 꿈을 꿀 수 있었다.

아무런 대안도 없는 나로서는 망망대해에 홀로 떠 있는 돛단배 같은 처지였지만 힘이 어디로부터서인지 솟아나는 느낌이었다. 그렇다면 어떤 방법을 써서라도 이 결혼은 반드시 하고야 말겠다는 굳은 결심을 하게 되었다. 나는 용기백배하여 자신 있게 답장을 보냈다. 어떤 방법을 써서라도 그렇게 하겠다고 약속하며 남몰래 비장(悲壯)한 마음을 지닌 채 '천지신명이 나를 버리지 않으셨음에 감사합니다'라고 내 마음을 추스르며 청운의 꿈속에 올라타게 되었다. 당시에 나는 예수님을 모를 때임으로 그렇게 감사 표현을 할 수밖에 없었지만 세월이 60년이 지난 이제는 인도자요 섭리의 전권자 되신 하나님께 감사 또 감사할 뿐이다.

4. 여기까지 인도하신 분께 감사

지금 생각해 보면 그때는 알 수 없는 어떤 신이 이러한 인연을 맺게 해 준 것이라는 '천생연분(天生緣分)'설을 믿게 되었다. 천생이라는 뜻 안에 함축되어 있듯이 이것은 바로 하나님이 만들어주신 섭리임을 깨닫게 된 것이다. 하나님 세계에서는 운명이나 우연이나 기연이나 인연이 인정될 수가 없다. 오직 그분의 뜻대로 우주 만물을 창조하시고 섭리하시며 오직 당신의 영광에 초점을 맞추어 운행하신다는 것이 기독교의 신앙교리라고 할 수 있다.

5일 동안 천지 만물을 말씀으로 지으신 후 마지막 날 6일째에 인간의 시조인 '아담'을 창조하시고 7일에는 안식하셨다. 모든 만물은 말씀으로 창조하였으나 유독 사람만은 흙을 손으로 빚어 호흡으로 영혼을 불어넣어 인류의 시조 아담을 지었다는 말씀을 믿는 것이다. 그리고 성부, 성자, 성령의 형상을 따라 지음받은 인간에게 세상 만물을 다스리는 권한을 주신 것이다. 이 세상에 나의 생명이 태어날 수 있었던 것은 그 전능자이신 하나님의 섭리로 나의 부모님을 통하여 우리 가정에서 출생할 수 있었다. 그 안에서 자라게 하시고 내 생애 모두가 주님의 뜻 안에서 이루어졌음을 믿어 의심치 않는다.

세상에는 잉태하지 못하여 안타까운 가정도 비일비재하고 미진 아 출생으로 불행한 가정도 많다. 만약 내가 미숙아나 정박아나 지체 장애아로 태어났다면 한세상을 힘겹게 또 비참하게 살 수밖에 없었겠지만 이렇게 건강하고 온전한 생명으로 보내주심을 감사드리지 않을 수 없다. 나의 출생과 나의 생육이 나의 뜻대로 이루어진 것이 아니고 이 또한 전능자이신 하나님의 섭리 안에서 이루어졌다고 믿는다. 또 나는 만 10세에 어머니를 여의게 되어 세상을 좀 더 빨리 익히게 되었고 19세에 아버지마저 돌아가시었으니 이는 나를 험한 세상을 헤쳐 나갈 수 있도록 전능자께서 연단에 연단을 거듭시키신 것으로 믿으니 그 전능자의 인도하심에 더욱 감사할 따름이다.

그런 과정을 통하여 주님의 메신저로 나에게 천사와 같은 아내를 보내주시었고 죽었던 나의 영혼에 새 생명의 구원 역사를 이룬 것으로 믿으며 슬하의 가족 17명 모두가 천국 백성이 되게 하셨다. 이 위대한 역사는 세상의 정욕과 물질과 명예와 권세를 훌쩍 뛰어넘는 은혜와 강복(降福)임을 믿어 의심치 않는다. 두 손 모아 경배드림이 마땅하며 나의 생애가 다 끝날 때까지 영광을 돌려야 함은 필연적(必然的)인 나의 책무라고 믿는다.

마지못해 첫선을 보게 된 것이 마침내 행복한 결실의 부부가 되었고 그 주님의 딸이 우리 4남매의 자애로운 엄마가 되었으며 나의 영원한 동반자로 자리매김하게 된 것이다. 세상 끝날까지 우리와 함께하시기를 약속해 주신 주님의 약속과 맞먹는 부부가 된 것이다. 오직 주님의 은혜로운 섭리 아래 복음 전파의 도구로 쓰시려고 우리 부부를 짝지어주신 것이라고 믿는다. 나의 노력이나 능력이나 조건으로 된 것이 전혀 아니며 오직 전능자 하나님의 섭리 가운데 이루어 주신 특별한 이적으로 믿으니 그 한없는 사랑과 긍휼에 감사할 따름이다.

우리를 중매한 분의 직업은 젊었을 때 연회장 접대부인 기생 일을 하신 분이다. 그 시대 소위 명문 가문을 출입하면서 연회장의 꽃으로 노래와 춤과 문예로 분위기를 돋우는 직업을 갖고 살아가다가 늘그막에는 불러주는 곳이 없어져 실업자가 되었다. 실업자가 된 그는 젊어서 출입하던 명문 가문들을 연결하여 중매 일을 하며 그것을 생업으로 삼는 분 중의 한 분이었다. 그런 분이 우리를 연결하였으니 이 또한 우연이라기보다는 하나님의 섭리로 믿어 의심치 않는다.

나는 아내와 함께 처가를 구원하려고 마음을 먹고 기회를 기다리다가 처가의 장인 제삿날에 갔더니 큰 처남께서 기독교식의 제사를 질문하여 소상히 설명을 드렸다. 이에 참 좋은 것 같다면서 다음 제사 때 시범을 보여줄 수 있는지 물었다. 1년 후 제사를 추도식으로 본을 보여 드렸다. 이에 호응을 받게 되어 전도할 수 있게 되었고 온 처가 가족이 구원을 받았으니 이는 성령님이 나를 도구로 쓰시어 하나님 나라를 보여줄 기회를 주셨고 큰 처남의 영안도 열어 주신 것이다.

우리 부부의 연(緣)을 생각하면 만약 내가 순탄한 가정에서 정상적인 교육을 받아 적령기에 결혼했다면 지금의 아내와는 만날 수가 없었을 것이다. 또한 아내도 사춘기에 어머님을 여의지 않고 고이고이 자라서 결혼했다면 나를 만날 수 없었으리라고 상상을 해 본다. 서로에게 이러한 환경을 조성해 주시어 사람이 나눌 수 없는 영원한 짝으로 만들어주신 그분의 섭리와 은혜에 감사드리며 또 다른 한편으로는 그분의 뜻을 이 땅 위에 이루시기 위한 역사임을 믿을 때 그 위대하심에 감동을 금할 수가 없으며 살아 계신 하나님을 굳게 믿고 감사할 따름이다.

5. 삶의 중심 가치가 된 종교관

첫선 자리에서 나는 아내가 기독교 신앙에 관한 질문을 했을 때 서슴없이 '긍정적으로 생각한다'고 대답할 수가 있었다. 이 또한 나의 환경과 마음과 생각을 조성해 주신 하나님의 섭리라고 믿을 수밖에 없다. 당시에 나는 모든 종교에 대한 인식을 '인간이 참되게 살 수 있도록 수양하는 한 방편'이라고만 생각했었다. 그러나 지금 생각해 보니 그 당시 나는 전혀 종교관이 정립되지 못했음을 비로소 알게 되었다.

유일신론을 주장하는 기독교를 제외한 모든 종교는 피조물인 인간이 만든 종교이며 그 종교들이 교리로 쓰는 경전도 그 종주인 사람이 만든 것이고 그 경전으로 교리를 가르치고 행하게 하는 것이다. 유교나 기타 다신교와 범신론적 종교와는 완전히 다른 신관을 가진 것이 기독교 신관이다. 모든 신들조차 창조주 되시는 유일신 하나님의 통치 아래에 있으며 그 섭리에 종속되어 있다는 것이다. 우리 주변에 모든 사람은 극한적 상황에서는 은연중에 '하느님'을 말하며 그 절대자를 전능자로 믿고 의지한다. '천생연분'이라는 말도 하나님 의지 사상에서 연유된 것이라고 볼 수 있다.

기독교는 여타 종교와는 완전히 구별된다. 종주가 창조와 섭리주 되시는 신적 존재인 하나님이며 경전도 그가 인간을 대필자로 불러 쓰시어 기록하게 한 불변의 베스트셀러인 신구약 성경이고 그 성경이 교리가 되며 바로 영원불변의 말씀으로 자리매김한 것이다. 그러므로 많고 많은 종교 중에 가장 위대하고 유일한 종교가 기독교임을 알게 되었다. 민주주의의 근간인 자유와 인권과 자본론(시장경제)도 기독교 경전인 성경에서 그 근원을 찾을 수 있다. 또 하나님의 존재를 알게 됨으로서 비로소 자신의 정체성을 알게 된다. 기독교가 현대 문명의 기초가 되고 산업사회의 길잡이가 될 수 있음이 역사와 현실에서 증명되고 있다는 것이다.

우리나라 전래종교의 대표 격인 유교의 교리가 우리나라의 발전을 가로막아왔고 그 사상이 무사안일주의로 침체와 퇴보를 부추겨왔다. 불교의 제행무상(諸行無常) 교리도 모든 것이 영원하지 않다는 것으로 진취적 발전적 의지를 무시하고 있는데 그 본질과 증거들을 현실 세계 불교국가들의 후진 상에서 찾아볼 수 있다.

유교는 조상신을 무소불위(無所不爲)의 능력자로 숭배하기 때문에 살아 계실 때는 제대로 효도를 못한 자가 사후에는 제사를 힘에 겹도록 준비한다. 그리고 화장은 절대 금물로 되어 있고 이는 부모를 두 번 죽이는 불효자가 된다는 잘못된 생명의 가치관에 사로잡혀 세습적으로 지켜오는 철칙이 되어 있다. 물론 이제는 이러한 유교적 고정관념이 거의 사라져 화장문화가 90%를 넘나들고 있고 제사 의식도 많이 희석되어 형식적인 의례 정도로 남아 있다. 실제 그것마저도 일부 무속신앙을 버리지 못한 민초들이 행하고 있는 풍습에 불과하다.

인간이 죽은 후에는 육신은 본향으로 돌아간다는 것이 기독교의 교리이다. 흙으로 빚음받았으니 육신은 흙으로 돌아간다는 것이다. 영혼은 어디론가 가야 할 곳을 찾게 되어 있는데 그 길이 두 갈래로 천국과 지옥이라는 것이다. 창조주와 섭리 주가 되시는 하나님을 믿는 자는 천국을 가지만 믿지 않는 자는 지옥을 갈 수밖에 없다는 것이다. 그 이유를 나의 생각대로 쉽게 풀어 말한다면 하나님은 세상 만물을 창조하신 목적이 그 피조물로부터 자신이 절대 존엄과 영광을 받기 위한 것인데 반대로 그 피조물이 창조주에게서 등을 돌리면 하나님도 그 영혼을 영접하지 않고 외면하시기 때문에 갈 곳은 영생 복락의 하늘나라가 아닌 영원 멸망의 지옥밖에 없다는 것이다.

기독교의 시간 개념은 다함이 없는 영원한 미래가 있다는 것이고 그 영생으로 갈 수 있는 유일한 길이 믿음인 것이다. 믿는 자일지라도 원죄(原罪)와 별개로 삶의 현장에서 일어나는 모든 자범죄(自犯罪)를 범하고 살아야 하는 연약한 인간이므로 말씀 안에서 순종하는 삶으로 범죄를 최소화하는 것이 소명인 것이다. 그 작은 죄마저도 용서받는 성도가 되기 위하여 날마다 회개하고 용서를 간구하여 중생(重生)의 삶을 살아야 하는 것이 천국 백성의 기본 생활관이 되어야 한다.

그러나 약하기 그지없고 정욕에 이끌리어 따라다니는 우리들은 삶의 현장에서 어려운 일이 닥치면 하나님보다 자기가 앞장서는 경우가 한결같은 우리들의 현주소라고 할 수 있다. 언제나 예수님과 동행한다는 '코람데오'(하나님 면전)의 삶으로 성령님의 근심을 덜어드려야 하는 삶을 살아야 하지만 우리의 행함이 온전히 따르지 못하고 있음을 고백한다.

눈에 보이지 않는 하나님보다 보이는 현실이 더 가까이 다가오는 나약한 믿음을 절제하지 못하고 회개치 못하는 기독인의 부끄러운 모습들이라 할 것이다. 흔들리지 않는 가치관으로 자리매김한 유일신 종교관이 나를 붙잡아 주시었고 그것은 바로 '하나님 사랑과 이웃 사랑'의 기독교만이 유일한 종교라 단언하며 영원불변한 하나님의 공의와 정의라고 할 수 있는 것이다.

6. 결혼 결단으로 인생 새출발

그 당시 나에게는 결혼이란 생각조차 할 수 없는 상상 밖의 영역에 속해 있었다. 결혼이라는 인륜대사를 아무런 준비 없이 할 수 있는 일이 아니라는 것은 누구나 다 아는 상식에 속하기 때문이다. 그야말로 혈혈단신임을 스스로가 인정할 수밖에 없었고 망망대해에 홀로 떠 있는 돛단배와 같은 나의 현실은 자력으로 극복해야만 하는 과제였다. 그렇다고 결혼을 마냥 미룰 수만은 없어 결단을 내릴 수밖에 없었다.

나의 주변에는 나를 도와 줄 부모 형제 친인척이 아무도 없었다. 오직 의논의 대상은 형님 한 분 뿐이었다. 그래서 형님에게 내가 결혼한다면 해 줄 수 있는 것이 무엇인지를 물었다. 형님은 자신도 사회 초년생인데다가 얼마 전인 1963년에 어렵게 결혼을 했으니 나를 도울만한 여력이 전혀 없다고 하면서 신부집에 가져갈 '함' 하나만 해 주겠다고 했다. 애당초 큰 기대는 없었지만 그래도 약간의 도움은 기대하고 있었는데 너무나 황당한 대답에 조금은 실망하지 않을 수 없었다. 다시 한번 이 세상 어떤 누구도 나를 도와줄 사람이 있을 수 없다는 것을 절감하였다. 그래서 오직 나의 능력과 방법으로 모든 일을 감당해야 한다고 마음속으로 다짐을 했다.

그 당시 우리나라 경제가 국민소득 $100 안팎이었으니 국가 경제가 너무나 열악하여 사채놀이가 성행하고 시중 경제가 사채에 의존하는 비중이 컸었다. 그 가운데 친척 중에 사채놀이를 하는 분이 있었다. 그 분께 찾아가서 나의 전후 사정을 다 말씀드리고 나서 결혼비용에 필요한 5만 원이라는 거금을 빌릴 수가 있었다. 그분은 '세상이 다 바뀌어도 병무는 변하지 않을 것을 믿어'라면서 쾌히 승낙해 준 것이다. 그분의 나이는 나보다 5~6세 정도 위여서 나의 어린 시절과 중, 고등학교 시절, 그리고 그 후 아버지 병간호로 대학 진학을 포기할 수밖에 없었던 사정과 18세 어린 나이에 가장이 되어 형님의 학비 뒷바라지와 동생들과 온 가족을 거느리고 가정을 지켰다는 것을 잘 알고 있었다. 아버지가 별세한 후에도 감당하기 어려운 빚 정리를 깨끗이 청산하고 군에 입대했던 것까지도 다 알고 있었기 때문에 절대적으로 나를 믿는다고 말한 것이다.

이렇게 앞뒤가 꽉 막혀있는 현실에서도 앞으로 박차고 나갈 수 있었던 용기는 '방 한 칸만 있으면 나머지 모든 것은 극복할 수 있어요'라는 미래 아내의 말 한마디가 절대적인 힘이 될 수 있었다. 나는 이 말 한마디로 체면이나 자존심 따위는 다 묻어두기로 하고 용기백배해졌다. 나는 세상에서 가장 작은 결혼을 할 수밖에 없다는 비장한 각오를 하면서 지금 바로 이 시간부터 새출발이라는 생각으로 마음에 다짐을 굳게 하였다. 이 또한 하나님만이 조성할 수 있는 나와 아내의 환경과 마음과 의지라고 믿으며 그분이 역사한 걸작품(傑作品)의 하나로 굳게 믿을 수밖에 없다.

나의 능력이나 노력으로 되는 일이 아니고 오직 섭리주 되시는 하나님만이 할 수 있는 일이었기에 그분의 뜻을 이루어 가는 과정이었다고 믿는 것이다. 그러므로 내 텅텅 빈 내 토기잔을 채워주신 전능자 하나님께 감사드리는 것이다. '내 원대로 마옵시고 아버지의 원대로 되기를 원하나이다(눅22:42)'를 묵상해 본다. 나약한 인간의 뜻에 의지하지 않고 전지 전능자 하나님의 공의와 역사에 맡기는 것이 칭의를 입은 성도의 올바른 자세와 길이며 이것이 하나님의 인류 구원의 대의를 따라 순종하는 사명이라고 믿어 의심치 않는다.

7. 초특급 결혼 준비 작전

선을 본 후 25일 만에 단 하루의 만남은 뜻깊은 하루가 되었다. 1965년 11월 30일 맞선을 본 후 서로의 생각을 편지로 주고받았고 두 번째 만남은 12월 25일에 있었다. 예비 신부와 초등학교 방학을 시작하는 날 밤 열차로 상경하여 다음 날 명동 꽃가게 '명동화원' 근처 다방에서 두 번째 만남이었다. 처가를 대신하여 손위 동서인 김재천이 함께 나왔다. 내놓을 것 하나 없는 나를 불끈 일으켜 세워준 미래의 아내와 마주치는 순간 나는 마치 전승한 개선장군이 된 것 처럼 당당해진 자신감으로 무장되어 있었다. 주례를 정할 때도 성대 교수로 계신 3종 형님인 정병조 형님을 찾아뵙고 상의를 드렸는데 그 형님은 즉석에서 정해 주시면서 주례할 그 분의 일정을 알아보고 다시 연락해 준다고 하였다. 이미 편지로 결혼 일자와 장소, 그리고 주례가 정해진 것을 알렸지만 나는 좀 더 세부적인 준비를 위하여 신부가 올라오면 좋겠다고 하여 만나게 된 것이다.

25일 밤에는 내가 있는 형님집에서 예비 신부가 자기로 했다. 그 당시 여동생인 계영이는 나와 같은 방을 쓰고 있었다. 한방에서 동생과 잠을 자기로 했지만 예비 신부는 밤새 머릿속에 맴도는 여러 가지 생각으로 잠을 설쳤다고 했다. 그래서 다음날인 26일은 출근하면서 같이 나와서 회사 근처에 있는 여관방 하나를 빌려 좀 자고 쉬면서 저녁 열차 시간까지 기다리게 했다. 점심시간에 만나 중화식당으로 가서 자장면을 시켜 먹으면서 이미 부부가 된 것처럼 대화를 나누고 한 시간을 보냈다. 당시에는 내가 근무하는 영화사가 있는 충무로 3가 회사 근처에는 깨끗한 음식점도 없었지만 조금만 나가면 '진고개'라는 유명한 한식집도 있었다. 그러나 사실 내 주머니 사정이 너무나 빈약하여 그곳으로 갈 수가 없었다.

오후에는 아내에게 수면제를 먹여서라도 좀 잠을 자도록 해야 하겠다고 생각하여 빌려놓은 명보극장 앞 골목 방으로 갔다. 24일 밤차로 올라온 신부를 25일 만나 온종일 함께 다니며 혼수 준비를 대충 하였다. 형식적인 눈가림만 하는 방법으로 2.5돈 금목걸이와 귀걸이, 비취반지, 손목시계, 구두와 청색 파일오버코트를 맞췄는데 오버코트는 신부가 정장을 대신하여 입기를 원해서 그렇게 했다. 결혼식을 마치고 얼마 후에야 알게 되었지만 제한된 예산으로는 정장까지 다 할 수 없으니 대신 외투를 택하여 신랑인 나의 체면을 세워주겠다는 것이 신부의 깊은 생각이었음을 알게 되었다.

지금은 그렇게 작은 금목걸이가 없지만 그 당시로도 가장 작은 금목걸이를 택할 수밖에 없었고 진녹색 비취반지는 그냥 적당한 액세서리라고 보면 될 것이며 손목시계는 2천 원으로 기억한다. 그래서 모든 혼수를 2만 원 한도로 끝을 냈다. 사채 5만 원을 빌려 결혼 준비를 끝내야 하므로 전세방에 3만 원이 들어갔으니 그럴 수밖에 없었다. 예식장 비용, 여행비용, 당분간의 생활비는 모두 결혼 축의금으로 충당한다는 계획을 세웠다.

오후에 퇴근하고 아내가 쉬고 있는 여관방을 찾았다. 아내는 수면제 약에 취하여 아직 정신을 차리지 못하고 있었지만 남원으로 내려갈 기차 시간을 놓칠세라 용산역을 향해 서둘러 가서 야간열차를 태웠다. 그때까지도 잠을 다 깨지 못하여 열차 창문 안에서 겨우 손만 흔들며 인사하는 아내의 모습이 지금도 기억 속에서 스쳐 간다. 기적소리와 함께 떠나는 열차를 멍하게 바라만 보며 희망찬 내일을 아련히 그려보던 그때의 내 모습이 아직도 눈앞을 지나가는 듯 애절한 추억으로 남아 구름 위를 맴돌고 있는 것 같다.

8. 경과 의례로서의 결혼식과 여행

나는 25일 하루 종일 동분서주하며 결혼 준비에 몰두했다. 모든 결혼 절차를 나의 입장에 초점을 맞추게 되니 결혼 장소도 서울로 정할 수밖에 없었고 모든 것이 오로지 나의 주관으로 치러졌다. 고향에 계신 신부의 아버지인 장인께서는 너무나 섭섭해서 결혼식장에 참석하지 않으신다고 하셨다. 그러나 나로서는 신부의 고향에서 할 수 없는 입장을 자세히 설명드렸고 간신히 이해를 얻기는 했으나 한편은 못내 꺼림직함도 있었다. 이러한 상황에서 장인께서 참석을 거부하시니 장남인 큰 처남인 박보영도 불참하게 되었다. 처가 어른들이 참석하지 않아서 어딘가 좀 어색하고 서운하긴 하였지만 둘째 처남인 박팔영 형님이 처가의 대표격으로 참석하여 그나마 위안이 되었다. 신부인 아내 입장으로는 무척 섭섭했을 것이다. 그러나 나로서는 모든 사사로운 정을 떠나서 우리 부부의 장래를 위하여 도움이 되는 쪽으로 선택해야 한다고 생각했다. 나의 모든 생활 기반과 환경이 이곳 서울을 근거지로 하고 있으니 다른 이유나 감성에 흔들리는 것은 용납될 수가 없었다.

결혼 준비는 너무나 빈약했지만 나와 아내에게는 원대한 포부와 인생 설계를 실천에 옮기는 출발점인 결혼이니 구식 결혼식보다는 현대식 결혼이 더 유리하다고 판단하였다. 또 나에게는 제2의 인생 출발점이 나의 생활 범주 안에서 시작되어야 한다는 생각이 지배적이었다. 그래서 남의 시선을 의식하지 않고 우리가 할 수 있는 범위 안에서 의식을 마치면 그것으로 만족해야 했고 또 그렇게 실천에 옮겼다.

결혼식은 1966년 1월 12일 12시, 종로예식장 2층에서 했다. 주례는 숙대 총장 윤태림 박사로, 그리고 청첩인은 큰집 정병조 형님과 양가 어른들을 세웠다.

그 시대에는 결혼식에 참석한 하객(賀客)에게 별도의 피로연이라는 것이 없었고 도시락 크기의 종로복떡방 찹쌀떡 한 박스가 답례품이었다. 폐백은 받을 사람이 없으니 생략하기로 하였고 예식을 끝낸 후 고향에 가서 증조부님 이하 부모님의 조상 사당에 인사 올리는 것으로 폐백을 대신하기로 하였다.

유성 온천장 호텔이라는 어느 목욕탕이 딸린 여관급 숙소가 신혼부부의 첫날밤 쉼터가 되었고 그다음 날 처가인 운봉에서 하루 동안 잔치를 하고 그다음 날 나의 고향 개평에 가서 하루 종일 동네잔치를 하였다. 이웃과 친척들의 도움으로 이렇게 혼례를 잘 치르고 다음 날 서울로 올라와 여장을 풀게 되니 모든 것이 의례적 겉치레만으로 치른 꼴이 되었다. 그러나 보이지 않는 미래와 청운의 꿈은 우리의 미래를 수놓고 있었다.

9. 나의 오아시스가 된 단칸방

1966년 1월 12일 종로 예식장은 나의 일생일대에 가장 중요하고 제일 큰 축복의 장소였으며 마치 끝없는 황무지 사막에 일곱 색갈 무지개와 같았고 우리에게는 새 세상의 서운(瑞雲)이라고 할 수 있었다.

결혼 예식을 무사히 마친 후 신부가 정장으로 갈아입고 2층 식장에서 1층으로 계단을 내려오다가 발목을 겹질려서 주저앉았다. 발목이 붓기 시작했고 통증이 와서 제대로 걸을 수가 없을 정도였다. 그러나 예정된 신혼여행 열차 시간을 맞추기 위하여 서울역 건너편에 있는 남산 도서관 정원에서 사진을 찍은 후 역으로 행했다.

그 시절 대다수의 사람들은 결혼식 후 신랑신부를 태운 택시에 오색 테이프를 두르고 시내 한 바퀴를 돌아 북한산을 드라이브하는 것이 관행적 코스로 되어 있었으나 이 또한 비용 문제로 생략하였다.

나는 신부의 다친 발목을 부축하느라 한 쪽 팔을 부축하고 갔는데 후에 사진사의 말이 '너무나 사랑하는 사이여서 그렇게 했나 보다'라고 착각했다고 했다.

유성 온천장 호텔에 방을 예약해서 첫날을 지내기로 하고 대전역에 내리니 외사촌 동생인 김정현이 미군 부대에서 불하받은 허름한 택시 한 대를 불러놓고 기다리고 있었다. 그 차로 유성 목적지에 도착해서 신랑신부로서 생애 첫날을 보냈다. 전술했듯이 처가인 운봉과 우리 고향집 개평을 들러 서울로 올라가는 것으로 하여 흉내만 내는 약식 신혼여행을 끝마쳤다. 또 어차피 한 번은 다녀와야 하는 처가와 친가 방문을 모두 마치겠다는 생각으로 한 것이다.

서울로 돌아와 3만 원 전세방은 외대 앞 동네 신축 단독 주택 모퉁이 방이었는데 부엌이 없고 군불만 땔 수 있는 언청이 방이었다. 밥과 반찬 준비는 석유 곤로로 방에서 해야 했다. 그러나 반찬 하나 제대로 없이 마주 앉은 자그마한 밥상은 우리 두 사람에게는 출애굽한 이스라엘 민족에게 '마라의 쓴물이 변하여 단물이 된 것'(출15:22~23)같은 더없이 만족스러운 오아시스였으며 세상 누구에게도 부럽지 않은 에덴동산이었다.

당시에는 서울에 방이 귀한 시대라서 임대차계약 기간이 6개월로 집주인과 세입자가 조건이 맞지 않으면 6개월마다 이사를 해야만 했다. 집세를 올려달라고 할 때 쉽게 올려 줄 수 없는 것이 대다수의 세입자 사정이니 이사를 해야만 하는 것이 대부분 세입자들의 슬픈 현실이었다. 첫 번째로 살게 된 이 집에서는 집주인이 좀 불량한 것 같아 서둘러 2개월 만에 정보부 담벼락 옆에 있는 집으로 이사를 하게 되었다. 그때는 이미 아내가 첫째인 석균이를 임신하고 있었다.

당시 나는 직장이 영화 제작하는 개인회사 사원으로 월급 8천 원을 받았다. 당시 쌀 한 가마가 4천 원 정도였으니 월급이라고 쌀 2가마 값 정도였다. 그런데 임산부인 아내는 너무나 입덧이 심하여 거의 음식을 먹지 못하고 있었고 점점 몸이 쇠약해지고 있었지만 달리 대안을 마련할 수가 없었다. 나는 고작 퇴근 시간에 포장마차에서 헌책 찢은 책장에 둘둘 말아 파는 고구마채 튀김 한 봉지 정도가 나의 사랑 표현의 전부였다. 아내가 음식을 먹지 못하니 궁여지책으로 포도당 50%50cc 한 앰플을 수시로 혈관주사를 놓아 가면서 버티었다. 쥐 꼬리 만한 월급으로 5만 원의 결혼빚 월 6부이자 3,000원을 떼고 필수 생활비인 연탄과 쌀을 사고 나면 별로 남는 돈이 없었다. 그래서 부식은 콩나물이나 된장, 단무지 정도가 고작이었고 나의 출퇴근 교통비조차 모자라는 경우가 많았고 점심은 회사에서 대충 때울 수가 있었으니 다행이었다.

이미 전편에서 이야기한 대로 내가 다닌 직장에서는 <사랑의 배달부>, <세 엄마>, <칠 인의 난폭자> 등 세 편의 영화를 제작하였으나 별로 좋은 결과가 나오지를 않았다. 감독은 전홍직이 맡았었고 주연 배우로는 각각 김희갑과 도금봉, 김지미와 태현실, 독고성과 박노식, 이예춘, 서영춘, 최지희, 트위스트김 등이었다. 촬영은 주로 밤에 하였는데 그 까닭은 낮에는 촬영 배경이 될 장소가 다 영업시간이기 때문에 빌려 쓸 수가 없었기 때문이다. 그래서 영업이 끝난 밤시간에 촬영이 많을 수밖에 없었고 세트장도 너무나 빈약하여 전체의 80% 이상이 민간 업무시설을 빌려 쓸 수밖에 없었다.

그래서 나는 신혼이지만 밤새고 집에 들어가는 날이 태반이었다. 오랜 세월이 지난 지금도 당시 야간 촬영 후 새벽에 먹었던 설렁탕과 해장국의 추억에 젖어 들 때가 있다. 충무로 3가 스타다방으로 가는 길목 왼쪽에 있던 제일 설렁탕집과 청진동 해장국집이다. 밤을 꼴딱새고 지친 몸이지만 갈증과 허기를 한 방에 날려주는 구수한 설렁탕 국물 맛과 깍두기, 속을 확 풀어주는 시원한 청진동 해장국과 막걸리 한 잔은 너무나 황홀하여 어떻게 표현할 수가 없다.

새벽에 서둘러 집에 들어가면 아내가 펴주는 이불 속으로 파묻히자마자 눈 깜짝할 사이에 잠이 들었고 1~2시간 후 출근을 위해 7시에 다시 일어나게 되니 피로를 온전히 풀지 못하고 비틀거리는 몸으로 세수하고 대충 준비하여 회사로 달려 나간다. 물론 교통수단으로 버스와 전차를 갈아타고 을지로 3가 역에 내려 충무로 3가 회사까지의 길은 100미터 달리기로 절반은 뛰어가야 했다.

이처럼 힘겨운 신혼생활이었지만 남부럽지 않았고 더없는 새 생활의 시발점이요 오아시스가 되어 주었으며 나를 지치지 않도록 받쳐주고 있는 유일한 쉼터였다. 이 또한 하나님의 보이지 않는 손길이 사랑하는 아내를 내게 짝지어주시어 디딤돌과 지팡이가 되게 하시었으니 내 뜻과 능력 밖이라고 할 수밖에 없고 그 모두가 전능자 하나님의 은혜라고 믿으니 이 작은 입술로 다 형언할 길이 없고 무한한 감사와 영광을 돌려 드리며 또 한 번 '내 잔이 넘치나이다'를 외쳐본다.

10. 셋방살이의 서러움과 시민아파트

신혼생활을 하던 중 내가 출근한 후에 혼자 있는 아내가 주인집 아저씨로부터 이상한 추파(秋波)를 느꼈다고 하는 말을 듣게 되었다. 주인집은 아직 아기가 없는 젊은 부부였는데 청계천 평화시장에서 옷 가게를 하고 있었다. 부부가 교대로 출근하는데 부인이 출근하면 남편 혼자 집에 남아 있게 되었다. 그때 나도 출근을 한 이후라 아내도 혼자이니 집안에는 주인 남자와 아내 둘만 남게 되어 있었다. 낮 동안 환경이 좋지 않다는 느낌을 받았다. 그래서 이 집에서는 계속 살 수 있는 집이 아니라는 생각이 들어 당장 이사해야 하겠다는 결심을 하고 방을 보러 다녔다.

때마침 이문동 정보부 울타리 옆 골목길에 있는 집이 있어 이사를 하게 되었다. 그 집은 약간 오르막 길가의 집이었고 조그마한 부엌이 있었지만 방은 외풍이 세어 겨울이면 방에 있는 물 위에 살얼음이 어는 정도였다. 아내는 임신 중독증으로 거의 식음을 전폐할 정도였기에 전술한 대로 날마다 포도당 혈관주사로 겨우 겨우 지탱하고 있었는데 너무나 심한 임신 중독증으로 고통을 참으며 수시로 외대 앞 제일의원을 찾게 되었다. 그런데 의원 진료비를 제때 지불할 수가 없다보니 외상이 계속 쌓여갔다.

그래도 그 집에 사는 동안에 청량리 성 바오로 병원에서 첫째 석균이를 출산하게 되었고 산후조리를 위하여 시골의 새엄마에게 부탁하였다. 크지 않은 단칸방에 네 식구가 자야 하니 나는 항상 문앞 바람막이로 잘 수밖에 없었다. 또 그 당시에는 산모에게 제대로 된 소고기 미역국도 끓여 줄 형편이 못되었고 그나마 세이레가 지난 후에는 미역국마저 먹일 수가 없었다. 이처럼 애끓었던 아픔은 더 이상 생각하기조차 싫은 정도다. 그 후 새엄마는 시골로 내려가시고 그때부터 산모가 일어나 살림을 손수 할 수밖에 없었다.

얼마 지난 후 또 이사를 해야만 해서 형님 집 가까운 곳으로 가자고 하는 아내의 의견을 따라 전농 2동에 있는 서울시립대학 정문 옆 동네 한옥주택으로 가기로 했다. 그 집 아저씨는 동양화재에 근무하였고 7공주네 집으로 소문난 낡은 한옥집이었다. 주인집 외에도 셋방에 2집이 살고 있었는데 주인집 아주머니는 이 두 집을 저울질 하며 주인집에 대한 아부 경쟁을 시키는 못된 버릇이 있었다.

어느 날 형님이 제주도로 여행을 다녀오겠다고 하며 비어 있는 집을 봐달라는 부탁을 하여 나는 밤에 아내와 함께 형님 집에 가서 TV도 보고 좀 쉬고 돌아오곤 하였다. 그때가 여름이었는데 하루는 밤 10시 전후에 돌아와 대문을 열어 달라고 두드렸지만 아무런 인기척이 없었다. 그 당시에는 초인종 벨이 없던 시절이라 소리를 지르며 대문을 두들겨야만 했다. 그렇게 한참 동안 대문 밖에 서서 둘째 진균이를 임신 중인 아내와 함께 힘겹게 기다리다가 아무런 응답이 없어 결국 어쩔 수 없이 돌담을 넘어서 들어가게 되었다. 다행히 돌담이 조금 무너져 있어 나지막해 쉽게 넘을 수 있었다.

다음날 내가 출근한 후 아내는 주인집 아주머니에게 호출을 당해 가게 되었고 간밤에 어디로 들어왔느냐고 물어서 자초지종을 그대로 이야기를 해 드렸다고 했다. 그 말을 들은 집주인은 "어디에서 도적질을 해 먹다가 온 것들 아니냐?"고 하며 어처구니없는 모욕과 무시를 당하면서 다그치는 문책까지 받았다고 했다. 나는 너무나 화가 나서 당장 이사 갈 집을 구하기로 하고 방을 빼 달라고 했다. 그 집 주인은 우리가 아부(阿附)를 하지 않으니 미워서 고의로 문을 열어 주지 않았다는 것 밖에 다른 이유를 찾을 수가 없었다. 그래서 형님 집과 더 가까운 곳에 방을 얻게 되었는데 지상덕씨네 집이었다. 그 집은 부엌이 붙어있는 비교적 좋은 방이었으며 주인 부부가 딸 미영이 하나를 기르고 사는 아주 선량한 분이었고 나이는 나보다 5~6세 위인 것으로 기억이 된다.

그 집에서 사는 동안에 첫째와 같이 청량리 성바오로 병원에서 둘째 진균이를 출산하게 되었다. 석균이와 14개월 차이 연년생으로 우리 집 차남이 태어난 것이다. 첫째보다 더 힘든 출산의 고통을 이기고 자연 분만을 하면서 너무나 힘겨운 고비를 넘기며 출산하게 되었다. 당시는 의술이 뒤떨어져서 출산할 때 사망률도 높았고 산모까지도 생명을 잃는 경우가 많았다. 그래서 생활이 어려운 사람들은 출산 보조원인 '산파'라는 직업인을 이용하였는데 그 경우에는 더욱 사고율이 높았다.

그 집에서 약 1년 반 동안을 살고 있다가 고향 친구 전공식의 권유로 응봉동 시민아파트 입주권을 5만 원에 구입하여 1969년 6월에 입주하게 되어 셋방살이에서 해방되었다. 힘겹게 시민아파트를 입주 했으나 생활비가 부족하여 전쟁 아닌 전쟁 같은 어려움이 계속되었다. 1972년에는 금호동 2가에 30평 대지 위에 20평 건물이 들어선 신축 1층 스라브집을 매입하여 그곳으로 이사를 할 수 있었다. 당시에는 그 동네에서 가장 좋은 주택이라고 할 수 있었으며 비로소 당당한 내 집을 갖게 된 것이다.

온갖 어려움을 이겨내려고 안간힘을 쓰던 시민아파트에 사는동안 아내는 석균이와 진균이 연년생을 기르면서 일거리를 찾아 나서서 당시에 흔했던 직업소개소가 몰려 있는 을지로 6가 근처를 갔었다고 한다. 석균이는 걸리고 진균이는 등에 업고 힘겹게 업소를 방문했다고 한다. 그런데 상담 결과는 매우 실망적으로 아이 둘을 데리고 할만한 일이 별로 없다고 하면서 남산공원 청소부를 권유받았다고 한다. 그렇지만 두 아이를 맡길 곳이 없으니 '안 되겠네요'라며 그냥 나오게 되었다고 하였다.

그날 비가 온 후에 길바닥 표면이 패여 질퍽한 길옆을 지나다가 석균이가 넘어져서 옷을 흠뻑 젖어버리는 일까지 생기고 나니 또 한 번 밀려오는 서러움을 감출 수가 없었다고 했다. 그 당시 복받쳐 오르는 눈물과 슬픔을 가눌 길이 없었다는 이야기를 오랜 세월이 흐른 후에야 아내에게서 듣게 되었다.

그 후 이미 서술했듯이 형님의 도움을 받아 궁지에서 벗어났고 아내는 수출 섬유제품 수작업을 하여 다소의 수입을 얻게 되었다. 또한 나는 인쇄업 동업자가 되어 회사 발전과 더불어 형편이 좀 좋아지고 있었다. 그 후 약 3년이 지나 1972년 하반기에 아내의 피땀어린 저축금 150만원이 종자돈이 되어 금호동 첫 단독주택을 230만원에 구입할 수 있었으니 아내는 우리 가정의 보물 중 보물로서 주초가 되었다고 생각한다.

그때 종잣돈 150만 원은 지금 가치로 생각하면 최소한 1억5천만원에서 2억원 이상의 가치가 된다고 생각한다. 당시의 직장인 월급이 2~3만원 정도였으니 한 푼도 쓰지 않고 약 6년 이상 모아야 하는 금액이라 현대 직장인 월급 2백5십만 원으로 환산하면 60~70개월분이 되니 5~6년 치 월급이 된다고 평가할 수 있다. 나에게는 숨긴 채 섬유 수출품 가정수공업을 하여 계를 모아 이 거액을 마련하여 어느 한 날 뜬금없이 갑자기 나를 어리둥절하게 했던 그때를 떠올려본다.

역시 하나님은 우리 부부를 불쌍히 여기시어 한 몸으로 짝지워 주시어 당신의 영광을 드러내기 위한 선한 목자 주님의 섭리 과정이었음을 믿고 감사와 찬미를 땅 위에서 호흡이 이어지는 마지막 순간까지 드리겠다고 다짐했다.

11. 사경을 헤매며 의지로 극복한 출산

둘째 진균이를 출산할 때는 산모가 너무 체력이 약하여 상상하기조차 끔찍한 고비까지 넘기게 되었다. 거슬러 올라가 석균이를 임신했을 때도 임신 중독이 심하여 거의 8개월을 허기진 배로 견디었고 출산할 때는 약 26시간의 진통으로 힘겹게 출산할 수 있었다. 산후조리라고는 좁은 셋방에서 새엄마가 끓여 주는 멸치 미역국이 고작이었다. 지금은 누구나 먹는 소고기 한 근을 당시에는 살 수가 없는 처지였으니 그 어려움은 말로 표현을 다 할 수가 없다. 지금과 같이 제왕절개 수술분만 방법도 없던 시절이고 분만 촉진제 주사도 없었으니 출산 시 영아와 산모가 함께 사망하는 경우도 비일비재했다.

지금도 아내는 둘째 출산 때 그 고비를 넘긴 일을 가끔 이야기한다. 너무나 오랜 시간 진통에 시달리다가 병원에서 죽기 직전에 무대응 처치실방으로 아내가 옮겨졌을 때 "그렇게 먹지 않으면 죽어요"하는 청소부 아주머니의 말을 듣고서 소스라치게 놀라 다시 온 힘을 다하여 고무호스 줄로 국물을 빨아 먹고서야 힘을 차렸다고 했다. 그때의 처참한 광경이 내 눈앞을 그림자처럼 지나갈 때 나의 애잔한 마음은 말로 다 형언할 수가 없다. 세상에서 어머니가 되는 관문이 이렇게도 잔인한 것인가 하는 환멸(幻滅)의 마음이 들기도 했다.

첫째를 출산하였을 때는 한겨울에 연탄불을 아끼려고 우물물을 길어 올려 차디찬 물에 기저귀를 빨아야 했고, 그 기저귀가 마르기도 전에 또 빨 것이 나오면 갈아 채울 여유가 없어 쩔

쩔매다가 부엌 솥뚜껑 위에 얹어 말려서 채우기도 했다. 경제적으로 너무나 힘들다보니 기저귀 감도 넉넉히 살 수가 없었다. 기저귀 감으로 적어도 무명베 3필은 있어야 하는데 2필로 감당을 해야 했으니 어쩔 수 없는 현실이었다. 그 당시는 그렇게 살아가는 것이 우리에게 주어진 운명으로 알고 원망이나 불평불만이라는 것은 있을 수도 없었다.

둘째 진균이를 출산할 때는 산후조리를 위하여 전주 처형에게 부탁하였는데 두 살 된 어린 조카인 영엽이까지 데리고 오셔서 약20 여 일을 정성껏 수고해 주시었다. 석균이와 진균이가 연년생이니 아무 분별력 없는 어린 석균이가 본능적으로 동생에게 질투가 나서 엄마의 눈을 피해 어린 동생을 해코지하는 것을 여러 번 보고 달래곤 했다고 한다.

우리는 그 당시 육아 경험이 없어 어린아이의 심리상태를 알지도 못했고 어떻게 대처해야 하는지도 몰랐으며 가까이에서 가르쳐 주는 사람도 없었다. 그러니 무턱대고 석균이에게 너는 형이니 양보하라는 말만 되풀이할 따름이었다. 어언 세월이 흐르고 우리도 나이가 들면서 유아기의 심리를 터득할 수 있었다. 아내는 지금도 수시로 그때 우리가 유아 양육에 너무 무식하여 어린 석균이의 마음을 몰라주고 양보만 강요했던 것이 지금까지도 마음에 걸린다는 말로 죄책감을 토로할 때가 있지만 그 아픈 상처는 지워질 수 없기에 아직도 남아 있는 모양새이다.

그러나 세월은 되돌릴 수는 없는 일이고 당시의 어린 석균이의 마음을 몰라 준 죄책감이 지워지지 않는 마음속 빚으로 남아 있다. 주변에 조언해 줄 어른이 아무도 없었고 또 지금과 비교될 수 없는 시대이니 각종 정보가 전혀 없었던 시대의 한 단면이다.

연년생 석균이와 진균이가 오히려 쌍둥이보다 더 어려운 육아라는 것을 뒤늦게 알게 되었다. 가난한 단칸 셋방살이에서 너무나 지친 아내의 모습을 보고는 아픈 가슴으로 그냥 바라만 볼 수가 없어 궁여지책으로 전주 처형에게 상의하여 당분간 그곳에 가서 있기로 했다.

전주 덕진동 전북대학 후문 앞에 있는 처형 집은 마당도 있고 문밖에 넓은 밭들도 있어서 어린아이가 놀기에는 좋은 환경이었다. 아내는 진균이를 업고 석균이를 걸리며 학교 앞 근처를 거닐 때 대학생이 지나가면 석균이가 "아빠 아빠" 하고 뒤를 쫓는 일이 가끔 있었다고 들었다. 그때마다 아내는 못내 가슴속으로 흘러내리는 눈물을 참고 또 참아야만 했다고 한다.

나는 전농2동 미영이네 집 셋방에서 자취생활을 하였고 아침 식사는 그 당시에 우리나라에서 처음 생산되었던 삼양라면을 한 상자 사 두고 집에서 전기곤로에 끓여 먹고 출근하였으며 점심과 저녁은 적절히 때우곤 했다.

어느 날인가 퇴근하니 집주인인 미영이 엄마가 장독에 있는 장을 끓여 놓았다고 말했다. 너무나 뜻밖의 말이어서 무슨 말인지 몰라 "네?" 하고 반문을 했더니 장이 끓여야 할 때가 된 것 같은데 애기엄마도 없고 하여 자기가 했다고 한다. 너무나 고마운 마음에 울컥하는 심정을 금할 수가 없었지만 달리 고

마음을 표현할 방법이 없어 말로만 감사를 정중히 드렸다.

지금도 그분이 어디에서 어떻게 살고 있는지 자못 궁금하지만 만날 길이 없다. 남편 이름이 지상덕이라고 하였는데 가끔 생각이 떠오를 때가 있다. 셋방살이 중에도 너무나 다른 두 종류의 사람을 만나보면서 선과 악, 의와 불의, 정욕과 절제 등 기로에서 어떤 쪽을 선택할 것인가를 생각해 보았다. 전에 살던 칠 공주네 집 주인과 너무나 크게 대조적임을 느끼며 유교의 홍익인간, 불교의 자비, 기독교의 사랑을 묵상해 보며 인간 사회의 실상을 바라보고 잠시 사색에 잠겼다.

전농동에서 약 1년 반쯤 살고 있는데 고향 친구인 전공식이가 좋은 정보를 가지고 왔다. 당시는 박정희 소장의 5.16혁명 군사정권 시대여서 군인 출신을 지방자치 단체장에 임명하였는데 서울시장으로 김현옥 육군중령 출신이 임명되었다. 서울시는 빈촌을 다시 재편하겠다는 계획을 세워 청계천 판자촌을 강제 철거하고 시민 아파트를 지어 입주시키겠다는 것이다. 이와 동시에 약수동, 응봉동, 홍은동, 아현동 등 시내 판자촌들을 철거하고 그 자리에 시민아파트를 국비로 골격만 세워 분양한다고 했다. 그래서 그 철거 지역 원주민의 입주권을 사면 그 아파트에 입주할 수 있다는 것이다.

너무나 좋은 기회인 것 같아 응봉동 산동네 철거민 증명인 철거 딱지를 하나 매입하게 되었다. 아파트를 1969년 중반에 입주하게 되었는데 골격만 세워놓은 상태였다. 내장 시설도 안 된 상태로 출입문과 창문도 없는 집에 입주하고 보니 식수와 화장실이 문제가 되었다. 때마침 초여름이라 가마니를 방

흙바닥에 깔고 담요로 출입문과 창문을 가리고 잠을 잤다. 날마다 아랫마을 공동 수도에서 줄을 서서 물을 받아 아파트가 있는 높은 등성이까지 운반하는 것이 일과였다. 대변과 소변은 화장실이 없는 상태라 적당히 처리하여 버리는 수밖에 없었다. 최선을 다하여 내장을 대강 마치고 보니 생활비가 바닥이 나고 약간의 빚을 질 수밖에 없었다.

고민을 거듭하다가 형님께 의논했다. 형님이 응봉동 아파트 내장 작업 현장을 와서 직접 보고 3만 원을 주면서 "너의 형수에게는 비밀로 해"라고 하여서 나는 "알겠어요" 하며 고마운 마음으로 받았지만 마음 한구석은 석연치 않았다. 왜 부부간에 저렇게 서로 비밀을 갖고 살아야 하는가 하는 생각이 들었기 때문이다. 몇 년이 흐른 후 나는 그 돈을 갚을 수 있었다. 형님이 동방생명의 후신인 삼성생명을 퇴직하고 무직 상태였을 때 30만 원을 어려운데 보태어 쓰시라고 드렸다. 당시 나는 동업으로 시작한 인쇄업이 잘 되어서 그 정도의 여력은 있었기에 이 때가 바로 형님을 도와야 할 때라고 생각했다. 얼마 후에 형님은 대한생명으로 취업하게 되어 모든 문제가 해결되었다.

시민아파트에 입주 후에는 셋방살이에서 해방되었으니 한껏 기쁘기도 하고 마음도 편하였다. 당당한 내 집이 생겼으니 앞으로는 어떠한 일이든지 다 할 수 있을 것 같은 자신감과 용기가 솟구쳐 올라오는 것 같았다.

그동안 셋방살이 약 4년여에 4번 이사를 했는데 전농 2동 미영이네 집에서만 2년을 살았고, 첫 번째 외대 앞집과 칠 공주네 집에서는 만기를 채우지 못하고 이사를 해야 했다. 지금부터 55여 년 전의 일로 당시 우리나라의 경제 수준은 세계에서 맨 끝에서 세 손가락 안에 들어갈 정도로 가난했으니 지금 신세대 사람들은 감히 상상조차 할 수 없을 것이다.

오늘의 대한민국 발전은 하나님의 섭리가 원동력이며 그 과정으로 이승만 대통령의 자유민주주의 토대 위의 건국과 박정희 대통령과 같은 인류역사상 희대의 인물이 국가 경영의 지도자로 부상하여 국민 의식을 완전히 바꾸었다. 헝그리(hungry)정신을 고취(鼓吹)시켜서 새마을 운동으로 승화시킬 수 있었고 이를 계속 발전시킨 것이 경제발전의 기초가 되었으니 이 모든 발전 과정 하나하나가 하나님의 섭리 안에서 한없는 은혜요 축복이라 믿는 것이다. 세계 제2차 대전 후 독립한 123개국 중에 우리나라가 유일하게 경제 자립국이 되었고 원조를 받던 나라가 원조하는 나라로 바뀐 것 역시 독보적이다. 이제는 10대 세계 경제 대국 반열에 입성할 수 있게 되었고 군사력도 세계 6위에 오라 있다고 하니 정말 놀라운 일이다.

12. 외기러기의 괴로운 나날들

아내를 건강 회복 때문에 전주 처형 집에 보내고 나 홀로 있으니 짝 잃은 외기러기 신세가 되었다. 나는 만19세인 1958년에 아버지의 별세로 가장이 되어 온갖 풍파를 다 넘고 넘어왔으니 이쯤의 고통과 역경은 감당할 수 있을 것이라는 자신감으로 날마다 스스로 마음을 달래며 고독을 씹어 삼켰다.

그러나 마음 한구석에 빚진 자의 고뇌는 씻을 수 없었고 나의 무능함과 나의 부족함으로 아내에게 모진 고통과 모멸감을 줄 수밖에 없는 죄책감에 몸부림쳐야 했으며 그 굴레를 벗어날 수 없으니 때때로 허공을 찌르듯 별빛 아래 홀로 울부짖으며 마음을 달랬다. 나의 부족으로 아내를 험한 가시밭길로 내몰아가고 있다는 죄책감으로 한없는 자책의 늪에 빠지기도 했다.

나의 능력은 너무나 미약하고 나를 도와 줄 부모 형제 이웃은 하나도 없었다. 그래도 단 한 분이 있다면 고종형님인 남해용이 있을 뿐이었다. 유일한 의지처인 일자리를 만들어 준 그 은혜는 일생 잊을 수 없을 것 같다. 답답한 마음으로 밤하늘에 반짝이는 뭇별들을 바라보며 하소연도 해 보았고 허공에 목이 터져라 고함을 지르기도 했었다. '나는 나름대로 가족을 지키기 위하여 내 청춘을 아낌없이 희생했건만 어찌 나에게는 그 대가가 전혀 없다는 말인가'라며 원망의 울부짖음이 허공을 찌르기도 했다.

당시 고종 남해용 형님은 영화제작의 투자를 접고 새로운 사업인 여행사를 차렸다. 그래서 나는 ㈜반도여행사에서 근무하게 되었고 직책은 총무와 경리 겸직이었다. 법인체 회계는 법적으로 복식부기 의무자로 지정되어 있어 단식부기로는 불가능했다. 그 사실을 알고 나서 나는 해결 방법을 고민하였다. 나는 외기러기 신세를 한탄할 여유도 없었다. 속담에 '바쁜 벌은 근심할 틈이 없다'라는 말이 내 말인 것 같았다. 우선 현실에 충실하는 것만이 장래의 길잡이가 될 것이라는 굳은 신념이 나를 붙잡아주고 있었던 것 같다. 그래서 주어진 업무에만 충실해야 하는 것이 나의 사명이라고 믿고 최선을 다해야 하겠다는 마음을 굳게 다져 먹었다.

당시 ㈜반도여행사 총무경리직을 수행하려면 내가 직접 부기를 배울 수밖에 없다는 생각으로 편법은 있을 수 없다는 결론 아래 구체적 계획을 세웠다. 종로 2가에 있는 동방속기학원 부설인 부기학원에서 기초를 배우는 것이 첫 단추로 알고 등록하였다. 부기의 기초와 주산을 배우기 시작했는데 부기에 난해한 부분이 있어 형님에게 물어보아도 시원한 해답을 얻을 수가 없었다.

고민 끝에 기발한 착상(着想)을 떠올렸다. 우리 ㈜반도여행사 관할 세무서인 광화문세무서 법인계의 담당직원에게 도움을 받는 것이 가장 첩경(捷徑)이라고 생각하고 그 길을 선택하기로 한 것이다. 그래서 일단 담당 직원을 만나서 길을 찾아야겠다고 마음을 먹었다. 나는 나의 앞날을 위하여 어떠한 역경(逆境)이라도 마다하지 않아야 한다는 굳은 결의로 두 주먹을 불끈 쥐고 찾아갔고 얼마 후에 나는 세무공무원을 스승으로 삼아 부기의 기초를 다질 수가 있었다.

3~4개월이 지나서 아내는 다시 상경을 하였지만 건강은 여전히 온전하지 못하였으나 다른 선택의 여지가 없었다. 결국 사력(死力)을 다해 의지력으로 극복할 수밖에 없었고 연약한 아내는 연년생 두 아이들을 기르며 고달픈 나날들을 힘겹게 극복하고 지탱한 것이다.

마. 인쇄 인생의 파노라마

1. 세무공무원을 복식부기 스승으로
2. 모험을 건 인쇄 동업자로 변신
3. 법인 체제로 창업한 인쇄회사
4. 일취월장으로 발전하던 회사
5. 공장 매입과 사세 확장
6. 회사를 집어삼킨 석유파동
7. 부도를 막기 위한 최후수단 당좌거래
8. 회사 무상양도로 부도 모면
9. 사장의 배신과 아내의 운전면허 취득사연
10. 두 번째 배신을 당한 후 독립
11. 주 거래처 부도로 사활의 기로에
12. 세번째, 네 번째 배신으로 허탈
13. 주택 매매로 회사운영비 보충
14. 감귤농장은 규문사의 생명 다림줄
15. 파란만장의 인쇄업 40년

정장 (40대)

정장 (60대)

파안대소 (즐거운 한 때)

1. 세무공무원을 복식부기 스승으로

나는 경리와 회계에는 문외한이므로 고민하다가 동방속기 학원에서 부기의 기초인 거래의 8대 요소를 배웠다. 그렇지만 차변, 대변, 대체거래, 전표작성, 장부조직 및 기장 등 너무나 어려운 내용들이 계속 나왔다. 그렇다면 이 이론과 실무를 접목시키는 방법을 어디에서 배울 수 있을까를 고민하던 중에 관할세무서인 광화문세무서 법인세계에서 우리 회사(주.반도여행사)를 담당하는 직원에게 매달려 지도를 받는 것이 가장 첩경이 되리라는 생각을 하게 되었다.

세법상 법인은 반드시 복식부기로 회계처리를 하고 손익계산서와 대차대조표를 첨부하여 세무 보고를 해야함으로 단식부기로는 불가능했다. 그 직책을 수행하려면 어떤 방법을 써서라도 부기능력을 갖추어야만 했기에 나는 할 수 있는 노력을 다 쏟을 각오로 매달렸다. 자존심 따위는 나에게 쓰레기와 같았고 나의 원대한 미래를 개척해야 하는 길목에서는 어떤 장애물도 거침돌이 될 수가 없었다.

나는 마음을 굳게 먹고 세무서 법인세계를 찾아가서 담당자에게 인사를 하고 나의 입장을 설명하면서 좀 가르쳐주기를 간절히 부탁했다. 그분은 처음에 나의 말을 달갑지 않게 생각하고 적당히 그 시간만 넘기려고 했다. 내가 재삼 진정성을 갖고 간청을 하니 나의 부탁을 거절할 수가 없었는지 마지못해 승낙해 주었다. 내가 세무서 근처 다방에 와서 기다리면 퇴근 후에 그곳으로 오겠다는 약속을 받아낸 것이다. 전제조건으로는 미리 자기에게 물어야 할 질문을 준비해 와서 문답형식으로 하나씩 풀어보자고 하였다. 그렇게 약속을 하고 그 후 약 3~4회에 걸쳐 지도를 받아서 기표와 장부기장법과 계정분류법 등을 배워서 복식부기의 기초를 터득하였다. 나중에 알고 보니 그분은 회계사 자격을 갖고 있는 세무공무원이었고 실력이 짱짱한 분으로 인격마저 훌륭한 분이었다.

당시 우리나라는 외화 부족국가로 여권(旅券)도 아무나 받을 수가 없었고 국가 공무원이 공무상으로 출국하거나 무역회사의 수출담당자나 경영인이 업무상 출장을 할 때에만 외화를 사용하여 출국할 수 있었다. 그 외에는 친인척이나 초청자가 왕복 항공권과 체재비 보증서를 첨부하여 초청장을 보내와야 여권을 받을 수 있었으며 본인 경비로는 미화 $200만 허용되었다.

이렇게 외화를 국가적으로 통제하며 관리했던 때가 1967년 경이었다. 그러니 여행업계의 환경이 너무나 열악하였다. 당시 우리 회사의 수입원이라고는 일본 롯데제과에서 일본 전국 지점장들을 위로 여행 목적으로 보내는 팀을 받아 관광을 대행해 주고 얻어지는 부스러기 수수료 수입과 직원들의 항공권 판매로 얻는 수수료 7%가 수입의 전부였다. 약 2년여를 버티었지만 계속 적자가 누적되어서 회사를 양도하게 되었고 사업을 접게 되니 나의 앞날을 예측할 수 없게 되었다.

나는 다시 갈 곳을 몰라서 헤매든 중에 쌍용시멘트 포대 제작사인 ㈜삼공지대가 신규 사업으로 시작하는 ㈜삼공전자 라는 회사에서 일을 하게 되었다. 물론 이 직장도 나의 능력이 아닌 남해용 형님의 주선으로 얻어진 자리였다. 거기서도 총무와 경리 겸임 대리직을 받고 일을 하게 되었다. 그 회사에서 하는 사업은 지금은 보편화가 되어 있는 화장실 핸드드라이어를 국내 최초로 개발하여 판매하는 것이었다. 당시에 우리나라가 후진국 중에도 가장 끝자락 3위 안에 들어있었으니 그 제품의 수요가 있을 수가 없었다. 회사는 고전을 면치 못하고 있으면서도 상품 개발에 계속 투자를 하고 있었다. 나는 그동안 익혀온 회계와 부기 실력으로 인정을 받고 있었고 업무처리에도 아무런 문제가 없었다.

그 무렵 나에게 3종 형 되는 정병현 형님이 있었는데 그 형님이 시간만 나면 수시로 나를 만나자고 했다. 그 형님은 서울 을지로 입구에 있던 한국 문화인쇄사에서 독립하여 퇴계로에서 낡은 인쇄 기계 하나를 놓고 인쇄를 하다가 여의치 않아 폐업한 후 다시 기계시설 없이 명동 사거리에 있는 그 형님의 매제 소유 빌딩 7층 옥상에 사무실을 두고 인쇄업을 하고 있었다. 나는 그 사거리 반대 코너에 있는 상업은행 서울 명동지점 3층에서 근무하고 있었으니 거리가 가까워서 그 형님과 수시로 만나곤 했다.

때로는 그 형님에게 사무용품 인쇄를 해오기도 했고 그 형님과 함께 하청주는 인쇄소도 가보기도 하였다. 나는 이곳저곳을 따라다니면서 이것도 사회 견문을 넓힐 수 있는 좋은기회라고 생각했다. 평상시 소신으로 '남자는 많이 보고 많이 들어서 견문을 넓히고 사고의 폭을 키워야 한다'는 아버지의 말씀을 항상 명심하고 있었기 때문이다. 또 남자는 '도둑질과 투전노름은 빼고 그 외 모든 것은 다 할 줄 알아야 한다'는 말씀이 나의 귓가를 맴돌았기 때문이다. 이같은 아버지의 그 인생지론(人生持論)은 나의 삶에 좌우명이 되었고 주초가 된 것으로 생각한다.

2. 모험을 건 인쇄 동업자로 변신

3종형인 정병현 형님은 점심시간이나 시간이 날 때마다 만나자고 하여 나를 설득하는 말을 계속 했다.

"현실적으로 월급쟁이의 말로(末路)는 보장받을 수 없는 직업이라는 것을 주변에서 너도 보고 있지 않느냐?"

이런 말로 나를 설득하기 시작하였다. 그 당시 우리나라는 새마을운동을 전개하여 겨우 보릿고개를 면하는 정도로 발전했지만 퇴직금 제도나 연금 제도가 없었고 사설 민간보험회사에 퇴직보험을 가입하는 길 밖에 사후 보장제도가 없었다. 그런데 인플레가 심해 매년 2~30% 이상 가치가 떨어지고 있어서 그런 사설 보험조차도 매력이 없었다.

당시 친형인 병욱 형님은 동방생명보험(주) 직원으로 재직 중이었는데 수시로 보험 모집 사내 캠페인이 있어 그때마다 나에게 하나만 들어 달라고 했다. 나도 어려운 입장이었지만 형님의 간곡한 부탁을 외면할 수가 없어서 가입 후 3번만 불입하는 조건으로 가입했다가 해약환급금 없이 해약하곤 했다. 그런 일이 여러 번 있었으나 당시의 상황으로는 부득이한 일이었다. 세 번까지 불입하여야만 유효한 실적이 될 수 있었기 때문이다. 그로부터 몇 년이 지난 후에 형님이 다니던 회사인 동방생명은 삼성그룹에 인수되었다.

당시 우리나라에는 사회보장제도 자체가 미흡한데 다가 화폐가치 추락을 예측할 수가 없었다. 그래서 직장을 잃으면 당장 생계가 위협을 받을 수밖에 없었다. 그래서 정병현 형님의 말씀은 현실적으로 수긍이 가는 말이기도 했다. 자기와 함께 장래를 보장받는 방법으로 동업을 하자고 했기 때문이다.

그러나 동업을 했을 때 반드시 잘 된다는 보장도 없었다. 더구나 나는 인쇄업계를 전혀 모르고 그 시장도 모르는데 이렇게 뜻밖의 대단한 제안을 선뜻 받아들일 수가 없어서 계속 주저하지 않을 수 없었다. 병현 형님은 몇 개월을 걸쳐서 수시로 나에게 '생각해 보았는지'를 물어왔지만 결단한다는 것이 나로서는 망설여질 수밖에 없었다. 그렇지만 최선을 다하면 잘 될 확률이 크다고 생각이 차츰 들기 시작했다. 지금까지도 모든 역경을 잘 극복해 나왔듯이 동업을 하면 나도 사주가 되는 기회이니 사력을 다할 각오로 해보자고 마음을 고쳐먹게 되었다.

정말 나로서는 오랜 숙고(熟考) 끝에 내린 결론이었다. 병현 형님이 무슨 이유로 끈질기게 나를 유인하려고 매달렸는지를 생각해 보니 나를 너무나 잘 알고 있다는 점이었다. 나는 어려서부터 초등학교 6년간 우등상과 6년간 출석 정근상과 급장(반장)을 도맡아 했으며 부산의 해동고등학교에서 전교 동급생 542명 중에서 1등으로 졸업했지만 아버지 간병을 위하여 대학 진학까지 미루었다가 아버지 별세로 끝내 대학 진학을 포기할 수밖에 없었다는 것을 병현 형님은 다 알고 있었다.

또 친형인 병욱의 대학 학비와 온 가족의 생계를 책임지고 모든 가사를 도맡아 가장 노릇을 감당했고 아버지 별세 후에는 논과 밭을 다 팔아 빚을 정리하고 갚지 못한 빚은 2년 만에 다 청산한 후 뒤늦게 군에 입대했다는 내력까지도 다 잘 알고 있었다. 그렇게 살아온 나의 지난 행적을 보고 절대적 신뢰와 함께 능력 또한 인정한 것 같았다. 이와 같은 지난 세월의 경륜들이 6살 아래 3종 동생인 나를 결사적으로 붙잡은 이유였다고 내 나름 유추(類推)해 보았다.

이렇게 나름대로 여러 가지 관점을 두고 고민하면서 만약에 동업한다면 궁극적으로 내가 보장을 받을 수 있는 길을 열어놓고 회사를 만들어야 한다고 생각했다. 그 방법으로는 회사를 법인으로 설립하여 주식으로 소유 지분을 배분하는 것이 가장 합리적이고 불가역적(不可逆的)이라 생각했다. 또 다른 관점(觀點)에서 볼 때 법인체 회사는 거래처에 공신력을 돋보이게 해 줄 수 있었다. 나는 새로운 회사는 공신력 있는 회사가 되어야 발전한다는 것을 병현 사장님에게 설명하여 그대로 동의를 받았다. 그러자 병현 사장님은 구체적으로 지분 분배를 어떻게 하면 되겠는지를 나에게 물었다. 내가 한동안 침묵하자 병현 사장님은 "6:4면 어떨까?" 하고 의견을 내놓았다. 나는 "예, 그렇게 하지요" 하고 동의함으로서 구두로 합의가 이루어졌고 별도로 약정서는 작성하지 않았다. 그 이유는 병현 사장님의 태도와 언행으로 볼 때 앞으로 회사의 존폐와 흥망성쇠를 나에게 절대적으로 의존하려는 것으로 느꼈기 때문이다. 지나고 보니 당시 나는 서로의 신의만 믿고 문서로 합의 약정서를 작성하지 않았던 것이 결과적으로 배신을 당하게 된 또 하나의 허점이 되었다.

동업을 하기로 한 뒤 나는 열심히 인쇄를 배워 최대한 빨리 익혀야 한다고 각오를 다졌다. 법인인 ㈜반도여행사를 설립

할 때 나는 법무사와 같이 법인설립등기를 해본 경험이 있어서 회사설립은 쉽게 할 수 있었다. 회사 이름을 지으면서 '한일인쇄교역(주)'으로 정하여 병현 사장님에게 제안했더니 왜 '교역'이라는 말을 넣어야 하는지를 물었다. 그래서 '우리 회사는 내수용 인쇄는 취급하지 않고 수출용 부자재만을 인쇄하겠다는 이미지를 심기 위한 것'이라고 설명하였더니 긴가민가하는 태도로 선듯 동의하지 않았으나 급기야 나의 주장을 그대로 수용해 주었다.

3. 법인 체제로 창업한 인쇄회사

회사를 설립한 후 정병현 사장님에게 모든 회계장부와 은행거래 통장과 현금을 다 내어놓으라고 하니 깜짝 놀라는 표정을 지었다. 지금까지 사장님 주머니가 현금 출납 금고였고 머리가 회계장부였던 것이 이제는 다 내어놓아야 한다고 하니 어안이 벙벙하여 말을 잊지 못한다. 그래서 내가 개인과 법인의 차이점을 설명하고 법인은 세법에 따라 회계처리를 해야만 인정을 받을 수 있다고 설득했다. 그제서야 어쩔 수 없이 '울며 겨자먹기'로 수용하였다.

그 후 몇 달이 지나지 않았는데 사장님 집으로 세무서에서 압류가 들어왔다는 연락이 왔다. 사장님에게 그 이유를 물었더니 당시 성행하던 인정과세로 세금을 너무 많이 부과하여 납부하지 않은 것이 있다고 했다. 아마 그것 때문일 것이라고 해서 그길로 미아리 길음동 시장 근처에 있는 사장님 집으로 달려갔다. 압류 직원 3명이 와 있었는데 정중히 인사를 나누었다. 그분들에게 회사에서 나의 직위를 이야기하고 제가 책임지고 분할납부를 할 것이니 여유 기간을 2주 정도만 달라고 요구했다. 그들은 잠시 상의를 한 후 나에게 각서를 요구하여 그대로 이행 각서를 써 주고 압류를 모면했다. 회사에 돌아와서 사장님에게 그대로 보고하고 조언을 하면서 부과된 세금을 막무가내로 뭉개면 결국 이렇게 압류당하고 다음 수순으로 압류물건을 경매 처분하여 세금을 수납하는 것이 법이니 모든 일을 순리에 따라 처리해야 한다는 것을 설명하였다.

그동안 사장님은 법이고 뭐고 아랑곳하지 않고 자기 생각대로 처신하며 살아온 분이었기 때문에 그럴 법도 하다고 생각했다. 그래서 우선 경리 체계부터 바꾸기로 했고 상업법인의 의무인 복식부기로 해야 하는데 맡길 사람이 없었다. 어쩔 수 없이 내가 현금 출납부와 원부를 만들고 전표 기표와 장부기장을 할 수밖에 없었다.

낮에는 거래처를 다니며 수주와 상담을 하고 틈새를 활용하여 하청공장에 가서 작업 현황도 파악해야 하니 몹시 바빴다. 밤에는 그날 하루에 일어난 모든 거래를 정리해야만 하니 지출은 영수증을 첨부하여 기표하고 영수증이 없는 것은 지불결의서 양식으로 처리하였다. 또 외상 매출과 미불금 외상 수입금과 미불금지불 등은 대체전표로 처리해야 하는데 매 건마다 그렇게 하는 것이 어려워서 결산서 작성 때 적정 기준(2~3개월)을 잡아 일정 기간 거래만을 대체거래로 처리하기로 하였다. 사전에 우리 회사 세무회계를 맡은 김창정 회계사에게 상담하였더니 매년 말을 기점으로 하여 결산상에만 대체거래를 나타내는 것으로 하고 회기 중에는 현금거래 형식으로 처리하면 된다고 하여 그렇게 세무 보고를 하였다. 얼마 후에 김창정 회계사가 잘 아는 친구의 동생을 소개하면서 경리로 써주면 자기가 세무대행을 잘해주겠다고 해서 그 직원에게 실무를 맡기게 되어 일을 좀 덜 수 있었다.

경리 체계를 갖추고 동시에 결재 체계도 세웠다. 또 거래처에서 받은 발주를 정리하는 수주(受注) 원장을 만들어서 그 작업을 진행할 세부 지침을 명시한 작업계획서 양식을 만들어 시행했다. 그 원장들을 파일로 만들어서 관리상의 편이성을 제고(提高)하였다.

사장님은 내가 하는 모든 것이 새롭기도 하고 합리적이기도 하여 너무 좋다고 하였다. 몇 달이 지나는 동안 나는 견적 내는 방법을 사장님에게 배우면서 퇴근 후에도 줄자와 신문지를 들고 판을 짜는 연습을 했다. 신문지를 펴면 4/6판 반절이고, 한 번 접으면 4절이고, 또 한 번 더 접으면 8절이다. 그 외에는 5절, 6절, 7절도 있으나 자주 쓰지 않으니 중요하지 않았다.

열심히 익혔더니 불과 3~4개월 만에 어느 정도 터득할 수 있었다. 인쇄와 가공 공정까지 익히면서 인쇄, 코팅, 톰슨, 타발 등 하청공장들을 시간이 나는 대로 찾아다녔다. 약 6개월간 몰입(沒入)하니 나름대로 인쇄와 가공 공정 전체의 흐름을 짐작할 수 있었고 거래처에 가서도 어렵지 않게 원고를 받아 즉석에서 견적을 제시할 수 있었다. 작업공정을 터득하고 보니 납기도 잡을 수 있을 정도가 되어 거래처에도 혼자 당당하게 들어가서 상담을 할 수 있게 되어 나름대로 좀 힘이 실리고 날개를 단 것 같은 느낌을 받았다.

병현 사장님은 내가 빠른 시간에 인쇄공정과 견적 내는 법을 터득하니 마냥 신기하기도 하고 안심하는 것 같았다. 자신이 기대했던 것 이상으로 새로운 발상(發想)을 하고 회사가 발전되는 모습이 눈앞에 보이니 흡족한 표정이 얼굴에 나타나는 것을 엿볼 수 있었다. 점심시간이면 나와 함께 나가 식사를 하고 다방에 들러 회사의 여러 가지 일을 상의하고 들어오곤 했다. 날로 늘어가는 물량을 소화할 방법을 의논하며 마냥 청운의 꿈에 부풀어서 하루하루가 너무나 즐겁기만 했다.

4. 일취월장으로 발전하던 회사

회사를 법인체로 설립하고 몇 개월이 흘러갔다. 1970년 7월경 국가적으로 수출 총력전이 선포되면서 거래 물량이 계속해서 늘어나기 시작하였다. 당시 박정희 혁명정부가 줄기차게 밀어붙인 수출 전략 일변도로 인해 수출은 날로 증가하는 추세였다. 초기 수출 상품은 가발로 시작되어 이어서 섬유제품으로 발전하였다. 리어카로 행상을 하는 엿장수들이 시골 처녀들의 긴 머리를 사서 수집한 것을 모아 가발을 만들어 수출하는 것이 당시 우리나라 최초의 수출 상품이었다.

차츰 섬유공업의 발달로 인조 모발이 사용되었고 다음으로는 섬유 스웨터를 가내공업에 맡겨 수출하였다. 이에 힘입어 양말 수출이 뒤를 이었고 또 봉제 인형과 동물 완구가 수출 주종이 되었다. 그다음으로 내의와 정장이 우리나라의 수출 산업의 기초가 되어 경공업 위주로 수출이 날로 증가하고 있었다.

이러한 흐름을 타고 인쇄물 주문이 늘어나면서 정병현 사장님은 거래처 젊은 담당 직원과 상대할 때 어려움을 느끼는 것 같았다. 자기가 거래하던 회사 삼라통상, 유림산업, 유진통산, 유원산업 등을 나에게 인계해 주면서 잘해 보라고 했다. 그러나 마산 방직만은 자기가 직접 거래를 유지하였는데 담당 직원과의 묵시적 뒷거래 약속을 지키는 것 같았다. 그 당시 수주량에 비례하여 적정 수수료를 담당 직원에게 사적으로 지불하는 것이 오랜 관행으로 되어 있어 그런 비밀을 노출시킬 수가 없었던 것 같았다. 나로서는 그 구체적 내막은 알 수가 없어 그대로 묵인 할 수밖에 없었다.

날이 갈수록 나에게도 또 다른 거래처가 늘어나게 되면서 나 혼자서는 감당하기 버거울 정도가 되었다. 때마침 막 군에서 제대한 이정훈이라는 신입사원을 채용하여 나를 돕도록 했다. 그러나 1년이 지났을 무렵 서성록이라는 영업 상무가 이정훈과 갈등을 빚으면서 이정훈을 그만두게 하지 않으면 자신이 그만두겠다고 하여 본의 아니게 그를 권고사직 시켜야만 했다.

나는 아침 일찍 출근하면 밤늦은 시간에 퇴근하게 되니 너무나 피곤하였지만 일이 잘 되어가고 날로 회사가 발전하는 기쁨으로 모든 것을 다 잊었다. 나의 가정생활도 생기를 좀 더 얻게 되었고 날마다 일과가 너무나 즐거웠다. 당시에 사장님을 오래전부터 돕고 있던 고종만이라는 직원이 생산을 총괄하고 있었는데 나는 그를 따라다니며 더 많은 생산공정을 배울 수 있었고 인쇄업계의 분위기도 터득하게 되었다.

회사설립 초기에 나는 거래처인 삼일 섬유라는 회사의 영업권을 생산 직원인 고종만에게 맡겨놓고 있었다. 그런데 그가 몇 달이 지나지 않아 개인 사정으로 회사를 그만두겠다고 하여 더 이상 구체적으로 물어 볼 수가 없었다. 나중에 알고 보니 내가 맡긴 삼일 섬유의 거래를 자기가 가로채서 독립하려고 한 것이었다. 좀 서운하고 괘씸했으나 어쩔 수가 없어 수용하고 말았다.

또 사장님이 서성록이라는 사람을 영업상무로 채용했는데 너무나 얼렁뚱땅 식의 처신을 하면서 항상 크고 작은 문제를 일으켰다. 약 1년이 지났을 때 그는 나를 꼬드기면서 같이 동업하자고 유혹하였다. 그때 나는 펄쩍 뛰면서 '내가 아무리 돈에 눈이 어두워도 의리를 배반하는 것은 있을 수 없는 일'이라며 단칼에 거절하였다. 그러자 그는 얼마 지나지 않아서 스스로 사직하고 자기 회사를 만들어 독립적으로 인쇄업을 시작하였다.

그러는 동안 나는 날로 업무가 폭증하여 혼자 감당하기가 어려워졌다. 당시 나는 회사 내 3~40여 명의 직원을 총괄하며 모든 결재를 다 해야 했고 또 내 거래처 영업을 해야 하니 정말 눈코 뜰 새가 없었다. 사장님은 나의 일을 덜어준다는 명분으로 남정화라는 자를 영업부장으로 영입하자고 하여 채용했다. 그러나 세월이 흐른 후에야 알게 되었지만 사장님은 내가 갖고 있는 회사의 영향력을 견제하겠다는 생각으로 남정화를 영영 부장으로 채용한 것이다. 사장님이 언제나 업무 수행 중에는 남정화 편에 서서 논리와 사리에 맞지 않는 의견을 제시하는 것으로 미루어 보아 비로소 뒤늦게야 알 수 있게 된 것이다.

그러나 내가 맡은 일이 줄어들지 않는 것을 보고 사장님과 새로 들어온 남정화 부장은 나의 과도한 업무량을 보기 안타깝다면서 직원을 한 사람 더 충원하자고 했다. 두 분이 잘 아는 분으로 한국 문화인쇄사에서 명함을 찍었다는 김갑성이라는 분이었는데 만나보니 침착한 성격이고 일 처리를 차분히 잘할 것 같아 마음에 들었다. 내가 바빠서 미처 못 가는 거래처를 대신 보내는 것으로 나는 그분을 훈련 시키면서 나름대로 영업을 해보라고 했다. 그러나 6개월 이상이 지나도 거래처 한 곳도 더 개척하지 못하는 것을 보고는 더 이상 기대할 수 있는 사람이 아니라고 판단하여 내가 거래하는 삼성전자만 출입하라고 맡겼다.

당시 영업직원 3~4명과 사장님이 하는 영업실적이 30% 정도였고 나머지 약 70%를 나 혼자 하고 있었다. 그러니까 어느 누구도 나를 얕잡아 볼 수가 없었다. 그런 상황이었기 때문에 당시 고종 동생인 남수성이가 나에게 동업하자고 유혹했고 사장님 친구 되는 김상철이라는 분도 나에게 동업하자면서 몇 번씩이나 유혹을 해왔지만 나는 의리 배반을 한다는 것은 있을 수 없는 일이고 그것은 도적과 다를 바 없는 일이라고 하면서 단호하게 물리쳤다.

주변 여러 사람의 유혹은 물리칠 수 있었으나 업무량의 폭증은 여전하여 체력과 능력에 한계를 느끼게 되니 급기야는 내 거래처 영업권을 분산하여 넘겨주게 되었다. 그러한 나의 처신이 나중에는 배신으로 돌아와 나에게는 쓴 잔이 되었다. 고종만은 초기에 영업권을 도둑질하여 배신을 했지만 생존경쟁이라며 변명을 하여 그대로 받아들일 수밖에 없었다. 배신을 당할 때마다 분개하며 원망스러웠지만 보복은 하지 않기로 다짐했다. 이 또한 남에게 배려하고 남을 용서해야 한다는 마음이 나를 붙잡았고 그 마음을 조성해 주신 분(성령)의 거룩한 역사라고 굳게 믿는다. 물리적 방법으로 보복할 수도 있었지만 나는 어디까지나 순리를 따랐고 '너희는 원수를 사랑하고 선대하며(눅6:35)'라는 성경 말씀이 나의 마음속에서 역사하였으리라 묵상하며 감사와 영광을 돌려드린다.

5. 공장 매입과 사세 확장

1970년 하반기쯤 하청 작업으로 여러 공장에서 인쇄하는 것이 너무 어려워서 중고 동판 기계를 하나 샀다. 당시에 수출용 섬유제품의 상표(Hang Tag) 인쇄를 우리나라 기술로는 품질이 못 미쳐서 홍콩이나 일본에서 수입하여 사용하는 경우가 많았다. 그 수요를 국내 생산으로 돌리는 작업을 우리 회사가 시도한 것이다. 시중에 소형 오프셋인쇄 기계는 거의 찾아볼 수가 없었고 큰 인쇄회사에 출판용으로 설치되어 있는 대형 단색기계가 고작이었으니 작은 인쇄물은 거의 모두가 납 활자로 하는 활판이나 동판 인쇄로 할 수밖에 없었다. 그 동판 기계 한 대 가지고 낮에만 작업해서는 수주량을 다 소화할 수 없어서 2교대로 24시간을 돌렸다. 그래도 모자라는 것은 또 하청 인쇄를 해야만 했다.

점점 늘어나는 인쇄 물량을 감당하기가 어려워 급기야 1971년 초에 다시 독일제인 하이델 중고 오프셋 인쇄기를 한 대 더 샀다. 그 후 재단기와 타발기와 타공(打供)기를 증설하면서 공장을 충무로 3가 라이온스 호텔 뒤편 도로변 3층 건물의 1층(60여평)으로 옮겼다. 또한 일본제 시기라는 씰링 기계를 도입하여 스티커와 인견 섬유 라벨 종류도 인쇄하였다. 코팅된 평판 천 라벨 인쇄를 위하여 공장 위에 다락방을 만들어 실크인쇄를 했지만 모든작업 공정이 수작업이기 때문에 양산할 수가 없었다. 그래서 일부만 자가 생산하고 나머지는 하청 맡겨서 납품했다. 이렇게 섬유 수출 상품에 필요한 인쇄물은 무엇이든지 다 자가 공장에서 생산할 수 있으니 영업할 때 큰 필요조건이 되고 날개가 되었고 자신 있게 모든 주문을 받을 수 있었다. 날로 수주량이 늘어나면서 자체 시설도 하나하나 점점 늘어나게 되면서 직원들도 늘어났다.

1973년에 도심(都心)의 소음(騷音)공해를 발생하는 모든 공장은 외곽지대로 이전하라는 정부의 권고와 독촉이 심해졌다. 그 무렵 인쇄물 후 가공공장을 왕십리에 약 100평 정도를 임대하여 톰슨 기계 2대와 합지기와 철박이 까지도 시설하여 직접 운영하고 있었기 때문에 양쪽 공장관리가 자못 어려웠다. 그래서 두 공장을 한곳으로 합쳐야 좋겠다는 구상을 하고 있을 때였다. 좀 어려워도 공장을 옮길 바에야 이 기회에 자가 공장을 하나 마련하는 것이 회사 발전의 지름길이 될 것 같았다.

공장을 물색하던 중에 마침 사장님 매제인 옥시범이 거래하는 랜턴 생산회사가 소유한 공장 하나를 매도하려고 내어놓은 것이 있다고 하여 현장을 답사했다. 부지 320평에 건물 두 동으로 건평 203평이었고 그 두 건물 중간에 마당이 크게 있어 너무나 좋았으나 자금이 부족하였다. 고민하다가 제일은행 을지로 6가 지점장인 고종 매형을 찾아가서 상의했더니 공장 담보로 대출을 해 줄 수 있다고 했다. 그래서 가격을 조정할 겨를도 없이 서둘러 공장 매입을 하게 되었다. 그때까지 나는 어떤 일이든지 마음만 먹으면 다 이루어졌기에 별 두려움 없이 결정할 수 있었다.

인쇄공장과 가공공장 전부를 옮겨놓아도 건물 내에 공간이 많이 남았다. 이에 오프셋 제판 시설을 추가하였고 박스 제작의 모든 공정 시설까지 완벽하게 보완하게 되었다. 인쇄 및 가공의 전 과정 중에서 코팅을 제외한 모든 것을 다 할 수 있는 올 시스템 공장으로 만들어진 것이다. 그리고 노후된 인쇄기 두 대까지 새 기계로 바꾸게 되어 전반적으로 시설 확장과 더불어 종업원도 크게 늘어 약 130명에 달하게 되었다.

단시일 내에 자가 공장과 시설 확충으로 종업원 수가 급격하게 늘어났고 은행 대출 이자와 리스료 및 인건비는 힘겨울 정도로 점차 가중이 되어갔다. 어쩌면 이런 과욕이 화근이 되지나 않을까 하는 걱정도 들긴 하였으나 다른 한 편으로는 무사안일에 빠져 크게 걱정하지 않았던 것 같다.

나중에 나의 허상(虛像)이 드러난 뒤에 보니 성경에 '선 줄로 생각하는 자는 넘어질까 조심하라(고전 10:12)'는 말씀도 몰랐을 때였고 성령의 열매 중 '절제'라는 말도 더더구나 들어본 적이 없었던 때였다. 단지 인간적 정욕에만 치달았던 때였으니 역시 아담의 후손으로 에덴동산에서 쫓겨 난 정욕의 후예임을 증명하는 꼴이 되었다. 하나님이 아벨을 죽인 가인에게 '네 아우 아벨이 어디 있느냐?'라고 물을 때 '내가 내 아우를 지키는 자이니까'(창4:9)로 엉뚱하게 반문하며 당황하는 가인의 모습을 연상하고 분에 넘치는 과욕과 교만의 죄는 용서받지 못한다는 진리를 묵상할 수 있었다.

6. 회사를 집어삼킨 석유파동

자가 공장에 모든 설비를 다 갖추었으니 다음 수순(手順)은 열심히 뛰어서 일만 많이 받아오면 되겠다는 마음으로 결의를 다지고 다졌다. 1973~4년 아랍과 이스라엘 사이에 중동전쟁이 발발하여 아랍의 석유 무기화 정책이 석유 감산으로 비화되면서 제1차 석유파동이 1974년 1월에 일어났고, 다시 1979년 이란 혁명 후 석유 감산이 제2차 석유파동으로 이어졌다. 환율이 약 200%까지 오르게 되자 외화 기준인 리스료(장비 임대료)가 두 배로 늘어나고 받은 어음들도 연달아 부도가 났다. 불황의 여파로 수주 물량은 반 이하로 뚝 떨어지는데 오히려 지출은 배로 뛰고 날이 갈수록 점점 목을 조여 오는 것만 같았다. 그 충격과 여파는 이루 말로 다 할 수가 없었다. 원유 1배럴에 10불 선이던 것이 몇 년 만에 40불을 상회하게 되었다. 도산 임계(臨界)선이 빤히 보이는데 대안을 세울 수가 없었다. 고민 끝에 이 고비를 넘기는 방법 하나로 지금까지 묶어두었던 당좌를 활용하여 어음 발행을 해서라도 자금의 숨통을 틔우는 방법 외에는 다른 길이 없다고 생각 하였다.

그래서 현금지불을 어음 지불로 대체하고 근근이 생명줄을 이어 나갔다. 그렇지만 은행 대출금 이자와 리스료는 감당하기가 점점 더 어려워져서 숨통을 막는 것 같았다. 만약 회사가 부도난다면 모든 회사 자산은 물론 담보 설정이 되어 있는 주택인 압구정동 현대아파트(3동 802호)마저도 경매로 날아갈 상황이어서 어떤 방법을 써서라도 부도는 막아야 한다는 마음으로 내심(內心) 굳게 다짐했다.

이렇게 회사가 어려워지니 없었던 노조가 결성되고 종업원들 사이에 다툼이 일어나서 제대로 얼굴을 펴고 일하는 사람을 찾아볼 수가 없게 되었다. 또 직원 월급을 제때 주지 못하니 경영자로서는 유구무언이 될 수밖에 없었다. 직원을 권고퇴직 시킨다고 해도 퇴직금을 지불 할 수가 없어 직원을 줄이기도 어려웠다. 그래서 직원들이 자진 퇴직하기만을 기다릴 수밖에 없었고 퇴직자의 퇴직금 지불을 연기받아서라도 시간을 벌어야만 했다. 당시 우리 회사를 몰래 드나들면서 노조 결성을 부추기던 노동부 근로감독관 보조원은 회사에서 노조를 허락하지 않으면 법적제재를 가하겠다고 수시로 협박하였다. 그 사람을 설득하는 일도 너무나 힘들었다. 회사가 어려운데 노조를 만든다고 해도 근로자가 보장받을 아무런 근거와 대책이 없다는 것을 누누이 강조하면서 돌려보내야 했다.

몇 해가 지난 후 옥시범 사장에게 회사를 인계하고 안정을 찾아갈 때 전에 나를 괴롭혔던 그 노동부 근로감독관 보조원이 찾아왔다. 이번에는 직업을 바꿔서 할부 책을 판매차 도움을 받으러 온 것이다. 그는 지난 이야기를 하면서 눈물을 글썽이며 사과했다. 나는 나보다 더 어려운 처지인 그를 외면할 수가 없었고 나를 그렇게 괴롭혔던 사람이지만 용서를 구하고 있으니 내가 도와 줄 수 있는 한 도와야겠다는 마음이 일어났다. 그래서 할부로 책 한 질을 인수하면서 절망은 있을 수 없고 열심히 살면 길이 나올 것이라고 용기를 주었다.

이때에도 나의 마음을 조성하신 긍휼의 성령님이 역사하심으로 나를 인도하신 것으로 믿으며 또한 그 작은 일 하나지만 신행(信行) 일치를 실천하게 되었으니 나름 기뻤고 부요함을 느낄 수 있었으며 천국 복음이 바로 이렇게도 증거되는 것이구나 하는 생각도 들었다. 나는 성경 말씀 중에 선한 사마리아인(눅10:30~37)을 묵상했으며 이것이 이웃사랑의 실상과 증거라고 생각하며 오직 긍휼의 영이신 하나님께 영광을 돌렸다.

7. 부도를 막기 위한 최후 수단 당좌거래

약 50년을 거슬러 올라가 그때를 돌아본다. 1970년 한일인쇄교역(주)를 설립하면서 수출용 부자재 인쇄를 전문으로 하는 회사로 출발하였고 때마침 우리나라가 수출 장려 정책을 강력하게 추진하여 수출 산업이 날로 발전해 가는 상황에서 우리 인쇄업도 이에 부응(副應)하여 바쁘게 돌아갔다. 밀려 들어오는 인쇄물 주문을 하청으로만 해서는 감당하기 어려울 정도가 되어 기계를 하나씩 사서 직영하기 시작했다. 이미 전술한 대로 회사 설립 후 몇 개월이 지나지 않아 그해 말경에 회사 창립 후 처음으로 동판 인쇄기 한 대를 설치하게 되었고 얼마 후 이어서 오프셋 인쇄기, 재단기, 타발기, 타공기 등을 확충해 가면서 일제 롤인쇄기 씨링 기계(시끼)까지 도입하였다. 약 4년 후에는 등촌동에 320평 부지에 203평 건평의 자가 공장을 마련하게 되었고 인쇄 기계도 리스로 독일제 하이델베르그 2컬러 인쇄기 2대를 도입하여 노후 기계들을 바꾸었으며 또 씨링기(이와사기) 1대를 추가로 설치 했었다.

그런데 뜻밖에 예기치 않았던 사건이 들이닥쳤다. 1973년 말경에 전혀 예기치 않았던 아랍과 이스라엘의 분쟁이 일어나면서 석유 감산으로 이어져 세계 경제가 대혼란으로 접어들었고 1974년 봄에 1차 오일 파동이 일어난 것이다. 이로인해 환율이 요동치면서 기계 리스료가 두 배로 뛰었고 월 4백만 원이었던 것이 9백만 원을 넘어섰다. 여기에 공장 매입 자금 금리까지 더해지니 자금 압박은 가중되어 숨통이 막힐 것만 같았다.

몇 해가 지나서 1980년 초쯤에는 더 이상 버티기가 힘들어졌다. 여러 가지 방법을 찾다가 당좌(어음)를 활용해서라도 끝까지 가보기로 했다. 그러나 그것도 몇 년을 지나니 더 이상 버틸 방법이 없었다. 부도를 언제 맞게 될지 하루이틀 불안에 떨다가 궁여지책으로 회사를 양도하는 것으로 최후대책을 세웠지만 선뜻 원매자가 나타나지 않았다. 고민을 거듭하다가 우리 회사를 믿어줄 수 있고 인쇄를 아는 사람이어야 흥정을 할 수 있을 것이라는 생각을 하였다.

그래서 주변에 그러한 사람을 찾아보니 사장님 매제인 시대인쇄 옥 사장이 있었다. 옥 사장을 약 6개월 동안 설득하여 승낙을 힘겹게 받아내어 회사를 옥시범 사장에게 무상으로 넘겨주었다. 당시 부도 파산을 막을 방법은 이 길 외에는 없었다. 자산이 부채보다 약 30% 정도는 많았지만 평가절하하여 같은 수준으로 평가해서 힘겹게 합의를 얻어낼 수 있었다. 최후의 걸림돌은 옥 사장에게 현금 동원 능력이 없다는 것이었다. 이에 내가 담보만 있으면 은행 대출을 책임지고 해 줄 수 있으니 걱정하지 않아도 된다고 하여 매듭을 풀었다. 당시에는 제1금융권 대출이 어려웠지만 이관영 고종 매형이 제일은행 왕십리 지점장으로 계시어 사전 구두 응답을 받아 놓았기 때문에 자신 있게 말할 수 있었다.

1983년 여름 부도 직전의 회사를 백척간두(百尺竿頭)에서 살리게 되었으니 가빴던 숨을 내쉴 수 있었다. 그러나 다른 한편으로 너무나 허탈한 심정을 가눌 길이 없었다. 그 와중에 추석 명절이 돌아왔으나 세세한 회사 사정을 가족에게 다 설명할 수 없어서 그냥 회사를 부도내지 않고 넘겼다는 말만 하였다. 우리 가족은 앞으로 좀 어렵게 살아가게 되었다는 것을 가족들에게 말할 수밖에 없었다. 1983년 8월 하순으로 기억하는데 회사 창립 약 13년 만에 애달픈 수명을 다한 것이다.

그동안 밤낮을 가리지 않았고 때때로 밤을 새워가며 이렇게 키워놓은 회사를 불과 몇 년 만에 그 모든 것을 포기해야 하는 아픔은 입으로나 글로 이루다 표현할 수가 없다. 이 슬프고 가슴 아픈 사정을 사랑하는 가족에게 세세하게 말할 수 없는 나의 가슴은 곧 터질 것만 같았고 끝이 보이지 않는 동굴 속에서 방황하며 헤맬 수밖에 없었다. 당시 내가 살고 있는 압구정동 현대아파트 3동 802호도 은행 대출 담보로 저당된 채로 회사가 옥 사장에게 넘겨지고 말았다.

추석을 어떻게 보내야 할지 고민하다가 텐트(천막)를 차에 싣고 가족들을 태워서 청계산 어느 산기슭에 도착하여 한적한 곳에 자리를 잡았다. 점심시간이 되어 준비해 간 라면을 끓여 아이들에게 먹게 하고 좀 떨어진 곳에서 멍하게 먼 산을 바라보고 온갖 망상과 잡념에 빠져 넋을 잃고 있었다. 문득 소스라쳐 '아! 이게 아니지, 내가 이렇게 약해져서는 않된다'는 생각이 번개처럼 스쳐갔다. '시험당할 즈음에 또한 피할 길을 내사 너희로 능히 감당하게 하시느니라(고전10:13)' 하신 말씀을 묵상하며 잠시 눈을 감았다. 실망은 나를 점점 구렁텅이로 끌고 들어가려 했지만 나의 사전에는 있을 수 없는 일이라, 심기일전하면서 헛된 망상에서 벗어나 용기백배하여 활짝 갠 먼 훗

날을 그려보기로 했다. 정신을 차리고 다시 가족이 있는 곳으로 가면서 마음을 다잡아서 '최선을 다하면 하나님이 피할 길을 열어주시리라' 하는 믿음을 갖고 스스로에 채찍질하게 되었다. 이 용광로 같은 시련 뒤에서 큰 손길(전능자 하나님)이 분명 나와 함께 계시었다고 믿는다. 그 후 어려움이 닥쳐올 때면 지난날의 그 어려웠던 고비를 떠 올리곤 하면서 때마다 시마다 백척간두를 벗어나게 한 하나님께 우러러 감사와 찬양을 드릴 수 있었다.

8. 회사 무상양도로 부도 모면

상상하기조차 끔찍하지만 만약에 파산하면 회사는 물론이고 사장님과 나의 가정도 공동운명체로 함께 감당해야 했다. 지금은 금융제도가 많이 개선되어 보증 방법이 가볍고 단순하게 발전되었지만 그 당시에는 부동산 담보가 충분하여도 법인체 임원은 개인적으로 연대보증과 주택담보를 해야만 했다. 그래서 회사와 가정은 운명 공동체로 묶여 있었기에 부도는 사력을 다해서 막아야 했다.

그즈음 주변에서 나에게 또 음흉한 유혹의 손길이 스며들었다. 김상철이라는 사장님 친구가 총무이사직을 맡고 있었는데 조용히 할 말이 있으니 만나자는 것이다. 만나서 이야기를 들어보니 계획 부도를 내고 회사를 포기하자는 것이다. 당시에는 부도 직전의 회사들이 흔히 쓰는 방법으로 많은 재산을 숨겨놓고 부도를 내어 정리가 되면 숨겨놓은 재산으로 재기하거나 생계유지의 발판으로 삼아 사후 보장을 받는 것이다.

그 유혹의 손길에 나는 펄쩍 뛰었다. 몇 년 전 나를 유혹하여 동업을 제안하던 서성록이나 남수성에게도 단호히 거절했듯이 일언지하(一言之下)에 거절하고 화를 내며 자리를 박차고 일어섰다.

"내가 다 망해도 도적놈은 될 수 없다"

나는 그런 짓은 사기꾼이나 수전노들이 하는 짓이라고 하면서 호통을 치고 나를 유혹하는 김상철에게 분노를 폭발시켰다. 이에 그는 더 이상 말을 부연(敷衍)하지 못하고 잘 알겠다고 하면서 미안하다고 한 후 어색하게 이야기를 끝냈다.

그때 일을 생각하면 당시 나는 주일에만 교회에 출석하는 설익은 교인이었지만 하나님은 살아계시었고 나와 동행하시어 나의 마음을 조성하시고 붙잡고 계시었으며 선한 길로 인도하셨다고 믿는다. 그리고 아버지께서 항상 말씀하진 유지(遺志)인 '죽는 한이 있어도 정직만은 지켜야 한다'는 말씀을 깊이 명심하고 있었던 것이다.

이 상황에서 부도를 면하려면 모든 재산을 포기하고서라도 과감히 회사를 무상으로 양도하는 길밖에 없었다. 재산과 부채를 동등하게 평가하여 공짜로 인수할 원매자를 찾으려고 해도 나타나지 않았다. 안타까운 시간은 계속 흐르면서 목은 졸려와 곧 숨통이 막힐 지경까지 이르렀다. 온종일 내 머리에는 오매불망 부도를 면하는 길만 찾아 헤맸고 땅만 내려다보고 길을 걸으면서도 고뇌를 떨칠 수가 없었다. 걸으면서 맞은편에서 오는 사람과 부딪히는 일도 많았다. 지금도 그때의 습성을 버리지 못하여 가끔 고개를 숙이고 걸어가는 나에게 핀잔을 주는 아내에게 민망할 때가 많다. '땅바닥에 무엇이 있어요?'라며 다그쳐 물을 때마다 서글픈 웃음으로 받아넘기곤 했으나 그 고통은 말로 다 표현할 수가 없었다.

아무리 머리를 짜고 짜도 묘안이 나오지 않아서 마지막 방법으로 이미 서술한 대로 사장님 매제인 시대인쇄 옥시범 사장을 설득하였고 모든 것을 양보하고 수용하는 선에서 무상으로 양도할 수밖에 없었다. 내가 할 수 있는 범위 안에서 세무와 모든 은행거래를 전적으로 도와줄 것이니 양수해 달라고 매달려 장장 6개 월여 후에 합의를 이끌어 낼 수 있었다.

지금 생각해 보면 나를 이용하여 이익을 챙기려는 악령들의 유혹을 몇 번씩이나 물리친 것은 역시 공의와 정의의 성령님이 나의 마음을 붙잡고 있었음을 믿는다. 얄팍한 인간적 욕구로 악령에 휘둘렸다면 지금의 나는 존재 할 수 없었을 것이며 이렇게 '내 잔이 넘치나이다'라고 고백하는 회고록을 집필할 수도 없었을 것이다. 나는 땅 위에 사는 동안 의롭게 살려고 최선을 다하며 살아왔기에 나름 자긍심을 지킬 수 있게 되었고 머지않은 미래에 부동산을 정리하면 셋째 빚인 물질적 빚은 모두 갚을 수 있으리라고 생각했는데 하나님께 간구한 대로 주님이 응답하시고 홍해를 갈라주시는 역사로 역삼동 부동산이 매매되어 모든 부채를 청산했으니 감사 또 감사할 따름이다.

9. 사장의 배신과 아내의 운전면허 취득 사연

뒤돌아보면 나는 사회 경험이나 국제경제 논리에는 일천(日淺)한 수준이라 회사의 앞날을 예측할 능력은 전혀 없었다. 국내외의 경제 흐름의 변동을 예상하여 대비하지 않고 확장 일변도로만 나갔기에 갑자기 밀어닥친 소위 '오일파동'이라는 국제 금융 파고를 넘지 못하여 회사는 파국으로 몰릴 수밖에 없었다고 생각한다.

내가 회사를 양도한 후 생업을 고민하고 있던중에 양수자인 옥 사장이 만나자고 했다. 옥 사장은 나를 만나자마자 "정 전무는 회사 인수인계가 끝나면 어떻게 할 작정이지?" 하고 물었다. 나는 '아직까지 나의 진로는 생각할 겨를도 없었고 어떻게 하면 회사를 살릴 수 있을까만 몰두했으니 아무 계획을 세울 수 없었다고 하며 내가 할 수 있는 것은 운전밖에 없으니 영업용 운전이라도 해야 하지 않겠느냐?'라고 대답을 했다. 옥 사장이 웃으면서 조금 있다가 '나와 함께 일하는 것이 어때?'라면서 나의 대답을 요구하였다. 그래서 나는 '나의 입장이 너무 어려워서 그것을 맞춰 줄 수 있을지 모르겠다'고 말했다. 옥 사장은 나의 사정을 말해보라고 했고 나는 좀 망설이다가 말했다.

"옥 사장이 알다시피 회사에서 빚지고 있는 사채의 95% 이상을 내가 빌려온 것이니 그분들에게 이자는 계속 지불해야 하며 우리 가족 생계는 꾸려나가야 하니 월 200만원은 있어야 한다"고 응답했다. 내 대답을 듣고 옥 사장은 조금 생각하다가 말했다.

“그럼 그렇게라도 해야 하지 않겠느냐?” 하면서 내가 내건 조건에 승낙한 것이다. 나의 미래는 다시 희망에 돛을 단 것 같았다. 옥 사장에게서 받기로 약속한 월 200만 원의 누계 금액은 향후 나의 영업실적 결산할 때 나의 몫 금액에서 공제하는 것으로 합의하고 배분율은 순이익을 6:4로 회사와 내가 배당받기로 했다.

당시 모든 사채의 이자는 인수인계 후 동결한다는 양도 계약 조건이 있었기 때문에 내가 사적으로 감당할 수밖에 없었다. 옥 사장은 인수인계 과정이나 세무 업무나 은행 업무에 내가 필수적으로 필요하다고 생각했기에 그런 제안을 받아들였다고 생각한다. 내가 회사를 전적으로 경영해 온 것을 옥 사장이 잘 알고 있었고 또 나를 이용하면 옥 사장은 담보만 제공해 주고 유동자금을 동원할 수 있으니 손대지 않고 코 푸는 격이 된다는 것을 염두에 둔 것 같았다.

옥 사장은 내부 생산관리와 회사 인사관리만 하면 되고 세무, 회전자금, 할인어음 등은 신경 쓸 필요가 없었다. 옥 사장이 수시로 나에게 말하곤 했다.

“나는 처남인 정병현 사장은 못 믿어도 정 전무는 믿어”

이 말은 그동안 나와의 교분과 모든 처신으로 미루어 보고 그렇게 믿음이 생겼다는 것으로 나는 유추할 수 있었다. 나는 하나님 앞에서 매사를 진실하게 처리하였고 또한 나의 좌우명으로 정직을 생명으로 여겨 실천하려고 노력한 것이다. 또한 기독교의 10계명 중 제9계명인 ‘네 이웃에 대하여 거짓 증거하지 말라'와 일치함으로 신뢰를 얻을 수 있었다고도 믿는다.

그 무렵 힘겨운 생활의 고비를 극복하려고 아내는 나름대로 고심을 한 끝에 나에게는 한 마디 의논도 없이 몰래 운전면허를 땄다. 내가 지나가는 말로 회사를 양도한 후에는 내가 할 수 있는 일이라고는 운전밖에 없으니 영업용 운전이라도 해서 가족의 생계를 책임져야 하겠다는 말을 한 적이 있었다. 아내는 자신도 면허를 따야만 나와 교대하며 영업용 택시를 운전할 수 있겠다고 생각하여서 준비한 것이라고 했다. 그때 울컥하는 마음으로 나의 가슴은 다시 한번 메어졌고 부족한 자신의 능력에 자괴감(自壞感)을 피할 수가 없었다. 그 어려운 때 아내가 애끓는 마음으로 따놓은 운전면허증은 그 뒤 사용할 기회가 없었고 40년간 장롱면허로 가지고 있다가 몇 년 전에 반납하게 되었다.

아내의 지칠 줄 모르는 절대적인 내조와 우리 4남매 양육 과정은 그 어느누구 보다도 강하고 담대하였다. 자식들의 기를 살리려고 안간힘을 쏟으며 아내로서 책임감을 갖고 영업용 택시 운전을 남편과 교대 해서라도 가족을 먹여 살려야 하겠다는 그 결심은 두고두고 마음속에 지워지지 않는 얼룩으로 남아 있다. 어려운 가운데에서도 한 번도 얼굴을 찌푸리거나 나의 신경을 자극하지 않았고 언제나 웃는 얼굴로 대해준 그 넓은 아량은 지금도 감히 헤아리기가 어려운 일이다. 몇 년 전 면허증 반납 대가로 용인시에서 지역화폐 10만원 카드를 보내주어 잘 사용하였다.

지난 세월을 더듬어 보면 나의 회사 경영상의 깊은 사정을 모르는 아내는 일일이 다그쳐 물어 볼 수도 없었으니 남몰래 속마음만 태우고 또 태우며 내가 출근한 후에는 아이들 학교 등교시키고 아무도 없는 텅빈 집 골방에 들어가 하나님께 울며불며 하소연으로 기도하며 한 시간 두 시간씩을 보냈다는 것을 후문으로 들었다. 또 남몰래 주먹밥 하나 싸 들고 청계산 기도원 산기슭에 자리 잡고 보자기 하나 깔고 앉아 울며불며 목 놓아 기도로 하나님께 매달리기를 하루가 멀다고 다녔다고 했다. 때로는 청평에 있는 강남 금식기도원에서 금식하며 생사 결단도 했다고 했다. 그런 아내의 간절한 애통을 들어 응답하신 하나님께 다시 한번 감사와 영광을 돌려드린다.

그 뒤 옥 사장을 도와 약 4년 동안 일했으나 옥 사장은 약속했던 월 200만 원 지급을 제대로 지키지 않았다. 매달 속이 상할 대로 상해서 지칠 때쯤이면 지불기일 3~4개월짜리 어음을 주었다. 그 어음을 할인해야 야 하는데 옥 사장의 지명도로는 사채시장에서는 불가능했다. 너무나 염치없는 일이었지만 동대문 광장시장 2층에서 이불 도매상하고 있는 여동생 계영이에게 전후 사정을 이야기하면서 이불 제조공장 자재 매입용으로 이 어음을 사용하고 현금으로 바꾸어 달라는 부탁을 했다. 동생은 달갑지 않았겠지만 마지못해 그렇게 하겠다고 하고 매월 할인을 해 주었으나 어려운 부탁을 한 나의 마음은 무거웠다.

그 후 약 2년여를 여동생 계영이가 이자없이 어음을 현금화시켜 주어서 큰 도움을 받았다. 세월이 흘러 옥 사장은 나를 이용할 수 있는 대로 이용을 다 했다고 판단했는지 더 이상 걸림돌이 되지 말라는 신호를 수시로 눈에 띄게 나타내 보였다. 그동안 밀렸던 3년간의 세무 실사조사를 잘 마무리해 주었고 은행 신규 대출과 기존 대출금 만기 회전 등 약 7억 원을 회전시켜 주었다. 이처럼 회사의 가장 중요하고 어려운 후속 업무들이 다 정리되고 회사가 안정을 찾게 되면서 나의 영업실적도 날로 늘어가고 있었기에 정산할 배당금이 차츰 불어나고 있었다.

그러나 날이 갈수록 심해지는 옥 사장의 배타적 태도는 더 이상 함께 하기가 힘들었다. 나는 더 이상 함께 할 수 없겠다는 판단으로 옥 사장의 그늘을 벗어나 독립해야 하겠다는 생각을 굳히게 되었다. 그래서 지난 4년여 동안 내가 수주한 모든 작업 명세서를 다 모아서 매 건별로 원가계산을 해 보니 나에게 엄청난 이익 배당금액이 나왔다.

지금 기억으로 약 1억 7천만 원 정도였다. 이것을 옥 사장에게 제시하고 정산을 해 달라고 요구했다. 옥 사장은 알겠다고 대답만 해 놓고 계속 검토를 하지 못했다고 미루고 또 미루었다. 이렇게 약 1년여를 미루는 그 이면에는 이유가 따로 있다는 것을 모르고 옥 사장의 말만 믿고 있다가 끝내 약속대로 줄 수 없다는 옥사장의 속내를 알아차리게 되어 미련갖고 있어 보아야 정산을 받을 수 없다고 결단을 내리게 되었다.

옥 사장이 검토하지 못한 것이 아니었다. 본인이 원가 계산서를 확인해 보니 그 액수가 틀림없다는 것을 알게 되자 그대로 인정하면 그동안 지불한 것을 공제하고도 일억원 이상을 지불해야 하니 계속 검토를 못했다고 핑계를 대고 미루었던 것이다. 인간이라면 피차 약속한 것은 어떤 일이 있어도 그 약속을 지켜야 하는 것이 도리이건만 사람들은 현실적으로 이해득실 앞에서 그 원칙과 본질을 벗어나는 것이 인지상정(人之常情)인 모양이다. 옥 사장도 이 범주(範疇)를 벗어나지 못한 사람이었다. 나로서는 잘 이해가 되지를 않았고 내가 인쇄업에 입문한 후 약 12년간 서로 교분을 쌓아왔기에 그 친분으로 미루어 그동안 옥 사장을 철석같이 믿고 있었다.

나는 옥 사장의 속마음을 짐작했지만 그래도 나와 약속한 것을 특별한 이유도 없이 뭉개는 것은 어불성설이라고 여기고 내가 조금 양보하면 합의가 될 것이라는 생각을 했다. 맞 부딪친 후에야 나의 기대가 턱없이 빗나갔다는 것을 알게 되었지만 문제는 열쇠와 칼자루를 쥐고 있는 쪽이 옥 사장이니 멱살을 잡고 다툴 수도 없어 옥 사장의 처분만 기다리고 오랫동안 참고 있었던 것이다.

거의 10개월을 기다려도 옥 사장의 마음에 변화가 없는 것 같아 나는 드디어 최후 결단을 내려야 할 때가 이른 것으로 판단했다. 내가 아무리 애걸복걸해도 옥 사장은 돈에 눈이 어두워서 약속 따위는 아랑곳 하지 않을 것 같았다. 나의 판단대로 옥 사장이 배당금을 주지 않으려고 술수를 쓴다는 것을 짐작했으나 구두(口頭)로 한 약속일망정 철석같은 약속이니 지켜야 한다는 당위성(當爲性)을 생각하고 기다렸다. 그러나 나의 생각과는 정반대로 약속을 어겨서라도 자기 이익을 고수해야 하겠다는 인간 본질적 탐욕에서 벗어나지 못하고 있음을 실감하였다. 탐욕으로 헝클어진 옥 사장의 인격을 알게 되면서 증오보다는 오히려 가련(可憐)함을 느낄 수 있었다. 나도 옥 사장의 입장이라면 아마 '정의와 진실보다 돈이 먼저일 수도 있었겠지'라고도 생각해 보았다. 왜냐하면 우리 모두가 아담의 후손이고 원죄(原罪)를 잠재적으로 다 갖고 태어났으며 탐욕에 흔들리는 연약한 존재임에는 변명의 여지가 없으니 말이다.

그러나 우리는 이 원죄를 대속해 주시고 또 우리가 살아가는 동안 범할 수밖에 없는 자범(自犯)죄를 씻어주시기 위하여 오신 메시아 그리스도 예수님을 의지하려고 날마다 주님 앞으로 나아가는 것이다. 이것이 성도의 길이라고 묵상하며 '우리가 우리에게 잘못한 사람을 용서하여 준 것같이 우리 죄를 용서하여 주시고'라는 주기도문을 떠 올려 보았다. 내가 남의 죄를 용서하지 못하고 어찌 내 죄를 용서받을 자격이 있는가를 스스로 자문(自問) 해 본 것이다. 일단 옥 사장의 탐욕은 나쁘지만 내가 용서하지 않으면 나 역시 용서받을 수 없는 사람으로 전락한다는 생각이 들었다. 그 후 나름대로 묵상과 기도를 하다가 결심하였다. 옥 사장에게 약속이행 책임을 덜어주고 나도 속죄받을 수 있는 자격을 얻어 자유의 몸이 되어야 하겠다고 다짐을 한 것이다.

1987년 당시 1억 7천만 원은 대단히 큰 금액이었다. 웬만한 아파트 한 채 값이다. 압구정동 내가 살고 있던 43평 아파트가 1억 2천만 원 정도였으니 그 가치를 짐작할 수 있을 것이다. '올라가지 못할 나무는 쳐다보지도 말라'는 옛 속담이 있듯이 불가능한 희망 사항을 붙잡고만 있다고 이루어지는 것이 아니라는 것을 묵상하며 이익배당 권리를 체념하고 상대가 약속 불이행에 대한 사과를 접고 내가 먼저 대승적(大乘的)으로 결단을 내려야 할 때가 되었다는 생각을 했던 것이다.

며칠 후 옥 사장과 만나서 지금까지 나와의 약속을 이행해 주지 않은 것에 대해 좀 섭섭했음을 전하고 '이제부터는 내가 요구한 모든 정산 배당을 다 포기하겠으니 그렇게 알고 잊어 달라'고 말하면서 '나는 나의 길을 갈 것'이라고 통보하였다. 그리고 마지막으로 '옥 사장, 인생을 그렇게 살면 안 돼, 똑바로 살아야 해'라고 충고한 후 일어섰다.

그러나 다른 한 편으로 4년 전 한일인쇄교역(주)의 부도를 면할 수 있도록 길을 열어준 것에 의미를 두고 생각하면 옥 사장은 정말 고마운 사람이었다. 이 또한 긍휼의 하나님이 권능의 손길로 도탄(塗炭)에 빠져 허우적대는 나에게 손을 내밀어 주시었고 이에 쓰임 받은 옥 사장은 내가 비빌 언덕이 되어 주었다고 할 수 있다. 또한 이 모든 것이 나에게는 사랑의 회초리가 되었고 우리가 바라는 믿음의 실상이었다고 생각하면서 크신 은총에 감사를 드릴 수 있었으니 이 또한 '내 잔이 넘치나이다'라고 다시 한번 크게 외쳐보는 것이다.

10. 두 번째 배신을 당한 후 독립

나는 첫 번째 배신을 정병현 사장님한테 당했다. 한일인쇄교역(주) 정병현 사장님은 회사가 어려워지고 부도가 눈앞에 어른거리자 동업자 나 몰래 한 마디 의논도 없이 충무로에 개인 인쇄사를 차려서 따로 인쇄업을 한 것이다. 사장님이 10년 전에 나와 동업을 약속했을 때 했던 약속을 회사가 어려워지니 일방적으로 파기해 버린 것이다.

그 무렵 거래처 미수금을 횡령한 일이 드러나서 내가 질책하자 "그럼 너 나를 고소할 거야?"하면서 오히려 적반하장으로 나를 윽박질렀다. 그때 나는 분개하여 "제가 고소하면 묶여 들어가야지요"하고 응수했지만 다른 방법을 찾을 수가 없었다. 그래서 더 이상 횡령을 하지 못하도록 대비하는 것이 현실적으로 중요하다고 생각했다. 이렇게 중대한 파국 앞에서도 정의롭게 행하면 살아계신 하나님이 돌파구를 찾아주실 것으로 믿고 나는 엄중한 경고로 맞대응을 피하고 용서를 해야만 했다.

두 번째로 당한 배신은 옥 사장과의 사이에서 일어났다. 옥 사장은 나를 최대한 이용하다가 가치가 없어지니 내쫓으면서 배당 약속을 지키지 않고 배신한 것이다. 이로써 정병현 사장과 그 매제인 옥 사장은 동질성 인간으로서 탐욕 제일주의에 빠져있는 비루한 인생관의 소유자임을 알게 되었다. 나는 너무나 순진하여 상대방의 생각과 가치관도 나와 같을 것이라는 생각으로 추호도 의심하지 않은 죄 밖에 없었는데 결과적으로 나는 이용당하는 신세가 된 것이다. 그러나 나는 하나님의 공의를 믿었고 전화위복(轉禍爲福)의 기회를 반드시 내려주실 것이라는 희망의 끈을 놓지 않았다.

1987년 가을에 나는 옥 사장과의 관계를 정리하고 압구정동 집을 담보로 하여 5천만 원을 대출받아 성수동에 사무실을 임대하였다. 세상에 진정으로 믿을 사람이 없다는 것을 절감했기에 나 홀로 '규문사'라는 회사를 만든 것이다. 그때부터는 직원 2명을 두고 열심히 일을 하였다. 주된 거래처인 ㈜아도니스를 중심으로 몇 개 거래처로 일을 시작하게 되었지만 어려움이 너무나 많았다. 여직원 하나와 인쇄를 모르는 생판 초년생 남자 직원을 데리고 일을 하다가 보니 심부름과 납품 외의 모든 업무를 혼자 처리해야 됨으로 아침 출근 시간부터 밤 12시가 넘도록 회사에서 있었다. 밤에는 낮 에 영업한 것을 정리하였고 또 작업용 세부 계획서를 작성하고 나면 새벽이 되었다. 내가 퇴근할 때까지 잠 못 이루고 나를 기다리고 있던 아내는 행여 어려운 일이 생기지 않기를 기도하면서 새벽을 맞게 되는 때가 많았다. '왜 이렇게 늦어요?'하는 말에도 '좀 바빠서'라고 간단히 답하면서 세세한 설명을 다 할 수가 없으니 단답 형식으로 응대할 수밖에 없었다.

규문사는 시설이 없어서 100% 하청으로 작업을 해야 하는데 인쇄 연관 업종들이 몰려 있는 인현동과 성수동 사무실과는 거리가 너무 멀어서 작업 효율에 막대한 걸림돌이 되었다. 임대료가 조금 비싸더라도 인현동 쪽으로 이사를 하여야 한다는 결론을 내렸다. 마침 우리회사 일을 하청받아 인쇄해 주던 공장 건물 2층에 자리가 나서 그곳으로 이사를 하니 일하기가 한결 편해졌다. 약 2년이 지난 후에 그 건물주가 바뀌면서 임대료가 거의 두 배로 올라서 다시 이사 갈 곳을 찾다가 그 앞 골목 안쪽 구석 막다른 집으로 옮겼다. 바로 옆에는 우리 씨링인쇄물을 하청주는 신성인쇄 공장이 있어 모든 하청 공정이 5~6분 이내의 거리에서 이루어질 수 있었기 때문에 편리한 점도 있었다.

회사 일이 좀 늘어나고 일손이 모자라서 직원을 한 사람 더 채용했는데 그 직원은 우리 인쇄일을 하청받던 인쇄사의 오프셋 인쇄판을 굽는 단순 작업자였다. 우리 규문사에 와서 일을 하고 싶다고 하여 그 회사 사장에게 사전 승인을 받고 직원으로 채용했다. 그 직원 이름이 강종범이었는데 나는 그를 잘 모르지만 작은 교회에서 찬양대를 지휘하고 있다는 말을 듣고 은연중에 신뢰감을 갖게 되었다. 그 직원이 인쇄공정을 잘 알기 때문에 작업 진행을 전적으로 맡길 수 있어서 업무도 좀 줄일 수 있게 되었다. 애당초 규문사를 설립 할 때 생산 문제를 맡길 사람으로 내가 있던 전 회사인 한일인쇄교역(주)에서 생산부장이던 박남순과 약속을 했는데 적절한 시기를 택해 나에게 와서 함께 일하기로 했었다. 그러나 그는 선뜻 나에게 오기를 주저하다가 8개월이 지나서 옥 사장으로부터 은연중에 소외를 당하게 되자 그제야 오겠다고 하여 이유를 묻지 않고 받아들였다.

단기간에 직원 두 사람이 더 늘고 보니 일을 더 많이 해야만 했다. 동분서주 거래처를 뛰면서 업무량이 너무 많아 감당하기 어려웠었는데 생산 부문을 박남순 상무가 전담하게 되면서 생산을 맡고 있던 강종범 부장이 나의 영업 보조로 일하게 되어 그에게 몇 군데 거래처를 맡기게 되었다. 처음에는 너무나 열심히 일을 하는 것 같아 다행이라고 여겼다. 나로서는 갑자기 고액 봉급자 2명이 늘어나서 일을 두 배 이상 해야만 하니까 어깨가 더 무거워졌지만 이제 회사의 모든 체계가 갖추어져서 안심하고 영업만 잘하면 되겠다는 생각으로 강 부장에게도 일부 영업 업무를 맡긴 것이다.

11. 주 거래처 부도로 사활의 기로에

규문사를 설립하여 힘겹게 지탱하고 있는데 2,000년 5월경에 조마조마한 심정으로 거래를 이어오던 주거래처 (주)아도니스가 부도를 내고 말았다. 나는 그 회사 어음을 할인해 준 것과 받을어음과 미수금을 합하여 약 1억 6천만 원의 채권이 걸려있었다. 급선무로 그 회사의 남은 재산이라도 압류해서 확보해야 하는데 채권단 전체 일을 맡아 총괄하여 처리할 수 있는 사람이 없었다. 그래서 부득이 내가 채권단 대표를 맡게 되었다. 우선 국내 매장 납품 대금 중 미수채권을 압류해 놓고 중국에 약 2개여 월을 출장하여 공장 매도를 하였다. 채권 결산은 결과적으로 약 9천여만 원을 회수한 것으로 기억한다. 전체 채권액의 약 52%를 채권자들에게 배당하게 되어 채권자들의 박수를 받기도 했다. 나를 돕는 몇 사람을 데리고 한 치의 부정도 없이 공평하고 정정당당하게 모든 일을 마무리하여 청산을 할 수 있어 자부심을 느끼기도 하였다.

그러나 우리 회사는 적자가 쌓여갔으며 수입은 쥐꼬리인데 지출은 황소 같으니 감당할 방법을 찾을 수가 없었다. 믿었던 주 거래처가 부도가 났는데 그 회사 사장은 사전에 재산을 다 감추어 놓고 이른바 '계획부도'를 내고 잠적한 상태였다. 사장 개인 집은 그의 처남 이름으로 가 압류하여 방어막을 쳐놓았고 할 수 있는 모든 조치를 다 한 후 부도를 낸 것이다. 그 속내는 대략 짐작이 가지만 법적으로 어찌할 방법이 없었다. 그래서 남은 부스러기 재산이라도 챙기는 것이 우선 급선무이고 다음으로는 압류되지 않은 중국 산동성 위해(위하이)에 있는 공장을 확보하는 것이었다. 그래서 국내 일을 대략 수습해 놓고 중국에 가서 공장 매도를 서둘렀다. 중국이라는 나라는 모든 부동산을 국가가 소유하고 있는 공산국가여서 공장의 소유권은 국가에 있었다. 다만 그 안에 설치되어 있는 기계설비만 양도할 수 있었기 때문에 결국 기대에 많이 못 미치게 끝날 수밖에 없었다.

나는 어느누구 앞에서나 당당하고 떳떳하게 매사를 처리하여 정의로운 채권 단장의 책무를 깨끗이 완수할 수 있었기에 하나님 면전에서 부끄럽지 않았다. 그러나 나는 규문사의 존폐 문제로 허덕이면서 양 갈래 길에서 방황하지 않을 수 없었고 나의 고민은 날로 깊어만 갔다. 그러나 실망하지 않고 임마뉴엘의 하나님이 끝까지 붙들어 주실 줄을 믿고 또 믿었다.

12. 세 번째, 네 번째 배신으로 허탈

세 번째로 배신당한 일은 강종범 부장이 우리 규문사를 퇴사한 후에 알게 되었다. 은연중에 우리 회사 분위기가 좀 이상하다는 느낌을 받으면서 기존 거래처 몇 군데에서 발주량이 급격히 줄어들었음을 알게 되어 확인도 할 겸 영업권을 강 부장에게 맡긴 ㈜남영나이론을 오랜만에 방문하였다. 그 빌딩 현관에서 나는 뜻밖에 강 부장을 만나게 되었고 어떻게 여기 왔느냐고 물었다. 그는 바로 대답하지 못하고 얼버무리면서 현장을 빠져나가려고 하였다. 그래서 "이러면 안 되지 않느냐"고 따져 물었더니 "저도 먹고살아야 하니 어쩔 수가 없네요" 하고 말하면서 도망치듯이 달아나는 강 부장의 뒷모습을 보며 망연자실(茫然自失)하였다. 그동안 맡겼던 거래처를 점검해 보니 이미 거래처 여러 곳을 가로채어 납품하고 있었다. 아무튼 내가 강 부장을 잘 몰라서 속게 된 것이니 모두가 내 책임이라고 체념할 수밖에 다른 도리가 없었다.

이것이 세 번째 당한 배신이다. 강 부장은 전술한 대로 작은 교회에서 찬양대를 지휘한다고 하여 기본적인 도의와 정의는 알 것이라고 믿었던 것이다. 알곡과 가라지는 하나님만이 심판할 수 있지만 나와 강 부장 중에 누가 '가라지'일까를 생각해 보았다. 분명 신의를 저버리고 진리를 외면한 자와 그에게 배신을 당한 자 중에 후자는 알곡은 못 될지 몰라도 가라지는 아닐 것이라고 믿는다.

네 번째 당한 배신은 그로부터 몇 개월이 지나서야 발각이 되었다. 내가 전적으로 믿었던 박 상무가 나를 배신한 것이다. 박 상무가 수시로 자리를 비우고 연락도 없이 외출이 잦은 것을 알게 되었지만 영업 업무에 매달려야 하는 나로서는 모든 내부 일은 박 상무에게 맡겨 놓았었다. 그런데 회사 분위기가 좀 이상한 것 같아서 박 상무에게 왜 수시로 자리를 비우는지를 물었다. 그는 자기 아들이 눈이 나빠져서 병원 다니느라고 자리를 좀 비웠다고 했다. 의아한 마음이 들어 확인할 겸 내가 내 차로 병원을 가자고 하니 극구 사양하는 것이다. 용한 의원을 소개받아 지방으로 간다고 해서 그렇게 하라고 한 후 '한 번 잃은 시력은 회복이 어려우니 신중히 해야 한다'고 조언해 주며 크게 의심하지 않았다.

그 뒤 얼마간 시간이 흐르면서 아무리 생각해도 박 상무의 답변을 이해할 수가 없었다. 내가 강 부장에게 속아 배신당한 것을 알게 된 지도 오래되지가 않았는데 또다시 이상한 일이 생기니 걱정이 되기도 했다. 그런 와중에 인현동 골목길에서 아는 사람을 만났더니 박 상무가 어느 인쇄공장에 있더라고 했다. 그때야 '아, 내가 또 속고 있구나. 박 상무에게도 배신을 당했구나' 하는 생각이 머리에 스쳐 갔다. 그래서 박 상무에게 직접 확인해야겠다고 생각하고 물어보았다. 박 상무는 대답을 제대로 하지를 못하면서 변명만 늘어놓다가 궁지에 몰리니 그때에야 강 부장과 함께 일한다고 실토하였다. 그 일로 나에게는 비밀로 감추고 하청 작업을 하여 납품하느라 자리를 수시로 비웠다는 것이 드러났다. 심지어 회사의 기본 자산인 인쇄용 필름까지도 도용한 것을 알게 되었다. "박 상무까지 나를 이렇게 배신하면 되겠느냐?"고 질책했더니 오히려 적반하장으로 나에게 "사장님도 그렇게 했잖아요?"하며 반박하는 것이었다. 그래서 나는 당당히 답변해 주었다. "나는 옥 사장의 직원이 아니고 실적에 따라 배당을 받는 조건이어서 당신들과는 본질적으로 다르다"고 말했다. 박 상무는 나에게 월급을 받는 직원으로서 이런 행위는 변명의 여지가 없는 배임이라고 지적하니 더 이상 다른 이유를 대지를 못했다. 나는 너무나 남을 믿었던 나의 어리석음을 한탄해 보았지만 이미 돌이킬 수 없는 일이 되고 말았다.

이제부터 내가 할 일은 사회정의를 바로 세워 주님의 공의와 정의를 곧게 바로 세우는 일이 남아있다고 생각하고 증거를 수집하는 일에 집중하였다. 먼저 강 부장이 나의 거래처를 도적질하여 납품하는 근거를 운송업체에 가서 확인하여 송장 사본을 취득하였다. 그리고 형사를 만나 배임 고발에 관한 요건을 알아보았다. 그리고 증빙서류를 준비하면서 박 상무의 급여 기록장과 도적질한 인쇄물 송장 사본 등을 준비하였다. 고발 이전에 최후로 박 상무에게 형사 처리한다는 것을 통보하고 진행하려고 했다.

박 상무가 "며칠만 여유시간을 주십시요"라고 간청을 하여서 승낙을 해 주었다. 며칠이 지나 박 상무가 자기의 잘못을 인정하고 "한 번만 용서해 주십시요"라고 비는 것이었다. 잘못한 이웃을 용서하는 것은 믿는 자로서는 의무적으로 실행하여야 한다는 당위성(當爲性)을 주기도문에서 가르쳐 주셨다. 그러나 내가 남을 용서하지 못하면 하나님도 나를 용서 해 주지 않는다는 것을 익히 알고 있지만 막상 당하면 인간적 분노를 절제하기 어렵다. 그에 상응하는 보복이 우리 사악한 인간관계에서 흔히 볼 수 있는 일이다. 무조건적 용서는 있을 수 없지만 잘못을 인정하고 사죄와 함께 용서를 구하는 자에게는 받아들여야 한다는 것이 하나님의 공의라고 나는 생각한다. 나는 "박 상무, 앞으로는 정직하게 살아야 해"라는 한마디 충고의 말로 매듭짓고 용서를 했다. 나는 인생사에서 행하기 힘든 주님의 말씀을 삶의 현장에서 일어나는 정욕과 분개에 휘말리지 않고 내가 먼저 용서의 손길을 내밀었다는 아량에 주님의 긍휼과 은혜를 연상하며 감사를 드릴 수 있었다.

강종범 부장은 약 3년여 동안 우리 회사에서 일을 배운 후 나를 배신하고 나가서 자기 사업을 시작했고 회사의 박 상무를 유인하여 함께 일을 했다. 그래서 그들은 나에게 있어서 세 번째, 네 번째의 배신자가 된 셈이다. 세상 사람들이 모두가 나와 같다는 생각으로 직원을 100% 믿고 모든 걸 맡긴 나의 어리석음이 자초한 꼴이 되고 말았으니 어느 누구에게도 원망할 수가 없었으며 고스란히 당할 수밖에 없었다.

무려 네 번의 배신을 당하고도 나는 어떠한 보복도 하지 않았고 또 나의 재산을 도둑질로 배임을 한 범죄를 저지른 직원에게도 자신의 부족함으로 돌리고 이웃을 사랑하는 마음으로 용서를 했다. 이 또한 하나님의 공평하고 의로운 도의를 실천한 것이고 사랑의 정의를 이웃들에게 실천해 보인 것으로 생각하였다. '내 사랑하는 자들아 너희가 친히 원수를 갚지말고 하나님의 진노하심에 맡기라 기록되었으되 원수 갚는 것이 내게 있으니 내가 갚으리라'(롬12:19)는 말씀을 묵상할 수 있었다.

이렇게 배신을 네 번씩이나 당한 나로서는 저들에게 얼마든지 복수를 할 수도 있었다. 저들의 약점과 범행 증거들을 확보할 수 있었기 때문이다. 그러나 나는 믿음으로 이를 이겨내야 한다는 생각에서 훌훌 털어버리기로 했다. 징벌의 일은 주님께 맡기고 현실에 최선을 다하는 것만이 내가 나아갈 길이라고 믿었다. 남이 도둑질한다고 따라 해서는 안 되며 오로지 정의와 공의를 실천하여 이 땅 위에 하나님 나라를 확장해야 하는 것이 천국 백성의 사명이라고 믿었다. '정의를 물같이 공의를 마르지 않는 강같이 흐르게 할 지어다(암5:24)'를 묵상해 보았다. 아브라함의 하나님, 이삭의 하나님, 야곱의 하나님이 당신의 백성인 우리 믿음의 후손들에게도 언제나 임마뉴엘의 하나님이 되심을 믿으며 감사와 찬양을 올려 드린다.

13. 주택 매매로 회사운영비 보충

'규문사'라는 이름으로 새출발을 한 나의 두 번째 인쇄 사업은 1987년 7월경에 시작되었다. 초기 몇 년을 잘 버티었는데 13년 후에 주 거래처인 ㈜아도니스가 휘청거리기 시작하더니 2000년 6월경에 부도가 나면서 나도 결정타를 맞을 수밖에 없었다. 나는 부도 전에 그 회사와는 운명 공동체라는 생각이 마음 한구석에 깔려있어서 가능한 한 전적으로 도와야 한다는 생각으로 적극 협조하였다. 그래서 종종 ㈜아도니스 어음을 내 계좌를 이용하여 할인해 주곤 했는데 급기야 부도를 내고 말았다. 그 회사 사장인 이기원은 돈을 빼돌릴 사전 준비를 어느 정도 다 해 놓았다는 것을 부도 후에야 알게 되었다.

그 무렵은 우리 아이들이 고등학교와 대학을 다니고 있어 학비의 비중이 생활비의 몇 배가 필요한 때였다. 날마다 달마다 빚이 늘어가고 수입은 줄어 들어갔지만 속수무책이었다. 궁여지책으로 그때 살고 있던 현대아파트를 1억 8천5백만 원에 팔고 역삼동 우성빌라를 1억 2천만 원에 분양받았다. 이사를 하고나서 약 6천만원 정도의 남은 돈을 부족한 회사 운영자금으로 전용할 수 있었다. 그것도 언 발에 물 붓기로 큰 효과를 낼 수가 없었다.

이때 설상가상으로 우리 집에 또 하나의 짐이 더해졌다. 그동안 사업상 어음 할인이나 대출 등으로 도움을 받고 있던 제일은행 성동지점장 이관영 고종 매형이 자기 아들 이충일이를 좀 데리고 있어 달라고 부탁하여 거절할 수가 없었다. 한남동 순천향대학병원에서 의대 공부를 하는데 집이 멀어서 부탁한다는 것이다. 우리집 4남매가 정신을 차릴 수 없는데 여기에 짐을 하나 더 올려놓는 격이 되었다. 그때는 회사 형편이 어려워져서 이미 가사 도우미도 없이 아내 혼자 가사를 모두 감당하게 된 때였다.

아내는 매일 아침 도시락 9개를 싸야 했다. 너무나 힘든 현실을 우리 아이들도 어슴푸레 알고서 절약해야 한다는 생각을 한 것 같았다. 둘째 진균이는 영동고등학교를 걸어서 통학했다. 크게 먼 거리는 아니지만 나는 그 갸륵한 마음을 대견하게 생각하였고 부모의 입장을 조금이나마 읽고 있다는 것이 고마웠다. 아내는 생활비가 없어 절절매면서 종종 부끄럼을 무릅쓰고 옆집 권수정이네 집에서 돈을 꾸어다가 쓰곤 했다. 당시 나는 회사에서 월급이 나올 수가 없는 상태여서 틈틈이 되는 대로 생활비를 내어놓는 형편이었다. 밤낮으로 어떻게 하면 밀어닥친 고비를 넘길 수 있을까 하는 고민 속에 헤맸고 잠시도 잊을 수 없는 걱정 근심 불안으로 걷힐 수 없는 수심(愁心)은 퇴근 후 집에까지 이어질 수밖에 없었고 애처롭게 나를 바라보는 아내의 모습에 온통 가슴이 미어질 수밖에 없었다.

그때 나는 고민의 소용돌이 속에서 헤매며 머리를 숙이고 땅만 쳐다보고 걷는 습관이 생긴 것이다. 아직도 그 습관이 가시지 않아 나도 모르는 사이에 그렇게 걷고 있을 때 '땅에서 뭘 찾느냐?'고 하는 아내의 핀잔을 듣곤 한다. 서글펐던 지난날들을 굽이굽이를 돌고 돌아 하나님은 나와 우리 가정을 버리시지 않으시고 죽음의 홍해를 건너게 하시었다. 절망 가운데에서도 언제나 소망의 빛으로 인도하셨음은 마치 황량한 시내 반도에서 40년간을 연단시켜 비로소 가나안에 입성케 한 이스라엘 민족과 같이 우리 주 하나님의 다함 없는 은혜였음을 믿으니 감사와 영광을 주님께 돌리며 '내 잔이 넘치나이다'라고 고백의 간증을 하지 않을 수가 없다.

14. 감귤농장은 규문사의 생명 다림줄

점점 늘어가는 빚에 찌들어 돌파구를 찾아 헤맬 때 회계사 김창정을 만나 자금 융통 방법을 의논하다가 제주도 땅(5.200평)을 현지 농협에 담보하면 될 것이라는 정보를 얻게 되었다. 그래서 1차 융자를 받게 되어 숨통을 틔우게 되었고, 2차와 3차에 걸쳐 몇억의 융자를 더 받게 되었다. 자금은 회사 유지비와 우리 아이들 학비의 비중이 컸고 나머지는 생활비와 대출금 이자 등이었다. 특히 장남인 석균이의 호주 유학 생활비가 많이 들어갔는데 분기별 등록금은 별도였으니 더욱 힘겨웠다. 결국 제주농장을 담보로 하여 받은 농협 대출금으로 모든 어려움을 메꾸어 나가면서 몇 년을 버티게 되었다. 그러나 시간이 흐르면서 대출도 한계에 도달하여 더 이상 추가 대출을 받기가 어렵게 되었다. 농장을 매매하려고 알아보니 너무나 헐값으로 넘길 수밖에 없어 팔아도 크게 도움이 될 것 같지 않아 팔 수가 없었다.

1998년경에 김대중 대통령이 당선되어 과거 군사정부에서 무분별하게 지정되었던 그린벨트를 축소 조정하겠다는 정책을 발표하였다. 2009년 말까지 10년간 전국에 산재해 있는 토지와 외지인들이 소유하고 있는 유휴지와 농지, 과수원 등을 매도하면 중 과세를 부과하지 않는다는 조건을 담아 매매 촉진 정책을 내어놓았다. 그 후부터 토지 매매가 좀 시작은 되었으나 정작 본격적으로 회복되는 것은 좀 더 시간이 지나가야 할 것 같았다. 우리 농장도 그린벨트가 해제되니 가격 현실화로 이어질 것이라는 희망으로 자못 마음은 부풀었다. 그렇지만 나에게 들이닥친 급박한 사정은 피를 말리게 하고 농장의 매매는 언제쯤이 될지 오리무중이었다. 좀 많이 기다려야 한다는 것은 알고 있었지만 너무나 힘든 현실 앞에서 어찌해야 좋을지 갈피를 잡을 수가 없었다. 처음에 나는 너무 서둘지 않고 조금 더 기다려 값이 대폭 오를 것을 기대하면서 이자를 물더라도 적자를 감수하는 것이 이익이 될 것이라는 판단을 했다. 농장 값이 갈수록 오를 것을 예상하고 끝내 견디어 보겠다는 믿음이 계속 나를 붙잡고 있었다. 그 기다리는 기간이 하염없이 길어지고 농장 땅값 상승 속도는 느려서 팔아도 크게 승산이 없을 것 같아 진퇴유곡에 빠지니 애타는 심정은 말로 다 표현할 수가 없었다.

1999년 대폭적인 그린벨트 해제가 시행되었고 향후 10년간 양도소득에 대한 중과세를 2009년까지 면제한다는 것이었다. 이른바 토지 매매를 촉진하여 전국적으로 널려있는 유휴지들을 국가 산업 발전에 활용하겠다는 정책을 실행하게 된 것이다. 그러나 단시일에 크게 효과가 나타나지는 않았다. 몇 년이 지나고 2004년부터 중국 자본이 유입되면서 지가가 상승하기 시작하였다. 평당 4~5만원 정도였던 것이 점점 상승기류를 타고 10만 원으로, 다시 20만 원으로 올라갔다. 우리 농장도 25~30만 원 선까지 오르기는 했으나 원매자를 찾을 수가 없었다. 부동산 중개소 몇 군데에 매도 물건으로 올렸으나 문의가 없어 망망대해에 홀로 떠 있는 돛단배와 같은 심정이었다.

그러나 어떤 방법으로라도 매도해야만 하니 피를 말리는 것 같았다. 이른 비와 늦은 비를 계절의 때를 따라 내려주시는 하나님이 이 종에게도 그 은혜를 내려 주시리라 믿고 기도할 뿐이었다. '농부가 땅에서 나는 귀한 열매를 바라고 길이 참아 이른 비와 늦은 비를 기다리나니'(약5:7)라는 말씀을 묵상할 수 있었다.

2009년까지 한시적으로 적용되는 양도소득세 중과세 정책 만료 시한이 한 해, 두 해 서서히 다가올수록 초조하고 애타는 심정은 말로 다 표현할 수가 없었다. 제주도 안에 있는 부동산 중개소를 찾아다니며 매물로 내어놓았지만 별로 매기가 없었다. 처음에는 김대중 대통령이 전국의 그린벨트를 대폭적으로 해제했으니 더불어 우리 농장도 매매가 쉽게 될 것으로만 생각했었다. 서울의 부동산 중개소를 통하여 내어 놓았지만 매수자를 찾기가 여의치 않았다. 날마다 어떤 방법이 없을까를 고민하다가 궁여지책으로 이웃에 사는 재산가 김○○ 집사님에게 권유키로 했다. 그때가 2005~6년경으로 기억한다. 그분이 관심을 갖고 몇 차례 현장을 답사하고 온 것 같았다. 한번 만나자고 하여 갔더니 평당 26만 원이면 사겠다고 하였다. 내가 조금만 더 생각하여 달라고 했더니 그렇다면 포기하겠다고 하였다. 당시 그분은 중과세 면제의 만료 기한을 알고 있어 나의 약점을 잡고 후려치는 것 같았다. 그 후 몇 년이 지나 중과세 면제 시한 만기인 2009년 12월 31일이 가까이 다가왔다. 나는 너무나 다급한 심정으로 12월 초순경에 다시 그분을 찾아가서 무조건 인수해 주기를 애원하며 매달렸다. 그러자 처음 거론한 후 몇 년이 흐른 뒤인데도 너무나 어처구니없이 엉뚱

한 가격으로 거래를 제안하였다. 몇 년 전에 제시했던 가격에서 평당 6만 원을 더 낮추어 20만 원이면 인수하겠다고 했다. 당시 시세로 보면 평당 최하 30만 원 이상이라 보았으나 그분의 노련한 전략에 나의 철부지 순진한 생각은 무조건 항복할 수밖에 없었다.

달리 어떤 돌파구도 없으니 그렇게 합의하고 그해 말 이전에 종결지어야 하니 중도금과 잔금도 받기 전에 소유권 이전부터 서둘러야 했다. 중과세 면제를 받아야 하기 때문이었다. 당시 중과세는 기초공제 후 과세 기준의 75~80%를 양도소득세로 내어야 했기 때문에 굴욕적이지만 그 모욕을 씹어 삼키고 처분할 수밖에 없었다. 역시 재산을 모으는 사람은 도덕성이나 인간성은 찾아볼 수 없었고 자기 이익을 위하여서는 수단 방법을 가리지 않는다는 것을 또 한 번 깨달았다. 나의 양심과 이성으로는 이해가 되지를 않았고 또 한 번 냉혹한 세상 물정을 직접 체험할 수 있었다.

이렇게 제주농장을 굴욕적으로 처분하여 숨통을 틔울 수가 있었고 그 자금으로 은행 담보로 묶여 있던 역삼동 우성빌라 집을 풀 수가 있었다. 아내 명의로 되어있던 농장이었기에 아내 앞으로 약 1억 5천만 원의 양도소득세가 부과되었다. 이 세금을 낼 수 있는 여력이 전혀 없어 체납하고 양도 금액 사용 내역명세서를 세무 당국에 제출하였다. 제주 농업은행 대출금 채무 변제와 남편인 나의 채무 변제에 모든 양도 금액이 다 소진되었음을 증명하는 확인 서류를 제출한 것이다. 부부간에는 6억 원까지 증여세 면제라는 세법을 적용받아서 남편의 채무를 변제한 것이 문제가 되지는 않았다. 그렇지만 본의 아니게 아내는 신용불량자가 되었고 나는 마음이 아프지만 아내의 양해를 구할 수밖에 없었다. 그 후 10여 년이 흐른 후 아내의 체납세금은 법적으로 자동 소멸 처분되어 신용 회복이 된 것을 확인 할 수 있었다.

세상만사의 주관자이신 하나님 섭리의 시각으로 생각을 해보면 그렇게 헐값으로 농장을 빼앗아 간 김 ㅇㅇ집사님을 통하여 주님이 역사하사 양도의 길을 열어주신 것으로 믿고 감사를 드렸다. 이 길이 아니면 중과세 해당자로 양도차익의 약 80%를 납부해야 했다. 김 집사님은 나에게 비빌 언덕이 되어주었으니 한 편으로는 감사한 마음을 가질 수 있었다. 속담에 '소도 비빌 언덕이 있어야 비빈다'는 말이 새삼스럽게 떠오르며 야속함보다 고마운 마음으로 모든 억울함과 굴욕적 감정을 씻을 수가 있었다.

지금 생각해 보면 내가 만약 그 중과세 면제 시한 만료 후에 농장을 제값으로 올려 받았다 해도 중과세를 부과받아도 체납할 수밖에 없었다. 아내가 신용불량자가 되는 것은 중과세 면제 기간 만료 전이나 후의 경우가 동일하다고 볼 때 그 후자의 방법을 택했다면 더 큰 이익을 챙길 수 있었을 것으로 상상을 해 보았다. 나는 납세의 의무는 꼭 지켜야 한다는 철칙을 갖고 있었기에 그러한 무리수는 전혀 생각 밖의 일이었다. 매도 금액이 예상보다 많이 줄어들고 보니 부채 정리에 전액이 사용되었고 다른 대안이 없어 본의 아니게 세금 체납은 불가항력적이라고 할 수 있었다. 만약 나에게 그 당시에 악의나 탈세의

의도가 있었다면 좀 더 기다렸다가 팔아 여유를 얻을 수도 있었을 것이다.

이 또한 선하신 하나님의 뜻이 나의 영을 붙잡고 나를 의의 길로 인도하시어 악한 길은 단호히 거부할 수 있었다고 믿으니 오직 우리 주님께 무한한 감사와 영광을 돌려드려야 할 것이다.

15. 파란만장의 인쇄업 40년

앞에서 서술했던 것처럼 1970년에 인쇄업을 처음 시작했을 때 정병현 사장님과 동업자로 모험을 걸었던 나는 처음부터 국가적 수출산업 장려에 힘입어 약 4년여 동안 승승장구를 거듭하였다. 320여 평 부지의 자가 공장까지 소유하고 일본과 독일의 인쇄 기계들을 과감하게 리스(임대)를 활용하여 추가로 설치하였다. 증설로 인하여 종업원 수도 2배, 3배로 늘어나 한 때는 130여 명에 이르게 되었다. 그 뒤 1975년부터 밀어닥친 석유파동은 청천벽력과 같아 환율 급상승으로 이어졌고 이를 예측할 수 없었던 우리 회사의 시설 확충은 설상가상 걸림돌이 되고 말았다. 이어 2차 석유파동은 회사를 더 깊은 수렁에 빠져들게 하는 촉매제가 되었다.

1978년이 되어서도 세계 경제가 안정 기미를 보이지 않았고 회사는 지탱 해야 하는데 수입과 지출의 균형이 깨져만 갔다. 하지만 지출을 줄일 수 있는 돌파구를 찾을 수가 없었다. 은행 대출은 더 이상 불가능했고 다음 수순으로는 사채에 의존할 수밖에 다른 길이 없었다. 나는 사장인 병현 형님께 사채를 좀 얻어오라고 간청했으나 자신은 그런 능력이 없어 할 수가 없다고 했다. 회사와 나는 공동 운명체이니 회사를 포기할 수가 없었고 결국 내가 발벗고 나설 수밖에 없었다. 우선 아는 친척들과 가까운 인척들에게 돈을 빌리다가 보니 나중에는 빚이 쌓이고 싸여 당시(1980년) 돈으로 9천6백여만 원이 되었다. 물론 아내의 도움으로 빌린 돈도 있었고 사장은 고작 4백만 원을 빌려왔을 정도로 도움이 되지 않았다. 그래도 버티고 또 버티다가 1981년이 되어서는 더 이상 빠져나갈 길이 없어서 어음 발행을 시작하여 숨통을 틔워 놓았다. 궁극적으로 회사를 포기하는 것이 부도를 내어 파산하는 것보다는 나은 방법이라고 생각하고 모든 서러움과 아픈 가슴을 다 묻어두고 회사 양도를 서둘렀다.

회사를 내놓았지만 1년 2년이 지나도 원매자가 나타나지를 않았다. 고민 끝에 우리 회사를 가장 잘 아는 사람을 설득하는 것이 첩경이라는 생각을 하게 되었다. 그래서 전술한 대로 옥시범 사장에게 양수(讓受)를 적극적으로 권유하여 결국 6개여월 만에 합의를 이루어 무상으로 양도하게 된 것이다.

나는 회사를 양도한 후 3종 매제인 옥시범 사장의 배려로 회사에 남아 영업하면서 세무와 은행 자금 관리를 맡아 처리하였다. 마치 프리랜서와 같이 된 것인데 내가 제시한 여러 조건을 옥 사장이 승낙해 주어서 가능했다. 그러나 약 2년이 지나 내가 맡았던 중요한 역할이 끝났다고 판단한 옥 사장은 이제 나의 존재가 필요 없다는 신호를 쏟아내기 시작했다. 그래서 옥 사장과 결별하기로 마음먹을 수밖에 없었으니 당초에 구두로 약속한 배분을 결산하여 달라고 했다. 옥 사장은 계속 미루면서 약 1년여를 끌었고 끝내 정산을 해주지 않았다. 더 이상 요구를 한다고 해도 받을 가능성은 희박해 보였다. 옥 사장은 그동안 영업실적에 대한 정산 배당 약속인 순이익의 40% 지출을 이행하지 않으면서 계속 시간만 끌고 있었다.

나로서는 허송세월로 보내는 시간이 너무나 안타까워 급기야는 불가능으로 내 닫는 나의 배당금을 포기하고 옥 사장과 결별을 선언할 수밖에 없다는 담대한 결심밖에 다른 길이 없다고 생각했다. 역시 세상에는 믿을 사람이 없다는 것을 또 한 번 통감하게 되었다. 그동안 정병현 사장님에게 배신당하고 또 그 매제인 옥시범 사장에게도 배신을 당하게 되었지만 그들과 똑같은 삶을 살지는 않겠다고 마음에 다시 한번 굳게 다짐하였다. 사람은 속일 수 있으나 하나님은 속일 수 없다는 것을 믿었기 때문이다. '육신의 정욕과 안목의 정욕과 이생의 자랑'(요1서 2:16)이 피조물 인간의 본성일 뿐 그것은 하나님의 뜻이 아니고 세상으로부터 온 탐욕이라고 했으니 역시 인간의 추악한 본성을 말하는 정욕인 것이다.

이미 서술했지만 나 홀로 회사를 설립한 뒤 ㈜아도니스를 주 거래처로 하여 사업을 하고 있었는데 이 회사가 2000년도에 부도를 내면서 나의 규문사도 큰 타격을 받고 점점 어려움이 커갔다. 여기에 회사의 핵심 사원이었던 강 부장과 박 상무가 배신을 하고 거래처까지 탈취해 가면서 회사의 어려움은 더욱 가중되어 가고 있었다. 더구나 생산과 납품, 영업 보조를 했던 박 상무와 강 부장이 다 그만두었으니 나 혼자 여직원 하나 두고 일을 다 처리하기에는 너무나 힘들었다.

함께 일하던 사람에게 여러 번 배신을 당하다 보니 이제는 누구도 믿을 사람이 없어서 우리 집 막내아들 승균이를 생각하게 되었다. 승균이가 나가고 있는 직장이 영세하다는 것을 알게 되어 차라리 인쇄를 배우는 것이 좋겠다고 생각하였다.

그래서 당시 다른 회사에 다니고 있던 막내아들 승균이에게 네가 와서 나를 도와주면 좋겠다고 하였더니 그대로 수용하였다. 승균이는 인쇄공정을 처음부터 배워야함으로 시간이 필요했다. 한두 달이 지난 후 빠른 기일 안에 일을 잘 터득하여 내가 시키는 일을 곧 잘 처리하는 것 같았고 회사는 조금씩 안정을 찾아가면서 생산과 납품 일을 제대로 할 수 있었다.

그러나 2009년경이 되면서 회사는 급기야 존폐를 고민해야 할 정도가 되었다. 그때 장남인 석균이가 인쇄를 해 보겠다고 나섰다. 현실이 너무나 어려운데 그래도 해 보겠느냐고 반문했더니 부채만 없다면 할 수 있다고 하였다. 그래서 석균이의 영업능력을 기대하면서 사무실을 충무로 5가에서 우리 일을 하청받아 하던 톰슨공장 건물 2층으로 옮겨 새출발의 기회로 삼아 재도약을 시도했다.

석균이는 인쇄를 배우면서 영업하던 중에 어느 날 '오뚜기식품'에 납품할 누룽지 포장재를 개발하겠다고 나섰다. '오뚜기'는 국내에서 굴지의 식품 회사이니 성공하면 승산이 있을 것이라고 기대하면서 해 보라고 했다. 그런데 회사가 어렵다 보니 자금 조달이 문제였다. 고민하다가 정○○ 족숙(族叔)에게 나의 입장을 잘 설명하고 도움을 청하였다. 그랬더니 3천만 원을 무이자로 빌려주어서 나로서는 너무나 고마웠다.

아무튼 열심히 용기 개발을 했지만 별로 승산이 없었다. 컵을 만드는 공장에 하청을 맡겨야 하고 그 공정과 과정이 복잡하여 원가 절약에 도움이 되지 않았다. 결국에는 경쟁에서 도태(淘汰)되어 포기할 수밖에 없었다.

그때까지 너무나 힘들게 버티어 왔으나 더 이상 지탱하기가 힘들었다. 그래서 회사를 폐업하려고 했더니 석균이와 승균이가 승계하여 계속 인쇄를 해보겠다고 했다. 그때 오랜 기간 매도에 매달렸던 제주도 감귤농장을 매도하게 되어 그 자금으로 모든 부채를 다 청산할 수 있었다. 여러 가지로 걱정은 되었지만 앞으로 부채만 없으면 회사 유지하는 것은 별로 힘들지 않겠다고 장담하는 석균이의 말을 믿고 나는 승인해 주었다. 이렇게 2010년 초에 나의 인쇄업 여정(旅程) 40년은 마감하게 되었고 내 나이 만 71세가 되어서 마무리를 한 것이다.

돌이켜보면 나에게 인쇄 동업자로 함께 하자고 하며 다가온 병현 형님은 어떤 생각으로 나를 포섭하려고 온갖 정성을 다 쏟아부으며 반년 이상을 매달렸는지 알 수 없지만 또 한편으로는 그런 권유에 응하게 된 나 역시도 놀라운 결단이었다는 생각이 든다. 만약 진로가 그렇게 바뀌지 않았고 적당한 직장생활을 했다면 우리 4남매를 양육하고 교육한다는 것이 과연 가능했을까를 생각하면 불가능의 비중이 더 컸으리라 생각된다.

이 모든 나의 인생행로를 섭리하신 하나님이 나의 등 뒤에서 나를 도우시어 힘겨웠던 인쇄 인생 40년이 오히려 나에게는 더 없는 축복으로 다가왔던 것이고 이 모든 나의 힘겨웠던 인생이 '내 잔이 넘치나이다'라고 회고하게 한 하나님의 은혜일뿐 내 뜻대로 된 것이 아니었음을 믿어 의심치 않아 감사 감사할 따름이다.

바. 삶 속의 여운(餘韻)들

1. 첫 단독 주택과 단란했던 한때

약 50여년 전인 1970년대 초,중반 몇 년 동안은 물질적 빛에서는 해방감을 갖고 살아온 때가 있었다. 1969년 응봉동 시민아파트를 분양받아서 이사 걱정을 하지 않게 되어 마치 세상이 다 내 것이 된 것처럼 나름 기쁨에 찼었다. 그동안 외대 앞 단독 주택, 이문동 정보원 담벼락 옆집, 시립대학 옆 칠공주네 집, 전농2동 미영이네 집, 응봉동 시민아파트까지 전전하며 약 3년 동안에 5번을 이사 다녀야 했다.

짧게는 2개월 길게는 12개월 만에 이사했는데 1969년 6월 경부터는 드디어 자주 이사를 하지 않아도 되는 응봉 시민아파트 소유주가 된 것이니 이사 해방감에 온 세상을 얻은 기분이었다. 그 아파트에서 약 3년여를 살았는데 8.5평 건평에 방이 2개, 문지방 앞 툇마루, 그 밑에 아궁이, 화장실은 공동 화장실, 샤워나 목욕도 공동 화장실 옆에 가림막을 치고 해야 하는 열악한 구조였지만 그것도 감지덕지하였고 나로서는 더없는 스~윝 홈이라 할 수 있었다.

그 어려운 생활 가운데에서도 나에게는 사전 의논 한마디도 없이 철저히 비밀로 하고 아내는 내가 출근 후 수출용 섬유제품 수가공(手加工) 일거리를 받아 매일 같이 수놓고 단추 달고 마무리하는 수작업을 하여 수당을 받아 곗돈을 마련했다고 했다. 그 계를 몇 번 타서 모은 돈이 금호동에 첫 단독 주택을 마련할 때 종자돈이 된 150만 원이었다. 이 돈은 내가 당시 받는 월급이 5만 원 정도로 기억하는데 전혀 쓰지않고 모아도 약 2

년 반을 모아야 하는 큰돈이었다.

장남인 석균이가 다음 해에는 초등학교를 입학해야 하는데 우리가 사는 응봉동에서는 학교가 마땅치 않았다. 걱정이 날로 쌓여 가는데 아내가 느닷없이 불쑥 내미는 말에 나는 한참 동안 어안이 막혀 말을 잊지 못하고 멍하게 있었다. 그 아내의 말인즉 '우리 자그마한 집을 하나 사요'하는 말이었다. 나로서는 너무 뜻밖의 말을 듣고 보니 놀라지 않을 수가 없었다. 당시 삼공전자(주)를 사임하고 3종 형님인 정병현으로부터 함께 인쇄업을 하자는 줄기찬 유혹을 받고 있었다. 나는 인쇄에 대한 기초가 전혀 없는 터에 어떻게 할 수 있겠느냐고 계속 거절하였다. 끈질기게 약 6개월여를 강권하면서 나의 승낙을 기다리며 적극적으로 다가왔다. 그렇다면 동업의 전제조건은 무엇이냐고 물었다. 답변인즉 자본 출자도 필요없고 함께 일하고 우리들의 장래를 피차가 보장받는 목적 하나뿐이라고 했다. 나는 그 말에 진정성을 엿볼 수 있었고 그 형님의 생각으로는 나와의 동업은 곧 회사의 장래가 분명 잘될 것으로 확신하고 있는 것 같았다. 나아가서 결단코 우리에게는 서로가 보장받을 수 있는 장래가 기다린다는 나름의 확신을 갖고 제안을 한 것 같았다. 그 형님은 직장 생활의 말로(末路)는 비참하다는 것을 누누이 강조하고 설명하면서 자기와 함께 일하자고 했다.

간절하고 확신에 찬 결단이 그 형님의 모든 대화 가운데 녹아 있음을 나는 간파(看破)할 수 있었다. 또 한 편으로는 그 형님과 나는 고향에서 이웃에 살고 있었기에 내가 자라는 모습과 아버지 별세 전후 가장으로서 모든 가사 일을 깨끗이 정리하였고 병욱 친형님을 대학 졸업까지 시킨 것도 다 알고 있었다. 그 모든 것들로 미루어 나를 믿을 수 있었으리라고 유추해보기도 했다. 그 모든 지난 세월이 나와 동업을 꼭 해야 하겠다는 마음으로 발전하여 끝내 동업자로 영입을 한 것이라고 나름대로 추리도 해보았다.

당시의 정병현 사장은 명동에 있는 자기 매제 소유 건물 7층 옥상에 사무실을 두고 시설 없이 주문받아 하청으로 생산해서 납품하는 영세한 인쇄업을 하고 있었으니 실질적인 회사 자본이라고는 별것이 없었다. 나는 전제조건으로 첫째 회사를 법인체로 바꾸어야 한다고 했다. 이유는 첫째 대외적인 신인도를 높여야 하고 둘째는 나와의 동업 관계를 주식 지분으로 분명히 해야 하기 때문이었다. 동업을 합의한 후 첫 사무실은 세종호텔 후문 앞 건물 2층에 약 8평 정도의 좁은 공간이었다. 그리고 우리 회사는 국내 내수용 인쇄가 아닌 수출품에 쓰이는 인쇄물 전문회사로 특수성을 부각시켜 시장을 확장해야 승산이 있다는 것을 설명하고 그 방향으로 운영 방침을 세워야 한다고 했다. 회사 이름에서 이를 반영하여 한일인쇄교역(주)라고 회사명을 지었다. 다른 사람들이 왜 인쇄에 '교역'이라는 말이 들어가 있는지 묻는 사람도 많았다. 그래서 '내수용 인쇄는 하지 않고 수출용 부자재 인쇄만 한다는 의미입니다'라고 설명을 하면 그제서야 머리를 끄덕였다.

나는 동업자 간의 조건 합의를 문서가 아닌 구두 약속이었지만 믿고 회사설립을 진행하였다. 그리고 법인설립과 동시에 업무 체계를 비롯하여 복식부기 회계의 기초를 다 세웠다. 나는 ㈜반도여행사를 사법서사(법무사)와 함께 설립등기를 하였고 그 회사의 회계를 맡았는데 그 당시에 어렵게 세무공무원으로부터 회계실무를 배워서 모든 업무처리를 할 능력이 있었다. 그래서 남의 도움 없이 손수 다 할 수 있었고 사장님은 내가 하는 대로 바라만 보고 있었으며 모든 경영을 내가 주관하여 전반적으로 회사 운영을 하게 되었다.

내 입장은 인쇄를 처음부터 배워야 했기 때문에 시간을 아껴 쓰며 견적 내는 방법을 빨리 익히려고 집에서도 연습을 열심히 하였다. 그때까지는 회사의 모든 것을 사장님 개인 마음대로 처리했던 것이 법인체로 업태가 바뀌고 보니 사장님은 약간의 소외감을 느끼고 남모르게 불만이 좀 있는 것 같았다. 그러나 어쩔 수 없는 과도기적 과정이니 묵과(默過)할 수밖에 없었지만 개인과 법인에 대한 개념과 체제를 모르는 사장님은 너무나 당황스러웠을 것은 당연하다.

그렇게 회사의 체계를 잡아가면서 서둘러 인쇄를 배워 영업을 시작하니 일취월장으로 매출이 늘어났다. 나는 거래처를 출입하며 겸손한 자세를 기본으로 하고 때 묻지 않은 순수한 인간성을 바탕으로 영업을 열심히 하였다. 세월이 흐른 후에 생각을 해보니 거래처 담당 직원들이 나와 비슷한 연령으로 동질감을 느껴 상대하기가 편하고 쉽게 보였던 것 같았다.

이렇게 약 1년이 지나니 밀려오는 주문을 소화하는데 하청만으로는 다 감당할 수 없어 인쇄기계를 중고라도 하나 사야 할 정도가 되었다. 그래서 20년 이상 사용한 중고 하이델베르그 동판기계를 한 대 샀다. 당시 우리나라 옾셑 인쇄술 수준이 낮아 웬만한 것은 다 활판과 동판 인쇄로 할 수밖에 없는 정도였다.

직업전환 후 얼마 되지 않아 아내에게서 집을 사자는 말을 듣게 된 것이다. 그래서 강남 쪽 몇 곳을 돌아보니 주택 개발이 산발적으로 시작되고 있었고 띄엄띄엄 여기저기에 건축 중인 집들의 가격을 알아보니 약 320만원 안팎으로 호가하고 있었다. 나로서는 너무 벅차다고 생각하고 고심을 하고 있었는데 때마침 금호동 2가에 사는 사장님 낚시 친구인 김찬재라는 분이 자기 집 근처에 집 하나를 짓고 있으니 한 번 와서 보라고 하였다. 부지 30평에 건평 19평의 1층 콩크리트 스라브 집이었다. 아담하고 튼튼하게 보여 마음에 들었고 가격도 230만원이라고 하여 나는 사야겠다는 마음을 먹게 되었다.

그때는 내가 6:4 지분율로 동업을 시작하고 약 1년 반이 지난 때이었다. 매입 자금은 아내가 모은 돈 150만 원과 건넌방 전세보증금 30만 원, 그리고 회사에서 가불금 50만 원으로 치를 수 있었다. 그 당시 나는 회사를 좌지우지할 정도로 위상이 높아져 있었기에 이 정도의 자금 정도는 쓸 수 있는 위치가 되어 있었다. 사장님은 그 이전에 종암동에 2층 단독 주택을 350만에 샀는데 그 중도금과 잔금을 역시 회사 자금으로 내가 다 마련하여 치렀다. 그러한 상황에서 내가 요구하는 50만 원 정도는 거절할 수가 없는 돈으로 쉽게 승낙을 받을 수 있었다.

그렇게 집을 사고 보니 방 한 칸 전세보증금 30만원과 회사 차용금 50만원이 부채였으나 이자가 없는 빚으로 큰 부담을 느끼지 않아도 되었다. 아내가 가끔 그때가 제일 좋았다고 말하면서 그 동네에서 가장 잘 사는 3남1녀의 다복한 가정으로 이웃의 부러움을 받았고 때때로 작은 배려도 할 수도 있었으니 그럴 법도 했다.

결혼 후 6년 만에 승균이를 응봉동 시민아파트에서 출산하게 되었고 몇 달 후에 금호동 우리 새집으로 이사를 할 수 있었으니 명실상부한 단독 주택의 소유자가 되고 보니 내 또래에서 남보다 좀 일찍 집을 사게 된 것 같아 나름 자긍심도 가질 수 있었다. 1972년인 그때는 일반 가정에서 엄두도 낼 수 없는 자가용(코로나 69형)을 사서 운전기사를 채용하여 출퇴근을 하였다. 이 자가용을 업무용으로 사용하며 때때로 가족 나들이를 할 정도였다. 나도 종종 그때 추억을 더듬으며 아내와 무릉도원을 걷는 기분으로 환상에 빠질 때도 있었다.

나는 결혼 후 5번 이사 후에 6번째는 의젓한 단독 주택을 금호동 2가에 소유하게 되었고 자가용까지 운행할 정도가 되었다. 웬만한 회사의 사장도 자가용차가 없을 때였으니 주변에 부러움의 대상이 되기도 했다. 내가 노력해서 아내를 택한 것도 아닌데 그 아내가 나의 절대적인 버팀목이 되어준 것도 나의 노력 밖의 일이며 때마다 시마다 보이지 않는 절대자이신 하나님이 이처럼 부족한 나를 불쌍히 여겨 선한 길로 인도하신 것이다. 또 결혼 후 6년 만에 내 집으로 안정을 찾을 수 있었던 것도 오직 그분의 섭리 안에서 이루어진 것을 약 60년의 신앙생활로 터득할 수 있었다. '내게 능력 주시는 자 안에서 내가 모든 것을 할 수 있느니라'(빌4:13)라고 담대히 외친 바울 사도의 고백이 나의 고백이 된 것이니 감사 또 감사할 따름이다.

2. 주택 재건축으로 재기의 발판

압구정동 현대아파트 33동 802호에서 약 10년을 살고 1989년에 역삼동 우성빌라를 분양받아 2012년까지 약 23년을 살았다. 당시 생활이 너무나 어려워 집을 매물로 내어놓아도 원매자가 없었다. 그러나 그 집을 팔아도 은행 대출 담보가 있어 부채를 정리하면 남는 돈이 얼마 되지 않았지만 그렇게라도 돌파구를 찾으려고 했다. 세월이 흘러 빌라의 소유자 6명 중 5명이 2000년 초기부터 재건축하겠다고 저마다 서둘고 있었지만 나는 선뜻 내키지 않았다. 나의 입장은 주택담보 근저당 문제가 가로막고 있었기 때문이다.

그 와중에 우리 4남매를 교육 시킬 때의 어려움은 말로 다할 수 없을 정도였다. 그 당시의 대학 등록금은 4~50만 원 정도였지만 지금의 4~5백만 원보다 몇 배 더 큰 돈이었고 가치도 높았다. 압구정동 우리 집이 43평인데 5~6천만 원 정도였으며 작은 단독 주택도 살 수가 있는 거금이었다. 지금 젊은 세대들은 그 어려웠던 시절을 잘 모르기 때문에 지금보다는 교육비가 저렴하고 물가가 싸서 크게 힘들지 않았다고 생각하며 지금이 그때보다 훨씬 더 힘이 든다고 말한다. 당시에는 일반회사 직원 월급을 반년 치 이상 모아야 한 학기 등록금을 마련할 수 있었다. 지금의 소득 수준으로 산출한다면 약 1500~2천만 원 안팎의 큰돈이다. 시골 사람들은 논밭이나 소를 팔아야 자식을 공부시킬 수 있었다.

오늘날과 같이 고소득 시대가 아니고 허리띠를 졸라매고 온

국민은 국가 산업 발전에 전적으로 협력을 해야 하던 시절이니 정말 힘겨웠다. 아이들의 대학 등록기가 되면 마감일을 지켜 우리 아이들의 사기를 꺾지 않게 하려고 안간힘을 다 써서 기일을 넘긴 적이 거의 없었지만 마지막 한두 번은 2차 기일까지 지연된 적도 있었던 것을 기억한다. 그런대로 순탄한 학창 시절을 넘긴 우리 4남매는 회사가 부도 위기를 맞았을 때인 1978년경부터 어려움을 겪을 수밖에 없었다. 아내와 나는 혹여 아이들이 의기소침(意氣銷沈)해질까 하여 노심초사로 아이들에게 숨기려고 안간힘을 쏟았다.

회사를 무상 양도하여 구사일생으로 부도는 면하였고 옥시범의 배려로 내가 설 자리가 마련되어 당시에는 큰 도움이 되었다. 그러나 끝내는 이용당한 꼴이 되고 말았으니 옥 사장과 철석같이 약속한 언약이 허공에 뜬구름이 된 것이다. 어려움은 끝이 보이지 않았고 그 후 '규문사'를 경영하던 중에도 전술한 대로 배신의 쓴잔을 두 번이나 마셔야 했기에 내가 그들의 먹잇감이 된 꼴이 되었다. 그 와중에 우리 4남매가 대학과 고등학교를 다니고 있었으니 그 당시의 고통은 말로 다 형언할 수가 없었다. 아내는 버스비를 옆집에 꾸러 갈 정도였다.

1989년에 역삼동 우성빌라로 이사를 온 뒤 십사오년이 흘렀을 때 빌라 재건축 논의가 시작되었다. 재건축 합의는 쉽게 성사되지 않았으나 나의 입장도 근저당이 풀리지 않았으니 동의할 수가 없었다. 이 사실을 노출하지 않아도 되어 다행이라는 생각만 했다. 또 재건축 합의가 제대로 이루어지지 않았던 까닭은 지상층과 지하층의 시가 차이에 대한 공정한 해결 방안이 없다는 점이었다. 주변의 주택들은 거의 80%가 재건축을 하여 수익을 창출하고 있는데 우리가 살던 우성빌라는 근 10여년 동안 재건축을 미루고 있었다. 2010년이 되었을 때 때마침 나는 제주 감귤농장을 팔아 빌라의 근저당 해지를 할 수 있어서 재건축의 걸림돌이 제거되었다. 이제는 내가 앞장서서 주도적으로 이 재건축을 추진하면 공동 이익이 창출될 것을 확신하고 마음을 다 잡아먹고 재건축을 위한 작전을 구상했다.

먼저 지하층 2세대의 의견을 들어보았다. 그들은 동등한 조건으로 재건축한다면 얼마든지 협력하겠다고 했다. 그러나 나는 토지지분 차이에 대해서는 공평하게 평준화해야 한다는 것을 설득하여 동의를 구했다. 다음 단계로 지상 4세대를 차례로 상담하여 동의를 얻어냈다. 재건축 후 분양 방법은 기존 층을 기준으로 그 층 순서대로 올라가는 것을 원칙으로 하고 남는 한 층인 5층은 추첨으로 결정하는 것으로 합의를 할 수 있었다.

재건축은 지상층이 양보하지 않으면 합의가 이루어질 수 없으니 양보해서라도 재건축하는 것이 공동 이익이 된다는 것을 잘 설득하여 성사할 수가 있었다. 이렇게 합의 됨으로서 양쪽 두 지하층은 불로소득으로 약 2~3억 원 이상의 이익을 안겨주었다. 그러나 이렇게라도 합의하지 않으면 재건축의 물꼬를 틀 수가 없었기 때문에 울며 겨자 먹기 식으로 합의를 도출한 것이다. 6세대가 합의 약정서를 작성하여 공증하였는데 중도에 개인적 이해관계로 중도 탈퇴나 파약(破約)을 미연에 방지하기 위해 공증으로 공정한 절차를 밟은 것이다.

다음 수순으로는 건축을 총괄할 위원장을 선출하는데 극구 사양하는 나를 전원이 추대하여 부득이 내가 맡기로 하였다. 재건축 설계는 설계사를 각자들이 추천하게 하여 그중에 가장 좋은 설계를 선택하기로 하였다. 1차에 내가 추천한 설계가 가장 우수하다는 평가를 받았지만 박순석이라는 건축주가 2일만 더 시간을 주면 더 좋은 설계를 제출할 수 있다고 하여 양보를 하고 약 1주일 만에 수정 설계를 받았다.

설계를 확정한 후 건축허가 신청을 하여 허가를 받고 다음 수순(手順)으로 시공업체를 건축주들로부터 추천을 받아 브리핑을 받았다. 그런데 그중에서 가장 좋은 업체를 추천한 나를 일부 건축주들이 의심하면서 뒷거래가 있을 것이라는 말을 노골적으로 하는 것이다. 3명(김한상, 박장우, 조중근)의 건축주가 아무 구체적인 근거나 증거도 없이 나를 건축업자와 묵계가 있는 것으로 의심하였다. 이들을 설득할 방법이 없으니 궁여지책으로 위원장직을 사임하는 것으로 나의 청렴성과 공정함을 증명하였다. 이처럼 너무나 어처구니없는 일을 당하고 더 이상 건축에 간여하지 않겠다고 결심하고 그들의 결정대로 수용하여서라도 건축을 조속히 완공하는 것이 목표 달성의 지름길이라 생각하였다. 역시 땅 위의 모든 인간이 지닌 끝없는 정욕과 물욕은 공의와 정의를 짓밟는다는 것을 또 한 번 느낄 수 있었다. 너무나 허탈하였고 그 건축주 중에는 교수 부부도 있었고, 청와대 비서관 출신도 있었으며 목사님도 있었다. 그들이 이렇게 불신의 분위기를 만들고 있었으니 정말 인간은 믿기 어려운 존재임을 또 한 번 절감 할 수 있었다.

이렇게 시시비비 가운데 시공사 선정이 어려워 시간이 흘러 간신히 선정된 업체는 김한상 회원이 추천한 부실한 업체이었다. 우여곡절 끝에 약 2년여를 걸려 드디어 재건축 준공을 할 수 있었지만 준공 후 그 시공사는 부도로 파산하고 말았다. 김 교수라는 분은 경희대학에서 건축 부문을 오랫동안 담당하였다고 하니 업자와의 결탁 사례를 수시로 경험했을 것이라고 유추할 수 있었다. 그 잣대로 나를 의심한 것 같았다. 또 부동산 임대업을 한다는 박장우 회원도 같은 맥락으로 나를 의심하였다. 도둑은 자신이 도둑인 것처럼 남도 모두 도둑으로 보는 것과 같은 이치라고 할 수 있다.

재건축이 끝난 후 나는 너무나 격분하여 사회정의를 바로 세우고 실현하는 차원에서 나를 의심한 두 사람(김한상, 박장우)을 명예훼손으로 방배경찰서에 고발하였다. 경찰의 조사가 끝나 증거불충분으로 불기소 처분이 되었으나 사회정의를 바로 세우는 관점(觀點)으로는 다소간의 기여를 했다고 생각한다. 나는 저들을 처벌하는 것이 목적이 아니고 저들에게 진실하고 정의롭게 살아야 한다는 경종을 울리기 위하여 고발한 것이니 더 이상 확대할 생각은 없었다. 그런데 박장우라는 사람이 불기소 처분이니 나에게 사과하라고 했다. 나는 단호히 그럴 수 없다고 답했다. 불기소가 무엇이며 기소가 무엇인지도 모르는 무식한 자가 불기소를 무죄로 착각하고 있는 것 같았다.

역삼동 우성빌라 재건축은 나에게 재기의 발판이 되어 나의 미래 설계를 다시 할 수 있는 기회가 되었다. 한때 빌라를 매물로 올렸으나 원매자가 전혀 없었다. 지금의 원룸은 세대당 재건축 전의 빌라 가격을 상회하여 다섯 곱으로 불어난 셈이 되었다. 물론 은행 대출을 이용했으니 부채도 늘게 되었으나 이곳 내가 살고 있는 롯데캐슬스카이 아파트와 합하면 재산이 부채의 두 곱은 넉넉히 된다고 추산할 수 있어 나에게는 재기의 발판으로 충분조건이었는데 이제는 그 역삼동 부동산 정리로 부채를 말끔히 정리하였으니 너무나 홀가분하다. 내가 대표직을 사임하고 나는 한동안 역삼동 공동주택 회의에 불참했다가 오랜만에 참석하여 과거 갈등의 찌꺼기들을 덮어둔 채 해후(邂逅)를 하였다. 내가 먼저 용서의 덕을 베푸는 것이 주님의 향기를 드러내고 주기도를 실천하는 신행일치의 길이라고 생각했다. 그 우여곡절 속에 완공한 재건축물을 10여 년이 흘러 매도함으로 모든 부채를 청산하고도 약간의 여유를 갖게 되었으니 합력하여 선을 이루시는 하나님께 영광을 돌리고 칭의의 선민으로서 '용서'의 도를 순종하는것이 사회정의와 하나님의 공의를 바로 세우는 방향이라고 믿어서 또 한 번 주님께 감사와 영광을 돌린다.

3. 잊을 수 없는 사람 중 한 사람

2001년도 후반 어느 날 지하 주차장에서 나에게 말을 걸어온 장로님이 있었다.

"장로님 요즘 많이 어려우시지요? 제가 장로님을 도울 수 있는방법으로 도와드리고 싶은데 말씀하세요."

처음에 나는 "괜찮아요" 하면서 사양했다. 그러자 다시 "그러시지 말고 말씀하세요"하면서 다시 물어왔다. 그때는 주 거래처인 ㈜아도니스에서 부도를 당한 때였고 경제적으로 몹시 힘들 때였기에 아마 나의 입장을 조금 눈치채고 긍휼의 마음으로 도움의 손길을 내민 것으로 내 나름대로 생각하였다. 이어 "장로님 한 3천만 원만 있으면 될까요?" 하시는 것이다. 너무나 뜻밖의 일이라 당황하지 않을 수 없었다. 당시 나는 지푸라기라도 붙잡고 싶은 심정이었다. 나는 비몽사몽(非夢似夢)간의 상태에서 대답했다. "그렇게 해 주시면 저는 큰 도움이 되지만 죄송해서 어떻게 해요?" 했더니 은행 계좌를 달라고 했다. 그다음 날 내 은행 계좌에 그 장로님 이름으로 그 금액이 입금되었다. 나는 나의 어려움을 털어놓고 누구에게도 이야기나 하소연을 한 적이 없는데 어떻게 나의 사정을 알게 되었는지도 궁금했다. 아마도 2000년도에 부도 정리차 내가 중국에 다녀온 일이 그 장로님의 짐작을 이끈 것 같았다.

왈칵 눈시울이 뜨거워지고 눈물이 앞을 가렸다. 이런 이적 같은 일을 통하여 나에게 끝까지 싸워 이겨야 한다는 용기의 쐐기를 박아주시는 주님의 신호로 생각했다. 마음 한편으로는 제주농장을 매물로 내어놓았으니 팔리면 쉽게 갚을 수 있다고 추산을 해보았다. 그런데 농장은 너무 오랫동안 처분되지 않았고 2009년에 들어서서야 이미 서술한 것같이 김상식 집사님에게 양도하게 되었다. 그리고 2010년 1월에서야 그 장로님 돈을 갚을 수 있게 되었는데 이자를 드리려고 했더니 절대 안 된다고 하시어서 부득이 원금만 돌려드렸다. 약10여 년을 무이자로 거금을 빌려 쓴 격이 되었다.

이 세상에 이러한 상식 밖의 일이 있다는 것은 주님 안에서만이 일어날 수 있는 일이라는 것을 또 한 번 묵상하고 감사드렸다. 부모와 자식 간에는 있을 수 있지만 제삼자 사이에서는 찾아볼 수 없는 일이다. 후일 장로님의 부인되시는 권사님이 아내에게 지금까지 돈을 빌려준 수많은 사람중에 한 사람도 제대로 갚아온 분이 없었는데 내가 처음이었다는 말씀을 하시었다고 했다. 이 또한 하나님의 섭리 안에서 이루어진 것이라고 굳게 믿으며 이 종을 버리시지 않으신 철저하고 가이없는 하나님의 사랑으로 믿고 감사 또 감사할 뿐이다. 그 수종자이신 오ㅇㅇ 장로님은 나의 일생일대에 잊혀질 수 없는 한 분임을 감히 말하고자 하는 것이다.

이 모든 것은 나의 노력이나 능력에서 이루어진 것이 아니고 전적으로 주님의 섭리 안에서 이루어진 이적이었음을 굳게 믿는다. 장로님의 절대적인 하나님 사랑은 그동안 몸 된 교회에 전인적인 헌신에서 감동적으로 보아왔지만 이렇게 이웃사랑도 울타리를 넘고 넘어서 떨고 있는 종의 마음을 훈훈하게 흔들어 놓은 그 큰 사랑은 지워질 수 없는 기억으로 남게 되었다.

이 나약한 종이 나락으로 떨어지기 전에 끝까지 품어 주신 그 한량없는 주님의 사랑을 어찌 다 이 작은 입에 담을 수 있을까 싶다. 또한 성숙한 믿음의 표상으로 손색이 없으신 오ㅇㅇ 장로님을 내가 살아 숨 쉬는 동안 잊을 수가 없는 유일한 분이라는 것이다. 눈을 감아도 호흡이 멈추어도 나의 잔을 채워 넘치도록 부어주신 그 크신 하나님의 은혜를 끝까지 찬미하며 살아갈 것을 다시 한번 다짐하고 그 잊을 수 없는 오 장로님을 영원한 기억 속에 간직할 것이다.

4. 고향집의 정체성은 공동유산

2018년 4월에 출간한 나의 간증회고록 <내 잔이 넘치나이다>에서 고향 생가의 유래와 소유권 확보에 대한 과정을 밝혔지만, 나의 태어난 고향인 개평마을은 우리 가문의 근원지이며 또 앞으로도 존속되어야 할 우리 가문의 뿌리와 터전이 되는 곳이다. 그 고향집이 법적으로 소유권 등기가 전혀 없다는 것을 오래전 아버지 살아계실 때부터 알고 있었다. 거슬러 올라가서 1970년대 중반쯤에 나는 동생 병근이가 고향에서 동생들을 거느리고 착실하게 살아가는 것이 고맙고 안쓰러워 형님께 의견을 냈다. "우리는 이제 서울에서 살아 가는 데에는 큰 문제가 없고 집을 다 갖고 있으니 시골집은 병근이에게 넘겨주자"고 의견을 냈다. 형님은 처음에 "그것은 안 되는 말이지, 유산을 그렇게 하면 되겠느냐?"고 반대를 했지만 나의 집요한 설득으로 못 이기는 척 승낙을 했다. 나는 구두로 병근이에게 이 사실을 알려줬다. 동생은 시골에서 막연(漠然)한 미래에 대한 고민과 또 극성스런 고모님 때문에 가정불화가 끊어질 날이 없었다. 그 소용돌이를 피할 길은 술밖에 없었고 나는 그 속사정을 다 알고 있었기 때문에 마음 한구석에는 항상 소금에 절여진 짠한 마음을 지울 수가 없었다. 고민 끝에 병근이에게 작은 희망이라도 갖도록 하려는 생각에서 그런 제안을 한 것이다. 그러나 원칙적으로 말하면 그 집은 분명 유산이 맞고 또 공동 소유임이 틀림없다. 그러나 고생하는 동생 병근이의 사정을 배려한 것이니 이 또한 나의 마음속에 살아 숨 쉬고 있는 긍휼의 마음이라고 생각하며 그 뒤에서는 성령님이 나의 마음을 인도하신 것이라고 믿는다.

그런데 병근이는 그동안 이 집의 소유권 이전 문제를 전혀 손 놓고 있었다. 내가 책망하면서 지상 건물만이라도 주변의 인우보증을 받아 가옥대장을 만들도록 해서 겨우 실재(實在)적 근거를 확보케 했다. 그동안 토지 소유주로 되어있던 종손인 병호 형님과 소유권 이전 문제를 논의했으나 적절한 해결 방법을 찾을 수 없었다. 오랫동안 해결책을 찾지 못하다가 종손이 별세하셨다. 대를 이은 종손인 의균이가 자기 아버지 장례식 중에 "아저씨가 더 잘 아시지만 우리 아버지는 세상에서 하고 싶은것 다 하시고 돌아가셨으니 원한은 없으나 다만 제가 모시지 못한 것이 마음에 좀 걸립니다"라고 하였다. 이렇게 속마음을 털어놓을 정도로 종손과 나는 벽이 없는 사이가 되어있었다. 이것은 내가 고교 졸업 후 개평에서 어렵게 지낸 그 모든 사실이나 나의 희생적 처신을 잘 알고 있었기 때문이고 또 사업상으로 은행 대출이나 어음할인 등 업무상 관계도 밀접했으니 서로 허물이 없는 사이가 되어 터놓고 대화를 할 수 있는 사이였다.

그래서 기회가 있을 때마다 우리집 택지 소유권 이전 문제를 해결하여야 한다는 것을 설득했다. 수차에 걸쳐서 "아저씨 걱정말아요"하는 종손의 확답을 받기도 했다. 종손은 형제자매들과 합의가 이루어지지 않아 상속이 지연되고 있다고 했는데 근 10년이 흘러 드디어 상속 절차가 마무리되었다는 소식을 들었다. 드디어 기회가 온 것이라 판단하여 나 혼자 직접운전을 하고 개평을 내려가 약속한 택지의 소유권 이전을 요구하였다.

그런데 어찌된 일인지 의외의 날벼락이 떨어졌다. 종손은 나와의 약속을 지킬 수 없는 입장이 되어 말할 수가 없게 되었다고 했다. 무상으로는 이전이 곤란하다고 하면서 이유인즉 종손의 자매 중에 반대하는 자가 있다는 것이다. 막상 나와 몇 번씩이나 약속을 한 중요한 일이 이렇게 일방적으로 허무하게 무너지고 보니 허탈하기 이를 데 없어 어이없는 빈손으로 돌아 올 수 밖에 없었다.

그날 대화 중에 종손이 나에게 "아저씨 앞으로 이전해야 하지요?" 하고 물었다. 내가 "아니야 병근이 아들 준균이 앞으로 해야 해"라고 대답하니 "왜 그래요? 저는 아저씨 앞으로 해 드리는 것으로 생각하고 있었는데요"라고 하는 것이다. 그래서 "우리는 오래전 병근이 생전에 그 집을 병근이에게 주기로 합의했기 때문에 그렇게 해야 해"라고 해명을 해주었다. "그렇다면 그렇게 해야 되겠네요"하고 이해를 했으나 이전 전제 조건 미해결로 결론은 지을 수가 없어서 다시 방법을 찾자는 말을 남기고 돌아왔다.

내가 만일 그때 내 욕심을 차리고 "그래 종손의 생각이 그렇다면 그렇게 해 줘"라고 했다면 대지 소유권은 나에게로 오게 되었을 것이고 지상권은 준균이 소유가 되어 함부로 준균이 마음대로 처분 할 수 없는 부동산이 될 수밖에 없었다. 그러나 나로서는 물욕에 휘둘려 나의 좌우명인 '정직'을 벗어 던지는 비열하고 추악함은 용납할 수가 없었다. 또 '코람데오(주님 면전에서)'를 묵상하게 되었고 주님 종으로서 공의와 정의에 더 가까이할 수 있는 계기로 삼을 수 있었다.

준균이에게 소유권 이전이 되고 난 후에 기와지붕도 정부보조금을 받아 전체적으로 다시 개보수하고 또 계영이가 도와서 수세식 화장실을 비롯하여 내부 수리를 잘하였다. 다만 온돌이나 방한벽이 좀 어설프지만 아쉬운대로 언제든지 유숙할 수 있는 환경을 만들어 놓았으니 좀 먼 거리이지만 우리 가문의 별장처럼 사용할 수 있게 되었다. 준균이가 틈틈이 시간을 내어 여러 가지로 그 집 뜰 안을 가꾼다고 하니 고마운 일이다.

이 집은 비록 준균이의 소유로 되어있지만 본질적으로 생각하면 우리 가문의 공동 유산이라고 볼 수 있다. 위에서 서술한 대로 그런 과정을 통해서 준균이에게 소유권이 부여 되었으나 이 재산은 선조로부터 내려온 유산이었다는 것이 분명하기 때문이다. 그래서 앞으로 다가오는 장래에 영원히 우리 가문의 공동재산으로서 재산의 가치를 뛰어넘어 우리 가문(정국현/자:원서<元瑞> 호:괴보<槐圃> 후손)의 뿌리로서의 공유적 재산 개념이 지켜지기를 원하는 것이다. 만약 이 고향집이 우리 가문이 아닌 제 3자에게 양도가 된다면 이를 용납할 수 없으며 또 딸만 둘을 둔 준균이가 먼 훗날에 상속한다고 했을 때 제 3자의 소유로 될 가능성이 있으니 이에 대한 대책이 서야 할 것으로 생각한다.

나는 선대에서 방치되었던 우리 집 생가의 법적 소유권 확보를 하는 과정에서 주도적으로 역할을 했고 그 결실을 맺게 되어 나름 또 한 번 보람을 느꼈다. 1970년대부터 2015년대까지 약 45년을 줄기차게 또 끊임없이 노력해 온 소중한 마지막 결실이니 더욱 큰 보람으로 남을 수 있는 치적(治積)이라 할 것이다. 조카 준균이는 큰아버지들의 배려(소유권 이양)와 나의 끈질긴 노력을 어느 정도 알고 있는지 모르지만 나로서는 동생과 한 번 약속한 것을 끝까지 이행하여 언행일치를 실현했고 나아가 신행 일치의 증거를 보인 것으로 생각하여 흐뭇한 마음을 가질 수 있었다.

준균이가 소유권 이전 마무리를 짓기 위해 6천만원을 형제들이 모아 종손에게 지불했다고 했고 또 추가로 여러 가지 수리비를 감당했다고 하니 고마울 뿐이다. 애비인 동생 병근이가 못다한 일을 그 자식 준균이가 다 감당하였으니 대견스럽게 생각한다. 다만 이 집의 유지관리는 준균이가 잘하리라 믿지만 후대에 제3 자에게 상속이나 양도가 되어서는 절대 안 된다는 생각에는 변함이 없다. 이후 준균이와 대안을 세워 법적 효력까지는 배제하더라도 우리혈통이 아닌 제3자에게 소유권이 넘겨질 때가 온다면 그 때의 국가 공시가를 기준으로 대가를 후손들이 분담하고 소 종문의 유산으로 보존되어야 한다고 생각한다. 이 내용을 합의서 약정으로 공증을 해 놓으면 보존 방편으로 중요한 근거가 될 것이라고 본다.

5. 남동생 병근이의 애절한 일대기

남동생 병근이는 1941년 12월 9일에 출생하여 고향 지곡국민하교와 함양중학교를 졸업하였다. 그해 나는 부산 해동고등학교를 졸업하였으니 같은 해에 중학교와 고등학교를 졸업한 것이다. 내가 대학 진학을 미루고 고향을 올라왔을 때 아버지의 말씀이 기억난다.

"병근이는 공부하는 것이 별 취미가 없어 고등학교를 가지 않겠다고 한다. 네가 잘 가르쳐야 한다"

이렇게 나에게 짐을 하나 더 맡겨 주셨다. 그래서 나는 아버님께 다짐을 드렸다.

"예, 알겠습니다. 제가 가게에서 함께 있지요."

그 후 병근이는 내가 시키는 대로 하는 심부름꾼이 되었다. 아마도 사춘기도 겹쳐 좀 엇나간 생각도 있을 것이라고 생각도 해 보았다. 한때 하라는 것을 제대로 하지 않고 친구들과 어울려 하루 종일 놀다가 들어와 나에게 호되게 매를 맞은 적도 있었다. 그 뒤에도 의지할 곳 없는 나에게 밀려오는 온갖 서러움에 동생과 함께 목 놓아 울었던 기억이 생생하다.

그런데 내가 군대를 가기 전에 동생 병근이가 건강이 나빠져서 검진을 해보니 폐결핵 초기라는 판정을 받게 되어 나로서는 또 큰 천둥 벼락을 맞은 심정이 되었다. 당시 폐결핵의 치료제는 '스트렙트 마이신' 주사와 '나이트라진' 과 '파스'라는 정제약이 있었다. 집중적으로 영양제를 곁들여 치료하였더니 약 1년 반 만에 완치 판정을 받았다. 당시에는 제대로 치료하지 못하면 90% 이상이 죽어가는 병이 폐결핵 병이었는데 이 병을 무난히 극복한 것이다. 만약 이 소문이 퍼지면 우리 집의 생계 수단이었던 약방에 영향을 미칠 수 있기 때문에 절대 비밀에 부쳤다.

어언 4년이라는 세월이 흘러 내가 군대 입대를 하면서 약방을 병근이에게 인계하여 가족의 생계를 책임지게 해야 할 때가 되었다. 그 무렵에는 우리 집의 모든 부채를 청산하였고 형님도 대학을 졸업하여 취업도 하였으니 남은 것은 가족의 생계와 어린 여동생들의 학비를 책임져야 할 문제만 남아있었다. 병근이는 다행히 군대 징집 대상에서 면제를 받았는데 당시 치아가 너무 나빠서 그렇게 판정을 받은 것으로 기억한다. 만약 병근이마저도 징집을 당했다면 가정을 지탱할 수 있는 아무런 대책이 서지 않았을 것이다.

내가 군에 입대할 때쯤에는 병근이는 내가 고등학교 졸업할 때의 내 나이보다는 1살이 더 많은 만 19세이니 잘할 것이라고 믿고 나는 긍정적으로 보았다. 또 내가 약 4년간 인생 공부를 시켰으니 어느 정도 세상 물정이나 가치관이나 인생관이 올바르게 섰으리라 믿었다. 내가 군에서 제대를 앞둔 1963년 초에 형님이 결혼식을 하게 되었는데 결혼 비용이 준비되지 않은 형님을 위해 어렵게 모아둔 곗돈을 가져다가 썼으니 병근이도 우리집 장남인 형님을 위하여 크게 기여(寄與)를 한 것이다.

그러나 고향집에서는 괴팍한 고모님과 새엄마 사이에 갈등이 날로 심해졌고 그 중간 입장인 병근이는 수시로 폭음으로

서러운 마음을 달래야만 했다. 이 북새통에 새엄마가 돌파구를 찾아 서울로 올라와 정해영이라는 당시 민주당 거물 국회의원 집 가정부로 들어갔다.

그 후부터는 고모님의 공격 대상이 새엄마에게서 제수씨로 옮겨갔다. 제수씨는 거의 날마다 일어나는 불화로 인해 정신착란증 병에 걸려 서울의 종합병원인 을지병원에 입원 치료를 받았고 퇴원 후에는 금호동 우리 집에서 통원 치료를 한동안 하였다. 이 와중에 병근이가 견디기 힘든 고모님으로 인한 가정불화를 벗어날 방법은 폭음으로 현실을 피하는 것만이 유일한 길이었을 것이다.

병근이는 점점 체력이 떨어지고 간경화로 인하여 '식도정맥류'라는 큰 병을 만나게 되었고 진주에 있는 병원을 거쳐 서울 필동에 있는 성심병원에 입원하여 수술을 받아 겨우 생명을 건졌다. 그 후 2~3년을 금주하면서 잘 버티다가 또다시 폭음을 시작하게 되었고 병이 다시 재발하여 회복하지 못하고 결국 유명을 달리하고 말았다.

이에 고모님을 격리하는 방법 외에는 가정의 평안을 보장받을 수 없다는 판단으로 형님과 상의하여 고모님에게 서울 동대문구 이문동에 셋방을 얻어 혼자 지내시게 하였다. 본인도 그 이유를 알았겠지만 자신의 천성을 고칠 수 없다고 체념하신 것 같았으며 급기야 이를 수용하였다. 몇 년 후에 그 고모님이 치매에 걸렸음을 알게 되었으나 고모님을 모실 사람이 아무도 없었고 결국 우리 집에서 모시기로 하여 약 2년 반 동안을 아내가 말로 다할 수 없는 어려움을 다 겪어가며 모시었다.

그 후 서울시에서 우리나라 최초 시범운영 시설인 상계 복지관 개관에 맞추어 신청하여 승인을 받고 입함으로 한숨을 돌리게 되었다. 그곳은 시립으로 공영기관이었기 때문에 전액 무료였고 시립병원과 결연이 되어 돌아가실 때까지 혜택을 다 받았으며 장례까지도 시에서 주관하였고 분골만을 인수하여 공동 납골로 마무리했다.

병근이가 약방을 이어받아 가족 생계를 책임지고 있을 때 몇 번에 걸처 고향인 개평에 좋은 논이 매물로 나와 있다고 하면서 샀으면 좋겠다고 하여 당시 나의 입장도 어렵지만 힘겹게 돈을 마련하여 그 논을 샀다. 몇 번씩 그렇게 한 것은 병근이가 착실하게 가정을 책임 있게 꾸려나가는 것이 너무나 고마워 나도 할 수 있는 대로 돕고 싶은 심정이었기 때문이다. 그러나 가정불화로 인한 폭음은 자신의 건강을 잃게 하였고 급기야 저세상으로 가고 만 것이다. 당시 어렸던 여동생들은 병근이와의 살아온 기억들은 생생하지만 내가 풍전 등화격인 우리 가정을 지킨 과정은 모를 수밖에 없었다. 그래서 우리 집에서 제일 고생한 사람은 병근이 오빠라고 여동생들은 이구동성으로 말하는 것을 들었다. '너희들은 잘 모르는구나 세월이 지나면 알게 될 것이다' 속으로 하는 말을 나의 가슴속에 담아놓고 지나친 적이 있었다.

그 병근이 아이들 3남매를 계영이가 여러모로 뒷받침하여 도와준 것도 그 지난날의 병근이에 대한 보은 차원으로 생각할 수도 있다. 그래서 오빠들이 하지 못한 일들을 감당한 계영이에게 항상 고마움과 대견함은 잊을 수가 없다. 이렇게 병근이의 인생이 너무나 애잔하였기 때문에 천수를 다하지 못한 안타까운 마음은 잊혀질 수가 없다.

6. 새엄마와 여동생들의 애환

1948년 9월 8일 나의 생모이신 김유동께서 별세하여 그 빈 자리를 메우려고 1950년 4월 29일 새엄마인 이정희님이 아버지의 후처로 들어오셨다. 그리고 두 달이 채 지나기 전에 6.25 사변이 일어났고 아버지는 공산당들에게 체포되어 경찰서 유치장에 감금되었다가 근 2개월 만에 수복과 함께 풀려났으니 이 또한 새엄마에게는 기구한 운명이 아닐 수 없었다. 만 18세 나이에 일본에서 귀국 후 얼마 되지도 않아 만 42세 되는 남편에게 후처로 오신 것이 비극의 시발점이다.

나는 어린 나이였지만 새엄마가 되실 분이 선을 보이기 위하여 우리 집에 오시어 뒷방에서 전날 만취로 일어나지 못한 아버지를 기다리고 있는데 그 무료한 시간에 무엇인가 도움을 주고 싶은 마음이 생겼다. 그래서 신부가 외롭게 기다리는 시간에 말벗이 되어 주면서 지루하지 않도록 해 드렸다. 신부가 귀국 후 얼마 되지 않아 아직 한국말이 서툴다는 것을 직감적으로 느꼈다. 당시의 명문 양반 가문에서는 재혼 때에도 처녀라야만 할 수 있다는 관습이 철칙으로 되어 있었기에 나이 차이가 많다는 것을 무시하고 혼인을 하게 되었다. 이 또한 운명적인 비극이라고 할 수밖에 없다.

새엄마는 두 여동생 난영이와 지영이를 1954년과 1956년에 출산하시어 애지중지 길렀다. 그러나 가사를 주간하고 있던 괴팍스럽고 편협한 고모님이 모든 것을 다 간섭하며 감독하는 가운데 너무나 힘든 세월을 보내셨다. 비록 새엄마가 나이는 어리지만 손위 올케인데 하루가 멀다고 쥐 잡듯이 몰아세우는 모습을 때때로 볼 수 있었다. 나는 너무나 마음이 아파 그냥 지나칠 수가 없어서 고모님을 나무라면 슬그머니 꼬리를 감추곤 했다. 아버지가 살아계실 때도 막무가내로 다툼이 일어나면 끝이 없었고 평안할 날이 드물었다.

고모님은 여동생 중에 계영이는 애지중지 정성을 다해 길렀지만 난영이와 지영이는 천덕꾸러기로 소외시키는 것이 눈에 보였다. 이러한 사정을 어느 정도 다 알고 있지만 나는 아랫마을 약방에서 종일 있어야 했으니 일일이 참견할 수 없는 현실이었다. 가끔 집에 올라오게 될 때 아주머니가 새엄마를 닦달하는 소리가 집 앞 길목까지 처렁처렁 울리니 그때가 되면 그 실상을 알게 되었고 그 잔혹함을 상상할 수 있었다. 고모님은 괴팍한 성품에 의심이 너무 많아 쌀 뒤주에 금줄을 그어 놓고 쌀이 줄어지는 것을 감시하는 정도였다. 그것도 새엄마와 싸우면서 본인이 말하는 것을 내가 들어서 알게 되었다.

아무리 어려운 삶을 살지만 정말 이해할 수 없는 의심과 전, 후처 소생에 대한 잘못된 개념을 갖고 있는 것 같았다. 배가 다르다고 차별하는 것은 지난 시대의 잘못된 세시 풍속인데 그 고정관념을 벗어나지 못하였고 또 너무나 특유한 고모님의 천성을 고칠 방법이 없었다. 어린 두 동생인 난영, 지영의 가슴 한구석에는 씻을 수 없는 상처와 멍울이 남아있을 것이라고 나는 알고있다. 형님은 이를 직접 겪어보지 못하여 잘 모르지만 나는 소년 가장이 되어 4년 반 동안에 모든 것을 다 겪어보았기에 알고 있었다. 지금도 두 동생들은 고모님의 이야기만

나오면 어떤 말이라도 꺼내는 것조차 싫다면서 기억을 떠올리기 싫어서 말문을 막고 만다.

그러나 나에게도 내 인생이 있기에 이 안타까운 현실에 계속 붙잡혀 있을 수만은 없어서 육군에 입대를 하였고 미래를 향하여 집을 떠날 수밖에 없었다. 이미 지나온 나의 삶을 여러 가지 각도로 서술했듯이 나름 파란만장이었다. 나를 도울 수 있는 사람은 형님 한 분 뿐이었으나 제대 후 결혼 전까지 하숙비 조로 식대를 부담하며 기식할 수 있었던 것이 전부이었다. 그런 현실에서 나로서는 전혀 여력이 있을 수가 없었다.

그러나 어린 여동생들의 장래 걱정은 내 머릿속을 떠난 적이 없었다. 그 연장선상에서 형님을 설득하여 첫째 여동생 계영이를 서울로 올라오게 하여 덕화 여상을 졸업시켜 동방생명보험(주)에 직원이 될 수 있게 했다. 또 함양에서 고교를 졸업한 둘째 열동생 난영이도 서울로 오게 하여 대한생명보험(주)에 취업을 시켰다. 그러나 지영이는 고등학교를 졸업했을 때쯤 내가 너무나 사업이 어려워져 돌볼 겨를이 없었다. 고교 졸업 후 서울의 어느 친척이 운영하는 의류 나염(捺染)인쇄 공장에서 고생하고 있는 지영이를 계영이가 데려와서 동대문 광장시장 2층에서 하는 가게 신라침구에서 일을 하게 하였고 그 연장선상에서 지금은 독립적으로 그 가게를 맡아 하고 있으니 마음속 깊이 고마움을 느낀다. 일할 수 있는 능력이 있어도 일자리가 없으면 그 능력은 묻히고 만다. '소도 비빌 언덕이 있어야 비빈다'는 속담과 같이 기회는 동기부여의 발판이 되어 희망의 시발점으로서 무엇보다 가장 중요한 것이다.

1970년경 난영이와 지영이의 장래가 걱정되어 새엄마는 내가 겨우 셋방살이를 벗어나 응봉시민아파트에 살고 있을 때 두 여동생과 같이 오셨다. 당시 새엄마는 정해영이라는 국회의원 집에 가정부로 계시었다. 고향에서 고모님 핍박에 시달리고 있는 두 딸을 서울에 올라오게 해서 앞날의 진로를 찾으려고 오신 것 같았다. 그러나 난영이와 지영이의 장래 진로에 대하여 별다른 방법을 찾을 수가 없었으니 얼마 동안 우리 집 작은방에 있다가 내려갈 수밖에 없었다.

그 후 나는 두 동생의 진로를 항상 마음에 두고있었는데 시골에서 난영이가 고등학교를 졸업한 후 진로를 고민하고 있다는 말을 들었다. 서울에 데려와서 경리학원을 다니게 해서라도 취업하도록 해면 좋겠다고 생각하여 형님에게 상의하고 그대로 시행해 대한생명보험(주)에 취업을 시킬 수 있었다.

두 여동생들은 어려서 나의 입장과 처신을 잘 모를 수밖에 없었고 계영이도 깊은 사정까지는 모를 수밖에 없지만 지금까지 살아오면서 스스로 판단하며 행한 일에 대한 후회나 원망은 궁극적으로 해본 적이 없다. 한때 절망적인 역경 앞에서 나 스스로 독백에 가까운 말로 '왜 내가 가족들을 위하여 희생해야 하나?'라는 회의(懷疑)에 잠시 빠져들 때도 있었으나 그것은 잠시 잠깐이었다.

이러한 역경과 연단을 겪으면서 절대자 하나님의 섭리에 따라 사랑하는 믿음의 딸인 여종 박경희를 맞아 짝이 되었고 그로 인하여 꿈도 꾸어 보지 못한 구원의 생명이 되어 새 생명으로 거듭나게 되었으니 이 또한 나의 노력이나 능력으로 된 것이 아니고 오직 전능자 하나님의 위대하신 경륜에 따라 이루어진 것이라 믿어 그 은혜에 감사 또 감사할 따름이다.

새엄마와 여동생들의 기구한 운명과 애환을 더듬어 볼 때면 가슴이 저리어 오지만 이 또한 하나님의 섭리 안에서 이루어졌다고 믿으며 역시 하나님의 뜻을 이루기 위한 또 하나의 과정이라고 생각한다.

마귀 사단까지도 당신의 뜻을 이루기 위하여 사용하시는 하나님의 절대 권능이 우주 만물과 인생의 희로애락과 나라의 흥망성쇠를 다스린다는 것을 믿을진대 우리는 다만 그에게 순종하고 경배하며 영광은 그에게만 돌려드려야 하는 것이다.

내가 오매불망(寤寐不忘) 바라는 것은 아직 믿지 않는 세 여동생들이 창조와 섭리 주를 알고 그를 영접하는 것이다. 뭇 세상 사람들이 자기가 바라는 복을 빌며 정욕을 위해 쫓아가야 하는 여타(餘他)의 다른 종교들과는 차원이 본질적으로 다른 절대 권세자 하나님 신앙으로 돌아오기를 두 손 모아 기도하며 그날을 고대한다. 기독교 신앙은 종주가 하나님인 신적 존재이시고 그 신적 존재가 인간을 도구로 쓰시어 기록한 것이 경전인 성경이며 그 경전이 교리임으로 다른 종교들과는 전혀 다르다고 할 수 있다. 종주가 피조물인 인간이고 그 가르침이 경전이 되고 그 경전이 교리인 세속적 여타 종교와는 완전히 본질적으로 구별된다는 것이다.

기독교는 기복(祈福)적 종교가 아니며 피조물인 인간의 주인 되시고 창조와 섭리의 주관자이신 하나님을 영화롭게 하고 그를 위하여 영광과 찬미의 생활로 지표를 삼는 거룩한 종교라고 할 수 있기에 본질적으로 다르다는 것이다. 주님의 뜻에 합당한 삶을 통하여 섭리주의 긍휼로 복된 응답을 받게 되는 것이다. 그 성숙한 믿음을 통하여 원하는 모든 것을 얻게 된다는 것이 하나님의 공의가 실현되는 것이요 나아가 구원받아 영생의 세계를 약속받게 되는 것이니 더 없는 복음이 되는 것이다. 또한 기독교는 내가 하나님을 믿는 것이 아니고 하나님이 나를 불러 주셨기에 그 앞으로 나갈 수 있게 되었다고 믿는 것이다. 만유의 주인이 되시는 그 전능자의 뜻에 따라 우주 만물이 운행되고 있으며 그 절대적 존엄자의 무소부재 함으로 이루시는 전권 적 창조와 섭리를 믿는 것이다.

그래서 천지 만물의 주인은 하나님 그 분이시고 나는 그의 뜻에 따라서 세상에 태어난 존재일 뿐이다. 그 분이 우리 인간에게 '생육하고 번성하라(창1:28)'는 명령과 함께 세상 만물을 다스리는 권한까지 주시었다. 그러므로 사람이 우주 만물을 개혁하고 발전시켜야 함은 우리 인간이 받은 사명이라 할 수 있다. 그 가운데 하나님을 만천하에 전파하여 그 백성이 널리 널리 퍼져나가 세상 끝날 재림의 그날까지 모든 민족이 천국 백성이 되기를 바라는 것이 하나님의 뜻이라고 믿는 것이다.

주님 재림의 날을 기다리는 하나님 백성들은 하루가 천년 같고 천년이 하루같이(벧후3:8) 살라고 하였으니 하루도 헛되지 않게 또 천년을 변함없이 재림의 그날을 준비하며 경건한 삶을 살아야 한다. 하나님은 시공을 초월하신 분이니 언제 어떤 방법으로 섭리하실 줄을 우리 피조물들로는 가늠할 수 없으므로 종말론적 삶을 사는 것이 성숙한 신앙인의 바른 자세라고 믿는다. '내일 지구의 종말이 온다 해도 오늘 한 그루의 사과나무를 심겠노라'고 말한 네델란드의 젊은 실존주의 철학자 스피노자의 명언을 떠올려본다. 철저한 무신론자이지만 인생은 적극적이고 성실하게 살아야 한다는 명언이다. 유신론적 신앙 세계에서 여타 종교는 사람이 그 종주인 사람을 찾아가 그의 가르침으로 교리를 삼지만 이와 반대로 기독교는 그 종주인 하나님 신이 친히 성육신하시어 인간 예수님으로 이 땅에 찾아오셨으니 그 추구하는 방향이 반대라고 할 수 있다. 또 십자가에서 속죄의 어린 양으로 죽으시고 삼일만에 부활하셨다가 승천하시어 다시 오실 재림의 그날을 기다린다. 그래서 특유한 유일신 적 신앙이라 할 수 있으니 세상 무엇보다도 소중한 부활 신앙으로 거듭나야 할 것이다.

7. 세 여동생들의 결혼식 주관

1976년경 계영이를 결혼시켜야 할 때 주례와 결혼식장 등 모든 준비를 내가 주관해야만 했다. 우리집 서열이나 전래(傳來)의 풍습에 따른다면 당연히 장남인 병욱 형님이 해야 했지만 그때까지 우리집 대소사의 모든 주관은 차남인 내가 해 왔으니 이 혼사도 나의 몫이 되었고 형님은 으레 내가 모든 주관을 할 것이라 미뤄놓은 채로 방관하고 있는 터였다.

먼저 주례로는 당시 서울대 사대 교수로 계시던 큰집 정병조 형님께 부탁했다. 그래서 동대문 5가 결혼식장에서 무사히 혼사를 치렀다. 그 당시 나는 생애 첫 번째 단독 주택을 금호동 2가에 마련해서 우리 4남매를 기르며 단란하게 살고 있었을 때였다. 신혼여행을 마치고 돌아온 신혼부부인 계영이와 매제 박영규를 우리집에서 맞이했다. 그 후 사돈을 초청하여 대접하는 일도 아내가 기꺼이 감당해 주었기에 나로서는 더없이 흐뭇하였다.

몇 년이 흐른 후 난영이가 결혼을 한다고 상의를 해 왔다. 그래서 또 큰집 형님인 정병조 교수님께 부탁하기가 부담스러워 내가 다니는 응봉중앙교회 담임목사인 손치호 목사님께 부탁해서 청량리 홍릉 근처 결혼식장에서 할 수 있었다. 이때도 역시 신혼여행에서 돌아온 난영이 부부를 맞이하는 일이 아내와 나의 몫이 되었다.

또 몇 년 후에 지영이가 결혼하게 되었고 다시 주례를 병조 형님께 부탁을 드렸더니 흔쾌히 승낙을 해주시어 무난히 혼사를 치렀다. 계영이, 난영이 때와 같이 신혼여행 후 돌아온 신혼부부인 지영이 부부를 맞이하는 일은 우리집 아내의 몫이 되었지만 조금도 거부감 없이 기쁜 마음으로 모든 혼사 일을 감당하였다.

집안의 경사요 대사인 세 여동생의 혼사를 부모도 아니고 장남도 아닌 차남인 나로서는 아내의 적극적 협조와 긍휼의 마음과 겸손한 내조가 있었기에 가능했다고 믿는다. 내가 평소에 우리 집의 어려운 가정사를 아내에게 말할 때 아내는 언제나 공감해 주었고 공명(共鳴)하며 긍정적으로 바라보았다. '우리가 할 수 있는 한 잘 해줘요'라고 화답해 주는 아내의 말에 나로서는 힘을 한 층 더 얻을 수 있었다. 아무리 동생들 일을 내가 감당하고 싶어도 아내가 '왜 우리가 해야 하나요?'라고 반문한다면 나로서는 선득 답변할 수 없었을 것이다. 그렇지만 아내의 마음 깊은 곳에 예수님의 긍휼과 사랑이 자리하고 있었기에 그 하나님의 본질적 사랑 중에 '이웃사랑'의 실상으로 나타난 것이고 증거라고 믿어 의심치 않는다.

8. 천안공원에 가족 납골묘 조성

충남 천안시 동남구 광덕면 신덕리 산22번지의 봉황21단 37번에 4평의 가족 납골묘가 있다. 여기에는 증조부 내외와 조부 내외. 부모님 내외. 형님 내외. 병근이까지 9분의 시신과 유골이 봉안되어 있다. 형수님만 매장이고 그 위에 봉분을 대신하여 납골묘를 대리석으로 조성하여 유골로 봉안한 것이다.

내가 그 묘지를 1994년경 분양받고 몇 년이 흐른 후 형수님이 교통사고로 돌아가셨다. 장례 묘지를 정하지 못하여 허둥대는 형님을 보면서 아내가 대뜸하는 말이 '우리가 가지고 있는 묘지 있잖아요?' 하면서 나를 바라본다. 그래서 그렇게 하면 좋을 것 같다는 생각은 있었으나 망설이고 있는 나에게 아내가 먼저 제안을 해온 것이다. 이에 힘을 얻어 당당하게 형님께 이것을 쓰시라고 하였다. 형님은 고맙다고 하면서 그대로 수용하여 그 묘지에 첫 번째로 형수님 매장을 하게 된 것이다. 근래에는 화장문화가 대세로 되어 90% 이상이 선호하지만 당시에는 기피(忌避)하던 시대라 매장을 우선할 때였다.

그 후 오랜 세월이 지나 1980년대 후반경에 고향의 선영 7위를 화장하여 이 매장 묘 위에 석조 납골묘를 조성하고 납골을 한 것이다. 이때 모든 이장을 위한 과정을 형님에게 일임하면서 "형님이 우리 온 가족을 위한 첫 번째 일로서 개장(改葬)과 납골을 전담(全擔)해야 되겠어요"라고 말했다. 형님은 "그래, 알았어" 하며 쾌히 수락했고 납골묘 조성 전 과정을 형님이 주관하게 되었다. 마무리 과정에서 매장되어 있는 7위의 묘를 개장(改張)하고 유골을 수습하여 진주에서 화장을 마치고 납골 항아리에 봉인해서 운구할 때에는 나도 함께하여 천안공원에 봉안하였다.

이 천안공원 묘지는 우리 서울교회 묘지가 있는 곳으로 교회 장례가 있으면 자주 갈 기회가 있었다. 1994년경 교회 사무국장이신 이응선 장로님이 나에게 권유했다. "정 장로, 이다음에 필요한 때가 있을 것이니 이런 기회에 이 묘지 하나 사 놓으면 좋을 거야"

그 권유를 받고 돈을 준비하여 분양을 받았다. 당시 그 한 필지가 170만원 정도로 기억하는데 좀 큰돈이었다. 지금은 몇 천만 원이 된다고 하는데 그 위치에 그 정도이면 아마도 3~4 천만 원 이상이 되지 않을까 유추해 본다. 이 묘지를 내가 계속 관리하며 비용을 감당해 오다가 우리집 소종문(小宗門)의 종손 격인 큰집 조카 성훈에게 소유권을 양여(讓與)하였고 나는 관리비 부담을 벗어났다. 이 납골 묘지는 증조부이신 국현(國鉉) 할아버지 후손 묘이기 때문에 성훈, 내훈, 석균, 진균. 승균, 준균이가 공동으로 관리 보존해야 할 것이라고 생각한다. 지금은 준균이가 전혀 관여하지 않고 있지만 적정한 때에 공동관리 조직을 만들어야 한다고 생각한다.

만약에 내가 그런 묘지 준비를 하지 않았었다고 가정하면 우리 가족 묘지가 갈 곳이 없었을 것이고 시골의 선산이 있던 산을 종가에서 임의로 매도했기 때문에 그곳에 계속 유지하는 것이 어려웠을 것이다. 이것을 사전에 대비하여 완벽한 해결책이 되었으니 천만다행한 일이 되었다.

이 또한 하나님의 섭리 안에서 이 종을 불쌍히 여기시어 예비할 수 있도록 기회를 이응선 장로님을 통하여 주시었다고 생각한다. 그 뜻에 순종하여 미래를 준비하게 하셨으며 강도 만난 자에게 베푸신 사마리아인의 사랑과 긍휼의 영을 아내와 나에게 부어주시어 선뜩 형수님의 묘지로 내어줄 수 있었다. 이것이 나 개인이 아닌 우리 가문의 선영 묘소로 자리매김할 수 있게 되었으니 나의가족 우선주의 의지와 형제애의 배려로 이어진 것으로 믿고 그 크신 하나님의 은혜에 또 한 번 감사를 올려 드린다.

사. 새 소망 예수그리스도

1. 유교, 불교와 기독교의 가치관 차이

아버지가 조선시대 어린아이들에게 교재로 쓰이던 <명심보감(明心寶鑑)>을 읽고 외우시며 혼자 말로 해설을 하시는 것을 수시로 들은 적이 있다. 그 유교적 가르침에는 충효 사상과 인간 윤리를 가르치고 있지만 인간의 생명에 대한 중요성은 큰 비중을 두지 않고 있다는 것으로 알고 있다. 옳은 일을 위해서 생명도 불사하는 것이 선비정신이라고 가르치며 실행하게 했는데 삼강오륜(三綱五倫)이 그 기준이라고 볼 수 있다.

불교는 모든 세상만사와 자연까지도 인연생기(因緣生起)로 보며 제행무상(諸行無常)을 믿어 인위적 생명관을 벗어나 제법무아(諸法無我)로 이어져 모든 생물의 생사여탈권이 사람에게 허용될 수 없다고 보고 있다. 그래서 자살은 허용될 수 없으며 주어진 인연을 따라 살아가는 것이 인생의 본분이라고 믿고 모든 살생을 금하고 있다. 그러므로 108가지의 인생 번뇌를 극복하고 모든 것을 인연에 맡기는 무신론적 종교이다. 108은 무한한 양의 표현법이므로 인생은 끝없는 번뇌를 거치면서 살아가는 존재이니 거부하지 말아야 하고 그대로 수용하면서 살아야 한다는 것이다. 살생은 사람이 할 수 없는 월권이고 생명의 윤회설을 주장하며 방생도 이러한 맥락에서 행해지는 불교 의식이다. 그러므로 극히 정(靜)적인 종교이기에 발전적이 아니고 답보적이므로 진취적이 못 되고 퇴보적이라 볼 수 있다.

우리 기독교에서는 천하보다 귀한 것이 생명이요 그 생명의 주인은 우주 만물을 창조하시고 섭리하시는 하나님이시니 우리는 하나님으로부터 위탁받은 생명을 최대한 잘 가꾸고 관리하여야 할 책임이 있다는 것이다. 유교는 인간 본질적 의로 충효절의(忠孝節義)를 위하여 생명을 바쳐야 하지만 기독교는 하나님의 영광을 위하여서만 생명을 바쳐야 한다는 교리로서 유교나 불교와는 사뭇 다르다고 할 수 있다.

다시 말하면 인간 생명의 주권(주인)이 혈연적 조상으로 믿는 유교와, 인연으로 맺어진 부부간에서 생긴다고 믿는 불교의 인연생기 논리는 창조주 되시는 절대자 하나님이 주관한다고 믿는 기독교와는 너무나 거리가 멀다. 전자인 유교와 불교는 피조물인 조상이나 사람 간의 인연으로 태어남을 믿는 것이지만 후자는 창조주 되시는 절대자 하나님을 생명의 주관자(주인)로 믿는 것이다. 창조주가 부모를 짝지어 가정을 이루게 하시고 그 가정의 혈통을 따라서 하나의 새 생명체를 잉태하게 하는 창조적 과정 가운데에서 혈연적 부모가 되고 조상이 되는 것으로 믿는 것이다. 또한 전자는 정적이나 후자는 동(動)적인 종교이므로 개척하고 발전시켜 만물을 다스리라는 하나님의 명령(창1:28)에 순종하는 것이다.

우리 인간은 스스로 자기가 주인이라고 착각하고 살지만 진짜 주인이신 창조주를 섬겨야 하는 종의 신분임을 알아야 한다. 종은 주인의 눈빛을 살펴야 하고 주인의 마음을 알아야 하며 주인의 뜻에 맞는 일로서 충성된 종으로 신임을 받을 수 있다는 것이다. 자기를 내려놓고(자기부인) 주인만을 믿고 섬기며 주인의 가르침을 받아 실천하여야 할 사명자로서 힘써 그

길로 나아가는 자가 되는 것이 마땅하다. 주인 된 하나님의 가르침은 모든 것이 그 경전인 성경 안에 있다. 천지 만물의 창조 역사로부터 우리 인간의 정체성을 알려주며 우리 자신의 정체성과 그에 합당한 삶이 어떤 것인지를 알려주고 또한 공의와 정의가 살아 숨 쉬는 세상을 가꾸어 가는 길을 가르쳐 준다.

기독교의 2대 교리이며 대명(大命)이라고 할 수 있는 '하나님 사랑, 이웃 사랑'을 깨닫게 하시고 실천하는 길을 가르쳐 주시는 것이다. 그 모든 것이 십계명에 함축되어 있다. 제1~4계명까지는 하나님 사랑, 제5~10계명은 이웃사랑의 계명으로서 하나님의 자녀 된 자가 마땅히 지켜야 하는 실천 강령을 보여주신 것이다. 이웃사랑 계명 중에 첫째가 '네 부모를 공경하라'로 효도가 최우선이며 의로운 삶의 출발점이라는 것이다.

세계의 다신론 국가 제1위가 인도이고 두 번째가 일본이라고 한다. 일본에는 약 6,300여개의 신을 숭배하는 나라이므로 기독교가 전파되기 위한 토양으로는 척박하다는 것이다. 또 한편으로 일본 선교 역사를 보면 고위층과 귀족을 대상으로 삼았든 방법이 성공할 수 없는 이유라고 평가하기도 한다. 우리나라에서는 서민층 중에 사회적으로 가장 천대받던 계층을 중심으로 공략한 선교 기법이 성공할 수 있었다고 한다. 기독교와 연합한 현대교육과 현대의학이 조선조 500년의 고루(固陋)하고 폐쇄적이었던 남녀차별, 직업차별, 출신차별 등의 유교 계급사회를 타파하고 평등사회로 만들어 민주주의의 기초를 이루는 일등 공신이 된 것이다.

이처럼 기독교는 서민층의 호응을 받아 급속도로 부흥할 수 있었고 소위 양반 계급들은 한문(漢文)만이 진서라고 믿으며 중국 사대주의(事大主義)에서 헤어나지 못하다가 기독교를 통하여 이를 벗어날 수 있었다. 한글을 언문(諺文)이라고 하여 이 글을 배우는 사람은 무시하였고 천대받아 배우기를 꺼렸다고 한다. 우리 민족의 독창적이고 고유한 글인 이두(吏讀)문자를 민초(民草)들과 관리들 또 승려들이 많이 사용했다고 한다. 이두문자는 한문을 이용하여 우리의 표현기법을 접목시켜 사용한 특수 문자라고 할 수 있다. 너무나 심오하고 어려운 한자보다 좀 쉬운 표기법을 만들어 사용한 것이다. 이렇게 힘든 세월을 종식(終熄)시키고 민초들에게 언어의 문을 열어주려고 세종대왕이 훈민정음(訓民正音)을 창제(創製)한 것이다. 한글이 한문에 눌려 천대를 받고 있을 때 1885년경 미국 선교사가 우리나라에 들어와 성경 번역을 위하여 사용함으로 비로소 한글이 널리 쓰임 받게 되었고 이것이 한글사용의 효시(嚆矢)가 된 것이다. 이 성경 번역이 위대한 한글의 진가(眞價)를 보여주는 절호의 기회가 되었고 또한 기독교 선교사가 현대 문물의 교두보(橋頭堡) 역할을 했음은 전무후무한 놀라운 근대사의 치적이라고 해도 과언이 아니다.

우리나라 역사상 처음으로 들어온 미국 선교사님들은 많은 핍박을 받고 순교의 피를 뿌렸다. 이들이 우리 선조들의 꽁꽁 얼어붙은 마음 문을 열게 하였고 잠든 민족을 흔들어 깨워주었으며 드넓은 세상을 보여주어서 판단력과 더 넓는 사고력을 주었다. 민주주의와 시장경제를 지향하도록 하였고 인간의 보편적 가치인 인권을 절대 가치로 삼을 수 있게 기초를 놓은 것이다.

'너희는 택하신 족속이요 왕 같은 제사장들이요'(벧전2:9)의 선포가 그 근원이며 이를 순종하지 않은 천주교는 특정 성직자인 신부 앞에서 고해성사를 하고 있으니 구약시대의 제사장 역할을 대행하는 반(反) 성경적 기독교 의식화로 변질됨으로서 급기야 천주교 신부인 마틴 루터가 종교개혁을 시작하였고 성직자와 신자 사이에는 계급이 있을 수 없다는 것을 선포하고 개신교의 교리인 만인 제사장 시대가 된 것이다.

1948년 8월 15일은 우리나라 건국일이다. 건국 초대 국회의원이 198명이 선출되었고 드디어 우리나라 정부수립을 선포한 것이다. 이승만 대통령이 첫 국회 개회에서 사회를 보면서 목사인 이윤영 의원에게 개회기도를 하게 하였고 우리나라를 기독교 국가로 세우겠다는 선포도 했다고 한다. 본인(이승만)이 민주적 방법으로 대통령을 선출해야 한다는 제안을 하여 국회의원 투표를 받아 국민 간접선거 형식을 통하여 초대 대통령으로 취임할 수 있었다. 당시 국회의원 정족수는 300명인데 북한의 100명과 제주도의 2명이 빠진 것이다. 당시 제주도에는 좌파인 남로당이 우세하여 4.3사건의 여파로 투표를 거부함으로서 선출을 할 수 없었기 때문이다. 당시 일부(김구, 김규식)애국자들의 주장을 동조하여 남북한 통합된 정부를 만들자고 하면서 남한 단독 정부수립을 방해하려는 수단으로 좌익(남로당)들이 투표를 거부하여 198명이 된 것이다.

1948년 4월 3일 제주에서 일어난 4.3사건을 진압하기 위하여 여수의 14연대를 파견하려는 과정에서 남로당이 4.3사건을 지지하면서 군대 파견을 반대하여 1948년 10월 19일에 일으킨 반란이 '여순반란사건'이며 이 모두가 남로당의 주도로 일어난 이념 다툼 사건들인 것이다. 이 반란을 진압하는 과정에서 많은 양민들이 희생을 당하게 되었고 실제로는 남로당도 아니면서 부화뇌동(附和雷同)으로 합세했던 양민들이 피를 흘리게 되었다. 지금도 제주에 4.3추모 공원이 조성되어 그 희생을 기리고 있지만 그 안에는 진실과 부합되지 않는 남로당원들도 다수가 섞여 있는 것으로 알려져 있다. 머지않은 미래에 그 진실 규명도 역사 앞에 낱낱이 밝혀져서 역사를 바르게 세워야 할 것이다.

우리나라는 그로부터 70여 년이 흘러 세계의 경제 10대 강국으로 우뚝 서게 되었고 세계 군사력 5~6위로 평가받는 지금까지도 진영논리에 갇혀있는 종북 좌파와 주사파들이 나라를 어지럽게 하고 있으니 안타까울 뿐이다. 우리 국민이 어서 속히 배우고 깨우쳐 자유민주주의와 시장 경제체제의 가치관을 정립해야 할 것이다.

자유민주주의(남한)와 민중민주주의(북한)의 차이점을 잘 모르는 국민이 대다수이기에 북한의 특이한 공산주의도 우리와 유사한 민주주의로 착각하고 있으니 답답할 노릇이다. 민주주의 앞에 붙은 '자유'와 '민중'의 차이는 상상을 초월한다. 인권의 범주가 개인 인권과 집단적 인권(권력)으로 확연히 구분되는 것이며 그 연장선상에서 민주주의와 사회주의(공산주의)로 나타난다는 것이다.

하나님이 주님을 섬기는 자에게 종의 멍에를 다시는 쓰지 않게 하시려고(갈5:1) 우리 대한민국을 자유 민주공화국으로 만들었고 무신론 국가인 저 북한은 민중 민주공화국이라는 위장 민주국가인 공산국가를 만들어 모든 국민이 종의 멍에에서 벗어나지 못하고 있다는 것이다.

세상 끝날까지 당신의 백성에게는 임마뉴엘의 축복으로 함께하시는 하나님이심을 증거하는 실상이 자유민주 공화국이라 할 수 있다. 창조주를 신봉하는 유신론적 민족은 개인의 자유가 보장되지만 피조물을 신봉하는 무신론적 국가와 민족은 그 자유가 없는 종의 멍에를 쓰고 살아야 하는 것이 현실이니 그곳에서는 하나님의 공의와 정의가 외면당하고 있기에 안타까울 따름이다.

2. 올바른 신앙으로 인도하신 성령님

나는 결혼 후 너무나 각박한 신혼 생활과 잦은 이사와 연년생인 석균이와 진균이 출생으로 생계에 매달려 옆도 돌아볼 틈이 없는 삶의 연속이었다. 성동구 응봉동 시민아파트로 1969년에 이사한 후에는 6개월마다 해야 하는 이사 불안에서 해방되었다. 비로소 주거지가 정착되었고 우리 아파트 바로 위쪽에 있는 응봉중앙교회에 등록하여 아내가 애타게 기다렸던 교회 중심 신앙생활을 시작하게 되었다. 아내는 섬길 교회를 정했으니 너무나 기뻐했으나 나는 시간이 있을 때만 함께 교회를 나갈 수 있었다. 나의 직장인 한일인쇄교역(주)는 충무로 3가에 있었고, 야간작업까지 할 정도로 일이 많아 일요일도 쉬지 않고 일을 해야만 했으며 경영자인 나로서는 출근하지 않을 수가 없었다. 가끔 교회에 출석하면 목사님과 장로님들이 반겨 맞아 주시었다. 손치호 목사님, 이상영 장로님, 정진칠 장로님, 박상헌 장로님, 김명수 장로님이 계셨는데 출석교인은 약 400명 정도로 기억된다.

그 후 약 3년 반 뒤 1972년 가을에 금호동 2가 주택가에 단독 주택을 사서 이사를 하게 되었고 그즈음 나는 회사에서 사장님을 설득하여 일요일은 쉬는 날로 정하여 성수 주일을 할 수 있는 길을 열어 교회에 정상적으로 출석할 수 있게 되었다. 일주일에 한 번 교회에서 설교 말씀을 들어야 하는 정도였으니 믿음이 자랄 수가 없었고 교리도 터득할 수가 없었다. 그래도 세월이 흘러 세례를 받게 되었고 얼마 동안 지나서 서리집사를 임명받을 수 있었다. 그러나 믿음의 깊이는 너무나 일천(日淺)하여 아는 것이 별로 없었다.

나의 간증회고록인 <내 잔이 넘치나이다>에서 이미 밝힌 대로 아내가 '어린아이를 업고 밥 얻으러 온 거지엄마를 우리 집 큰방에 모셔 놓고 극진히 대접해 보낸 이야기'에서 보듯이 나는 아내와 믿음에 차이가 날 수밖에 없었고 말씀에는 문외한이었다고 생각한다. '거지엄마 대접'에 대한 나의 질문에 아내의 최종 답변은 '교회를 열심히 다니면 그 이유를 알게 되어요'라는 것이었다. 그래서 나는 전보다 더 열심을 내어 교회에 출석하게 되었고 비로소 아내가 말씀을 실천에 옮겼음을 터득하게 되었다.(마25:35~36)

이 또한 섭리주 되시는 주님의 영(성령)이 아내의 마음을 이끌어 주신 것이며 예정 섭리 가운데에서 자기 백성으로 택정한 나를 주님 앞으로 더 가까이 불러 내기 위한 수단으로 아내를 도구로 쓰신 것으로 믿는다. 아내는 마음속으로 남편인 나를 인도하여 충직한 종으로 세워야 하겠다는 마음을 성령님으로부터 받아 수시로 다짐했다던 것을 나중에 들을 수 있었다.

그 후 1979년도에 집사 안수를 받고 1983년도에 장로 장립을 받게 되었으나 예상 밖으로 1년 후 교회 분란이 일어나 교회를 떠나야만 했다. 1991년 10월에 서울교회로 인도되었고 이어서 시무장로로 피택받아 취임하게 되었으니 이 모든 과정을 섭리하신 분은 사람이 아니고 성령님이라는 것을 믿는다. 성경은 하나님이 사람을 도구로 사용하여 기록한 불후의 명작으로 자리매김한 것과 같이, 나의 신앙 노정을 인도하신 모든 과정이 성령의 역사하심으로 이루어진 것을 믿는 것이다.

그러나 영원하시고 유일하신 선한 목자 주님을 전파하는 직업인 목사님들이 간혹 곁길을 가는 경우가 많은 것이 현실이다. 영욕에 눈이 어두워 공의와 정의를 외면하고 몸된 교회와 성도들을 악용하여 사리사욕에 빠지고 마는 것이다. 내가 다니던 교회가 바로 그러한 교회로 변질되어 그 교회를 떠나 관악동부교회로 옮겼는데 그 교회도 같은 정치목사(김순기)인 것을 알게 되어 2년이 채 되기도 전에 떠나게 되었다. 그 후 압구정동 현대아파트로 이사를 하여 소망교회에 무등록교인으로 몇 년간 출석하면서 섬길 교회를 찾고 있었다.

1991년 10월 어느 날 손위 처남인 박두영집사님이 역삼역 근처에 살고 있는 우리 집을 방문하였다. 당시 충현교회를 출석하면서 깜짝 놀랄 큰 뉴스를 가지고 온 것이다. 충현교회 설립자인 김창인 목사님이 자기가 후계자로 선택한 이종윤 목사님에게 누명을 씌워 내쫓았다는 것이다. 응봉중앙 교회와 같은 소형교회에서나 볼 수 있는 위선적 거짓 목사가 이렇게 한국을 대표할 수 있는 큰 교회에도 있다는 것을 알게 되었다. 그 악한 누명과 모략과 음모가 다 드러나고 말았고 이에 의분(義憤)으로 함께 뭉친 장로님 6분이 단합하여 충현교회를 떠나 새 교회를 설립하기로 하고 목회자로서 한 치의 부끄러움 없는 이종윤 목사님을 모시기로 하여 미국에 피신해 계신 분을 모셔왔다는 것이다. 그래서 새 교회를 설립 중이라는 말을 듣고 바로 이 교회가 하나님의 공의와 정의를 실현할 수 있는 진실된 교회일 것이라고 믿게 되었다. 그 다음 주일에 논현동에서 개척하고 있는 서울교회를 가서 바로 등록하고 교적번호 91-409번을 부여받게 되었다. 1991년 10월에서야 섬길 교회를 정한 것이니 거의 6년 만에 새 하늘과 새 땅이 열린 것 같았다.

하나님은 광야 40년의 고난의 연단을 쌓게 하시고 가나안 입성을 허락하신 이스라엘 선민과 같이 나에게도 그 길을 지나게 하신 것으로 믿었다. 할 수 있는 최선을 다하여 충성하리라 굳은 결심을 다지고 또 다졌다. 거의 새벽기도회를 놓치지 않으려고 노력했으며 주어진 직분에 충성을 다 하려고 힘썼다. 주님은 이 종을 쓰시려고 풀무 불에 몇 번씩이나 담갔다가 꺼냈다고 믿으니 또한 감사가 넘치고 넘쳤다.

시무장로가 되어 당회원으로 당회에 참석하게 되었는데 분위기가 좀 어수선한 것을 느끼게 되었다. 부족하고 연약한 이 종을 당회 서기로 임명하여 '당회 질서를 좀 잡아 주세요'라고 말씀하시는 이종윤 목사님의 말씀에 '예, 알겠습니다'라고 순복하고 빠른시일에 이행하였다. 다소의 부작용이 있었으나 나는 사사로움을 물리치고 공적 원칙론을 무기로 다 물리칠 수 있었다. 그 내용은 생략하는 것이 은혜로울 것 같아 양해를 구하고자 한다.

3. 거듭 태어나게 한 신앙의 확신

1991년 11월 24일에 서울 장로교회가 창립 예배를 드렸다. 그리고 교회의 각 부서가 조직되는 가운데 아내는 중등부 여자 부감을 임명받았고 나는 중등부 교사로 섬겼다. 지나온 약 6년간 온갖 역경을 다 거쳐온 터라 무엇이든지 맡겨 준다면 최선을 다할 각오가 서 있었다. 교회 설립 초기라 재정이 너무나 빈약하여 교회의 보조가 미미했었다. 주일마다 교사 30여 명의 점심을 감당해야 하는 것이 여 부감의 임무이며 겸하여 여 교사님들을 관리하는 일을 하는 것이 여 부감의 책임이었다.

나는 금요일이면 아내와 시장을 같이 가서 반찬거리 재료를 사고 토요일에는 아내와 함께 몇 가지 반찬을 만들어야 했으며 밥은 교회에서 대형 전기밥솥으로 지었다. 밥솥을 비롯하여 뷔페식 접시, 국그릇, 수저 등 모든 용기와 식재료를 내 돈으로 구입하여 사용할 수밖에 없었으나 기쁜 마음으로 정성을 다해 헌신하였다. 맛있게 먹어 주시는 교사님들을 볼 때 너무나 감사했고 나와 아내에게 이렇게 즐거운 봉사의 기회를 열어주신 주님께 감사드렸다. 간혹 교역자님들도 배가 허전하면 중등부 교사실로 오시어서 요기하곤 했는데 이 또한 감사를 드렸다.

이종윤 목사님은 내가 시무장로로 취임하기 전에 협동장로를 위촉하여 당회에 참석 하도록 허락하였는데 전에 있던 작은 교회의 분위기와는 사뭇 달랐다. 당회장을 비롯하여 담임목사와 부목사 2명에 장로 6명과 협동장로 1명이니 명실상부

한 당회의 면모를 갖추고 있었다. 당회 조직 요건은 담임목사와 장로 2명 이상이면 충족되는 것이다. 교회가 합동 주류 측 교단에 입회하려고 청원했는데 충현교회의 방해로 예측불허(豫測不許) 상태에 빠지고 말았다. 이 소문을 들은 영락교회 한경직 목사님이 은퇴 후 홀로 은거하시던 남한산성으로 이종윤 목사님을 호출하였다. 고민에 빠져있는 우리교회 교단 가입 문제를 쉽게 풀자고 하시며 통합 측으로 오면 모든 것을 생략하고 조직교회로 받아들이도록 하겠다고 하면서 권유하시었다고 했다. 이 보고를 접한 우리 당회는 만장일치로 찬성하여 교단 가입 절차를 밟게 되었다.

이에 장로 한 사람이라도 더 세워 교단에 입회하는 것이 교회로서 유익하다고 말씀하시면서 무임 장로님들을 놓고 취임 투표를 받겠다고 하시었다. 나는 너무나 부족하니 이번 기회에는 제외해 주시기를 원했으나 교회에 유익 되게 하는 방향이라고 하시며 받는 것이 좋겠다고 강권하시어 순종하기로 했다. 충현교회에서 오신 두 분 장로(유윤진, 김태기)님과 타 교회에서 오신 5~6명의 무임 장로님을 후보로 내어놓고 투표하여 충현교회 출신 2명은 그대로 선출되었고 예상 밖에 타 교회 출신 중 유일하게 내가 선출되었다. 나로서는 천만뜻밖의 일이었고 나를 아는 사람이 거의 없는데 어떻게 2/3의 찬성표가 나왔는지를 이해할 수가 없었으나 현실은 인정하고 수용할 수밖에 없었다. 아마도 아내가 주도하는 중등부 부감 봉사와 함께 협력하는 나의 교사 봉사가 교인들의 눈에 띄었던 것 같았고 또 나는 유일하게 이미 협동 장로로 섬기고 있었으니 좀 알려졌으리라 유추(類推)도 해보았다.

그동안 교회를 정하지 못하고 방황하면서 못다한 섬김을 이제부터라도 몇 배로 헌신해야 한다는 지엄(至嚴)하신 주님의 명령으로 받아들여 겸손과 순종으로 섬길 것을 결단하며 굳은 각오를 다졌다. 취임을 앞두고 이종윤 목사님께 '저는 취임 행사에 재정 부담을 얼마나 해야 합니까?'라고 문의를 하였다. 목사님은 웃으시면서 '우리 교회는 그런 것 없습니다. 걱정하지 않아도 됩니다'라고 대답을 해 주셨다. 그래서 '저는 먼저 교회에서 집사 안수 때와 장로 장립 때에 재정 부담을 했는데요' 하고 말하니 '그런 것은 잘못된 교회들이 하는 것입니다'라고 하시는 것이었다. 나는 너무나 놀라지 않을 수 없었다. 이것이 말씀 앞에 바로 선 교회의 모습이라는 것을 직감적으로 느꼈다. '큰 머슴을 쓰면서 돈 한 짐 지고 와서 일하라고 한다면 맞지 않는 것이지요'하고 말씀하시면서 목사님은 웃으셨다. 역시 하나님 앞에 정직하고 충성된 종이심을 다시 한번 알 수 있었다.

취임하고 열심히 주어진 일을 감당하면서 기쁨이 배가가 되었고 새로운 시작으로 마음을 다잡고 그때까지 제대로 배우지 못한 성경 공부를 열심히 배우기로 작정하였다. 새벽기도회를 빠지지 않으려고 노력했고 모든 성경 공부를 할 수 있는 대로 다 참여했다. 차츰 말씀에 귀가 열리는 것 같았지만 부족한 것이 너무나 많았다. 날마다 배우고 날마다 회개하며 날마다 거듭나기를 소망하면서 최선을 다하려고 노력했다.

교회에서는 2년마다 당회원들의 치리 직임을 바꿔서 임명하는데 교육 부서로는 중등부, 고등부, 대학부, 청년부, 장년부. 소망부 부장으로 섬겼고 찬양부서는 가브리엘(1부) 임마누엘(3부) 베들레헴(찬양예배) 은빛(수요1부)대장으로 섬겼으며 당회 산하 기관으로는 당회서기, 인사위원장, 교육위원장, 교구위원장, 구제위원장, 장학위원장, 순례자편집국장 등을 고루 거치며 18년을 나름대로 열심히 섬기고 2009년 12월에 은퇴하였다.

국내 여타의 모든 교회가 담임목사님이 중심이 되어 거의 전행(專行)적 독선으로 운영되고 있는 것이 현실이지만 서울교회만은 예외인 것을 알게 되었다. 모든 치리와 감독을 말씀에 준하여 철저하게 실무부서 중심으로 절차를 거치게 하였고 담당 부서의 유관자와 책임 당회원(부장, 대장, 국장)과 사무국의 경유 절차에도 한 치의 어긋남이 없는 것을 보게 되었다. 결재가 7~8단계로 구성되어 있으니 거짓 없는 진실 된 교회의 표상이라고 직감했고 목사님도 사적으로 교회 돈은 절대 쓸 수가 없도록 회계 체계가 수립되어있다는 것을 알게 되었다. 교회 재정은 땅 위의 하늘 창고로 절대 좀이나 동록(銅綠)이 있을 수 없기 때문이다.

기독교는 세상 어느 종교와도 비교할 수 없는 특수성을 갖고 있음을 알게 되었고 신앙의 주체와 가치관이 피조물인 인간이 아닌 창조주 하나님께 있음을 터득하게 되었다. 다른 종교들과는 주체와 객체가 정반대라는 것을 깨닫게 되어 선하신 주님의 뜻에 찬미와 영광을 돌려드린다.

4. 예배의 삶이 증거하는 실상들

나는 1969년 응봉동 시민아파트에 살던 시절부터 교회를 나가게 되었으나 교리도 잘 모르고 교회는 인간이 살아가는 올바른 처세술과 지혜를 배우기에 적합한 곳이라는 생각으로 나름대로 열심히 출석했다. 차츰 세례도 받고 몇 년 후에는 서리집사, 또 몇 년 후에는 안수집사가 되었고 1983년 9월 만 44세에 장로 장립을 받아 시무장로가 되었다. 장립 받던 그때는 내가 운영하던 한일인쇄교역(주)를 옥시범에게 양도하는 절차에 들어간 시기로 너무나 어려운 가운데 있었다. 나는 성경 지식이나 깊은 교리를 잘 몰라 부족하기 짝이 없는 미숙한 장로가 되고 보니 송구스러움이 내 마음을 짓누르고 있었으나 순종만이라도 잘해 보자는 각오로 임했다.

다음 해 손치호 담임 목사님이 교회 지하에 소규모의 신학교를 개설하였는데 그 목적을 이해할 수가 없어 목사님을 모시고 동기 장로 3분(신호철, 한학균, 정병무)이 함께 식사하면서 목사님에게 목회에 대한 몇 가지 질의를 하였다. 그 면담이 화근이 되어 교회를 떠나게 되었고 얼마 후 김순기 목사님이 시무하는 봉천동 관악동부교회에 출석 하다가 그 목사님도 정치적으로 많이 경도(傾倒)되어 있는 것을 확인한 후 미련 없이 그 교회를 떠났다. 그 후에는 미등록 교인으로 소망교회에 출석 하고 있을 때 충현교회 2대 목사로 승계되신 이종윤 목사님이 김창인 원로 목사님의 모함으로 쫓겨나게 되자 이에 분개한 충현교회 몇 분 장로님들이 이종윤 목사님을 모시고 새 교회를 개척한다는 소식을 듣게 되었다. 이종윤 목사님이 전적으로 믿을 수 있을 만큼 훌륭하시다는 것을 예전부터 알고 있어 나는 주저 없이 곧장 달려가 등록하게 된 것이다.

성경적으로 나는 아는 것이 부족하여도 나름 옳고 그른 분별력은 있다고 자부했다. 그러기에 옳지 않으면 묵과(默過)하지 않는 것이 나의 소신이다. 나는 이종윤 목사님을 간접적으로 알 수 있는 기회가 있었고 또 충현교회의 특별수련회에서 특강을 받아본 경험이 있었기 때문에 의심 할 여지없이 즉각 등록할 결단을 내렸다. 섬기던 교회를 떠나 6년을 보내는 동안 허전함에 몸부림치다가 그제야 나와 아내가 섬길 교회가 정해졌으니 너무나 감개무량하였다.

나의 생업도 중요하지만 '먼저 그의 나라와 그의 의를 구하라(마6:33)'라는 말씀을 실천하려고 노력했다. 새벽기도회에 열심히 출석하였고 교회의 일이라면 최우선 순위에 두었으며 교회의 모든 프로그램에 다 참여한다는 기준을 세웠다. 나에게 주어진 직임에는 최선을 다해 노력하였고 교회의 부흥에 힘이 되려고 했다. 출애굽과 홍해를 건너 시내 반도를 돌고 돌아 가나안에 입성한 이스라엘 민족과 같이 이전보다 더욱 가까이 다가가서 주님을 모시고 몸 된 교회를 섬기기로 굳게 마음을 먹고 다짐을 할 수 있었다.

이미 서술한 바와 같이 주님의 긍휼하심이 나를 배신했던 네 사람(정병현, 옥시범, 박남순, 강종범)에게 어떠한 보복도 하지 않았고 또 그들을 저주도 하지 않았으나 아픈 기억으로 남아있는 것은 지울 수 없는 흔적이다. 그들이 집착하는 세상적 정욕이 너무나 안타깝고 가련하게 보일 뿐 그들을 대적하여 가혹한 처벌을 받게 할 생각은 접기로 한 것이다. 또 1993년경 나에게 2천만 원을 빌려 가고 갚지 못한 박ㅇㅇ 집사에게도 내가 자원하여 은행 금리를 포함하여 포기각서를 써 주고 빚을 탕감해 주었던 일도 또한 같은 맥락이라 할 수 있다. 그 후 10여 년이 흘러 당사자인 박 집사를 지하철 객실 안에서 발견하고 그분의 입장을 염려하여 우리 부부는 행여 눈이 마주칠까 봐 그곳을 피하여 숨어버렸다. 가룟 유다와 베드로도 용서한 주님의 사랑이 나의 예배 적 삶으로 승화되었고 믿음의 실상과 증거가 된 것이 아닌가 하는 묵상도 해본다.

삶의 현장에서 시시각각으로 일어나는 모든 일들이 영혼과 육신의 갈등으로 방향을 못 잡고 주저할 때가 많다. 그때마다 '코람데오(하나님 면전에서)'를 떠올리게 된다. 나 혼자 세상을 살아가는 것이 아니고 언제나 함께하시는 하나님이 계심을 묵상하는 것이다. 세상 어느누구도 함께할 수 없는 순간순간들을 하나도 놓치지 않으시고 동행하고 계시는 하나님을 믿기 때문이다. 바로 이것이 믿음은 '바라는 것들의 실상이요 보이지 않는 것들의 증거니(히11:1)'라고 한 바울 사도의 말씀대로 세상을 변화시키는 길이 되며 복음의 향기가 된다고 믿는다.

믿음 따로 삶이 따로라면 이것은 신행 일치에 정면으로 배치되는 것이며 육신의 정욕과 안목의 정욕에서 적정거리를 두지 못하고 있다는 것이다. 성령의 인도하심을 영안으로 바라보고 그 길로 행하는 것이 우선되어야 한다는 것이다. 육신의 정욕은 언제나 영혼과 역방향으로 가르친다. 그때 거룩한 성령의 고삐를 공의와 정의의 권능(權能)으로 잡아당길 수 있는 용기가 필수라고 믿는다. 다른 사람들의 시선을 의식하여 의의 병기를 감추거나 좁은 길을 외면하고 넓고 큰길을 택하는 것이 연약한 우리들의 모습일진대 자못 안타깝게 생각할 뿐 다시 한번 깊은 묵상에 빠져본다.

'우리가 잠시 받는 환난의 경한 것이 지극히 크고 영원한 영광의 중한 것을 우리에게 이루게 함이니 우리가 주목하는 것은 보이는 것이 아니요 보이지 않는 것이니 보이는 것은 잠깐이요 보이지 않는 것은 영원함이라(고후4:17~18)'

말씀으로 거듭나서 육신의 정욕과 안목의 정욕, 이생의 자랑을 좇아 허둥대는 우리 가련한 인생보다 더 중요하고 값진 것이 영혼 구원이라는 것을 다시 한번 깨우쳐 주시고 나아가 창조신앙, 임마뉴엘신앙, 십자가신앙, 부활신앙과 아울러 재림신앙을 묵상하게 되었다. 이 땅 위의 삶이 끝나고 본향으로 돌아가 안식을 누릴 때 도적같이 오시겠다 약속하신 주님이 재림하시어 우리의 영육이 신령한 몸으로 부활하여 영원한 영화의 나라 백성이 될 것을 소망하며 달려갈 길을 다 마칠 때까지 감사와 찬송으로 나아갈 것을 다짐해 본다.

5. 주님 종된 여정의 서사시(敍事詩)

나는 조선시대 가장 숭상(崇尙)을 받아 사회정의가 된 성리학(性理學)의 대가 영남 5현(김굉필, 정여창, 이언적, 이황, 조광조)의 가문 중 정여창의 18대손으로 태어나 엄격한 교훈과 완고한 가정교육을 받고 자랐다. 유년기에는 비교적 평탄했으나 만 10세에 어머니를 여의었고 다음 해 초에 새어머니를 맞아야 했으며 그 해 6.25사변으로 전쟁을 체험했다. 1951년에 함양중학교, 1954년에 부산 해동고등학교에 입학하였다. 고등학교 때는 서울에서 부산으로 피난 오신 막내 고모님 집(당감동)에서 하숙했지만 너무나도 고달팠다. 왕복 5시간을 통학하면서 한밤중 새벽 1~2시경에 논(踏) 들 가운데 있는 우물물을 물지게로 몇 번씩 길어와야 했다. 새벽에 잠들었다가 5시에 일어나서 등교 준비를 해야만 했으니 몸이 천근만근이었다. 당시 우리나라는 너무나 가난하여 원조 물자를 배급받아 주린 배를 채우는 슬픈 백성이었다. 베트남 쌀인 안남미로 밥을 지어 도시락을 싸면 그 밥에서 배로 운반되는 동안 오염된 석유 냄새가 풀풀 났고 도시락 속 밥알이 콧김에 훌훌 나르는 것도 맛있게 먹어야만 했다.

너무나 먼 등굣길은 거의 하루 건너서 지각을 할 수밖에 없었다. 겨울 방학 하루를 앞둔 1954년 12월 23일 지각생 체벌로 학교 운동장 옆 차디찬 풀장에 강제 입수를 하게 되었고 그다음 날 독감이라는 당시의 희귀(稀貴)병에 걸려서 약 2개월여를 투병하느라 학기말 시험을 놓치고 말았다. 그로 인해 유급의 위기까지 겪고 어렵게 진급할 수 있었다. 그 해 1학기 성적에 준하여 각 학과 별 선생님의 동정 점수를 받아서 고비를 넘길 수 있었으나 담임 선생님과 사전 상의도 없이 마음대로 동정 점수를 받았다는 이유로 선생님의 감정을 유발(誘發)시켜 어려움도 겪게 되었다.

형님과 내가 어려운 막내 고모님을 더 힘들게 하는 것 같아 2학년 중반이 되어서는 자취생활로 방향을 바꾸게 되었다. 자취생활도 너무나 각박하고 힘들었지만 다른 방법을 찾을 수가 없었다. 그 해가 지난 후 형님은 연세대학교 부산분교에 입학하여 기숙사로 들어가게 되었으니 나 혼자서 자취생활을 할 수 없게 되었다. 마침 산청군 출신인 민경석이라는 친구가 부산진구 영주동의 누나 집에 기숙하고 있었는데 같이 있자고 하여 그렇게 했다. 그것도 어려움이 겹치는 것 같아서 몇 달 후에는 부산시 영도구 영선동 학교 근처 하숙방으로 옮겨 비로소 안정을 찾게 되었다. 경남 사천군 출신인 최남이라는 친구와 한방을 쓰기로 하고 들어간 집은 할머니 혼자 하숙생을 받아 생계를 이어가시는 인품이 좋으신 분이었다.

이때부터 나는 마음을 다잡아 먹고 열심히 공부만 했다. 시험을 준비할 때는 중요 부분을 복습하고 밤 12시 이전에 잠자리에 들어가 다음날 5시경에 일어나 전체를 다시 점검하는 방법을 택했다. 3학년 1년간 최선을 다한 결과 졸업식에서 전교생 542명중 특대생이 3명인데 그중에서도 대표로 상장을 받게 되었으니 수석 졸업생이 된 것이다.

그러나 나의 앞길에는 건널 수 없는 큰 강이 나타났다. 아버지가 병세 악화로 면장직을 그만두었다는 청천벽력(靑天霹靂) 같은 소식이었다. 고민 끝에 내가 대학 진학을 1년 연기하고 아버지의 건강 회복을 도와 회복을 하신 후에 진학하는 것이 현실적으로 현명한 길이라 생각하여 대학 입학 원서조차 내지 않고 고향으로 돌아왔다. 우리 동기생 3명(이동희, 김동규, 강석중)이 연세대학교 부산분교에 무시험으로 입학했다. 나에게는 아버지의 병환이 이 기회조차 포기하게 하였다.

앞에서 여러 번 전술한 대로 가장이 되어 한 해가 지나 몇 달 후 1958년 5월 20일 아침에 아버지는 유명을 달리하여 저세상으로 떠나시고 말았다. 지난날들을 간추려 보면 그동안 아버지 병간호와 가족 생계를 책임져야 했고 형님의 학비를 충당하기 위하여 전력을 쏟고 있었으니 꽁꽁 얼어붙은 내 마음은 걷잡을 수 없이 방황할 수밖에 없었다. 재산이라곤 얼마 남지 않은 논과 밭이 전부였지만 다 팔아 아버지가 남겨놓은 부채를 청산해야 했고 맨주먹으로 약방을 운영하면서 가족을 지키고 형님의 학비를 조달해야 했기에 새벽부터 밤 자정까지 최선을 다하며 고달픈 영육을 스스로 달래기도 하며 사력을 다해 지탱해야만 했다.

세월이 흘러 1960년 4.19 의거가 터지던 해에 형님은 대학 졸업을 하고 취업하게 되었고, 나는 모든 가사 정리와 못다 갚은 부채까지도 말끔히 청산을 하였으니 숙명적 소명을 다했다는 성취감으로 나름 홀가분한 생각을 하기도 했다. 약방을 동생 병근이에게 맡기며 가족을 부탁하고 연기해 두었던 군대에 지원 입대하여 논산훈련소 전반기 8주 훈련을 마치고 헌병학교에 입학하게 되었고 거기서 8주간의 교육을 받고 6관구 헌병 참모부에 배치를 받아 군기계에 근무했다.

우연히 영내에서 중학교 동창생을 만나 그 친구의 주선으로 헌병감실 파견근무를 약 1년간 하다가 1961년 5.16군사정권이 들어서서 파견병 원대 복귀명령에 따라 6관구로 복귀하게 되었고 11헌병 중대 조사계에 보임을 받았다. 조사계 업무 중에서 가장 중요한 송치의견서와 징계의견서 작성을 담당하며 1년 반 정도를 복무하고 34개월 16일 만에 만기 제대를 하게 되었다.

국민의 3대 의무(납세, 교육, 국방)중 하나인 국방의무는 마친 격이지만 나의 앞날은 오리무중이었다. 군 전역 후에도 나의 진로를 선택할 자유와 권한이 내 마음대로 할 처지가 아니어서 부득이 고종형님인 남해용에게 의지하게 되었다. 미풍상사, 영화제작사, ㈜반도여행사, 삼공전자(주)를 전전하다가 어느 날 스스로 나의 진로 결정을 해야 하는 기회가 왔다. 인쇄업을 함께하자는 3종 형님 정병현으로부터 '러브콜'을 받은 것이다. 이때가 나의 인생 항로를 180° 바꿀 기회로 다가왔지만 나 자신의 구상이나 계획 속에는 전혀 없었던 일이 벌어진 것으로 이 또한 하나님이 당신의 뜻을 이루기 위한 섭리였음을 깨닫고 굳게 믿게 된 것이다.

1970년 봄 인쇄업 동업을 결정하고 삼공전자(주)를 사임한 후 한일인쇄교역(주)를 설립하였다. 사장은 정병현 형님, 나는 상무 직함을 받고 출발했다. 수출 입국을 국가적 목표로 적극 추진하던 혁명정부의 추세에 힘입어 일취월장으로 회사가 발전할 수 있었다. 승승장구에 도취되어 사후 위기 대처라는 개념조차 없이 과감하게 회사 시설 확충과 종업원 확보에만 힘을 쏟게 되었다. 국제 정세에 어두운 나의 일천한 안목으로 무작정 확장일로에 있을 때 1975년 전후 두 번의 석유파동은 회사를 강타하였고 거래처도 하루가 멀다 하게 부도가 났다. 이 또한 교만한 나를 연단의 풀무불에 밀어 넣어 연단코자 하시는 하나님의 뜻이었음을 믿는다.

어떠한 방법을 써서라도 회사를 지탱하려고 안간힘을 다 쏟아부어 약 6~7년을 버티다가 부도만은 피해야 한다는 생각으로 옥 사장에게 무상양도를 했다. 당시 동업자 정병현 사장님의 배신은 커다란 충격이었고 걸림돌이지만 회사와 같은 배를 탄 나는 모든 것을 감수할 수밖에 없어 나 독자적 힘으로 회사를 무상양도 하는 길을 추진해야만 했다. 다행히도 회사 양도를 이루었고 그 후 약 4년여를 옥 사장의 요구로 회사 일을 도우면서 한편은 나름대로 열심히 내 거래처를 확보하고 영업을 했다. 그렇지만 애시당초 옥 사장과 내가 처음 합의한 약속을 옥 사장이 이행하지 않아 이것이 두 번째 배신을 당한 격이 되었다. 결국 허탈에 빠져 빈손으로 독립을 선언하였고 1987년에 '규문사'를 설립하였다. 설립 후 약 13년을 지나 2000년도에 주 거래처인 아도니스의 부도로 인해 거액의 손실을 감수해야만 했다. 당시 약 7천여만 원의 손실은 웬만한 아파트 한 채 값이었다. 그런 와중에 회사의 강 부장과 박 상무가 나의 거래처를 훔쳐서 다른 회사를 만들어서 인쇄업을 하고 있다는 것을 알게 되었다. 배신과 배임은 너무나 가슴 아팠지만 내가 보복한다면 믿음 없는 불신자와 같은 사람이 된다는 생각에서 깊은 번민에 빠졌다. 저들에게서 잘못을 시인받으면 용서를 해 주어야 한다는 마음이었지만 모든 증거는 확보하여 대비는 했다. 얼마 후 박 상무가 한 번만 용서해 달라고 빌어 더 이상 확대하지 않기로 했다.

이 또한 나의 원죄와 자범죄를 용서해 주신 주님과 함께 동행할 수 있는 조건인 '우리가 우리에게 잘못한 사람을 용서하여 준 것 같이'라는 주기도를 실천한 것이 된다고 생각했다. 자기 잘못을 인정하고 용서를 구하는 자에게는 용서해 주어야 한다는 주님의 조건부 용서이다. 반대로 자신의 잘못을 정당화하는 자에게는 끝까지 의의 병기로 싸워 이기고 물리쳐야 한다는 것이 기독교 윤리이다. 무조건적 용서와 사랑은 우상주의와 만능주의에 경도되어 있는 잘못된 기독교 신앙관이라고 단정하는 것이다.

2001년 이후 회사를 지탱하는 일이 점점 어려워지고 부동산 담보 대출도 한도가 없어 방법은 감귤농장을 매도하는 길 외에는 방법이 없게 되었다. 몇 년에 걸쳐 노력해도 길이 열리지 않았고 궁극적으로는 이미 전술했듯이 김상식 씨에게 떠맡기다시피 양도하여 구사일생의 길을 찾게 되었다. 그분은 나의 약점을 이용하여 큰 이익을 창출하였고 쾌재(快哉)를 불렀겠지만 나로서는 당시 너무나 분통이 터졌다. 그러나 또 다른 한편으로는 그렇게라도 내가 비빌 언덕을 제공해 준 고마움도 한몫을 했으니 이 또한 감사해야 해야 할 절대적 은혜라고 믿게 되었다.

모든 부채를 다 청산하고 '규문사'도 정리하여 폐업 신고를 했다. 그 상호로 장남 석균이가 사업자 등록을 다시 하여 이어가게 되었고 승균이와 함께 하겠다고 하여 잘해 보라고 했다. 몇 년 후에 때마침 교회에서 총무 직원을 모집한다고 하여 승균이에게 응모케 하여 채용이 되었고 지금까지 잘하고 있으니 다행한 일이다. 그동안 인쇄하면서 익힌 컴퓨터와 관리능력과 '자소서'에서 좋은 점수를 얻어 채용된 것이라고 생각한다. 이 또한 하나님의 섭리 안에서 기회가 주어진 것이라 믿고 감사를 드린다.

'내가 나 된 것은 하나님의 은혜로 된 것이니(고전15:10)'라고 고백한 바울 사도의 고백이 바로 나의 고백이요 또 앞으로 남은 여생도 주님의 인도하심을 따라 감사와 기쁨으로 '내 잔이 넘치나이다(시23:5)'라고 외치며 살아가려고 노력할 것이다.

역삼동 우성빌라에 살면서 거주자 6세대가 어려운 합의를 이루어서 도시형 생활 주택으로 재건축도 하였고, 나도 경제적 지평을 새롭게 다시 펼칠 수가 있었다. 담보 대출로 건축비를 충당하고도 전세 보증금을 마련할 수 있었으며 또 지금 사는 아파트도 분양을 받을 수 있는 여건이 조성된 것이다. 2011년 가을 재건축을 위하여 용인으로 이사해서 써니밸리 아파트에서 3년 반을 살았고 이곳 롯데캐슬 스카이를 분양받아 11년여를 살았으니 경기도 용인시민이 된지 14년이 훌쩍 넘었다. 피치 못할 큰 이유가 없는 한 이곳에서 이사를 하지 않아도 될 것 같다. 이곳의 장점으로 사통팔달의 교통 편이성이 우수하고 근린 생활환경이 좋기 때문이다. 주상 복합아파트여서 지하에 대형 롯데마트를 비롯하여 1층에는 상가, 2층에는 각종 편의시설과 운동시설들, 어린이집, 경로당, 북카페, 독서실, 실내골프장, 요가와 스포츠댄스실, 영유아 놀이방 등이 고루 갖춰져 있다. 또 도보 5~6분 거리 안에 동회, 보건소, 우체국, 은행 지점들, 종합병원인 강남병원, 전문 개인병원, 식당, 주민 문화센터 등이 있으니 노년생활 이동거리가 가까워 편이성이 최고로 좋은 편이다.

서울 강남구 대치동에 있는 우리 서울교회와의 거리는 좀 멀지만 승용차로 3~40분 거리이고 버스를 이용해도 한 번 갈아타고 1시간여이면 도착할 수 있으니 별 문제가 되지 않는다. 우리 서울교회는 이종윤 원로목사님 후계자가 잘못 청빙이 되어 5년여의 환란의 고비를 넘겼지만 이제 회복 단계에 접어들었으니 감사할 뿐이다. 이러한 난국을 극복할 수 있었던 것은 근본적으로 교회의 모든 행정과 재정 운영체계가 사실과 일치한 투명성과 적합성이 증명되었기 때문이었고 그 정의의 방패로 악한 세력을 물리칠 수 있었기 때문이다.

위에 서술한 대로 고달픈 과거의 나날들이 종국적으로 돌아보면 나를 연단시키시고 인내력을 키워 주셨고 이 모든 과정을 통하여 나와 아내를 영원한 천국 시민으로서 영화의 나라로 인도하시려는 거룩하신 하나님의 뜻이라 믿는다. 이 모든 것이 나와 아내를 하나님의 보잘것없는 말단 종으로라도 쓰임받게 하시려는 여정들이었다고 믿으며 그 과정들에서 잊을 수 없었던 일들의 기억을 더듬어 이 글을 쓰는 것이다. 그래서 나로서는 고달팠던 지난날들이 아름다운 구원의 서사시라고 보아도 무방할 것 같아 감사를 주께 드린다.

다시 한번 고백할 수 있는 것은 '내게 능력 주시는 자 안에서 내가 모든 것을 할 수 있느니라(빌4:13)'라고 한 바울 사도의 고백이 내 마음 깊은 곳에 언제나 살아 역사하기를 바랄 뿐이다. 나의 인생길 구비구비 길목마다 동행하시고 선악을 분별할 수 있는 지혜를 주시어 의로운 길로 인도해 주신 그 크신 은혜에 감사드리며 남은여생 중에도 그 전권 적 권세 밑에서 순종과 하나님 사랑과 이웃사랑의 공의를 실천하며 또 정의롭게 살아가기를 소원하는 바이다.

6. 넘쳐나는 내 잔의 찬미

나는 87년 전에 내가 원해서 이 땅에 태어난 것이 아니며 또한 내가 나의 부모님을 택한 것도 아니라는 것을 묵상해 보았다. 어딘가에서 아무도 모르게 작동하는 섭리를 따라 나를 이 세상에 태어나게 한 본체(本體)가 있음을 믿는 것이다. 바로 그분이 내가 믿는 하나님이시고 그가 천지를 창조하시고 섭리하신다는 것을 믿는다. 그 하나님의 영을 성령이라 하며 성육신(成肉身)하시어 보이는 하나님으로 오셨으니 그가 예수님이시며 삼위의 한 분인 성자 하나님이시다. 또한 예수님이 죽으신 후 자기를 대신하여 우리에게 보내주신 영이 보혜사 성령님이시다. 그의 절대적 권능 아래 예정 섭리로 내가 태어났고 또 양육 받았으며 나의 한평생을 동행하고 계시며 영화의 세계까지 함께 하실 것을 믿는 것이다.

어린 시절 만 10세에 어머니가 내 곁을 떠나시고 새엄마를 맞게 하시었으며 또 약관의 문턱인 19세에 아버지마저 세상을 떠나셨으나 나는 장남을 대신하여 가족을 지켰고 장남인 형님을 대학 졸업까지 시켜 취업할 수 있도록 보호자 역할을 도맡아 했으며 형님이 결혼할 때까지도 후원자로서 역할을 다하였다. 당시에는 나의 장래를 위하여 우선순위에 두어야 할 모든 것 들은 후 순위로 돌리고 오로지 가족을 선 순위에 두었던 결단은 대승적 좌우명이 되었고 그로 인하여 단 한 번도 후회(後悔)해 본 적은 없었다. 이 역시 나는 대의명분에 우선순위를 두고 지혜로운 선택을 했었기 때문이라 생각한다. 만약 그

때 나의 욕심 때문에 나의 앞날을 우선했다면 우리 가정은 산산이 부서져 풍비박산(風飛雹散)이 될 수밖에 없었고 형님도 대학을 중퇴할 수밖에 없었으며 어린 동생들은 길거리 신세나 남의 집 신세를 면할 수 없었을 것이다.

나는 보이지 않는 신(하나님)의 섭리로 그렇게 대의(大義)를 선택하도록 결단을 내렸고, 삶과 죽음의 문턱까지 넘나들며 모든 역경과 고통을 극복하면서 가파른 언덕을 오르고 또 올라 산등성이를 넘고 넘어 드디어 평탄한 길목에 접어들 수 있게 된 것이다. 그 갈림길(변곡점) 첫 번째가 소년가장이 되어 모든 가정사를 말끔히 정리하고 형님도 취업하게 되었고 가족 생계는 동생에게 맡기고 육군에 입대할 수 있게 된 때였고, 두 번째가 군 생활로, 약 3년은 또 하나의 특별한 연단 과정이었다. 세 번째는 과감한 결단으로는 맨주먹과 차가운 아스팔트 길을 무릅쓰고 5만 원 사채를 얻어 눈물겨운 결혼을 감행했다는 것이다. 이 또한 내 삶의 결정적 전환점이 되었다고 생각한다. 당시의 사채이자가 월 8%였지만 정옥수(정순표, 정순필의 여동생)라는 집안 조모뻘 되는 분에게 특혜를 받아 6%로 얻을 수 있었다. 네 번째는 제대 후 취업난 속에서 피동적으로 끌려다니며 네 번씩 직장을 옮기며 수련을 쌓게 한 것이다. 다섯 번째는 1970년 경 만 31세라는 나이에 과감한 결단을 내려 인쇄업 입문으로 경영인이 된 것이다. 이 또한 내 노력이나 내 능력으로 된 것이 아니었고 전혀 예상 밖에 보이지 않게 돕는 손길이 나를 붙잡아 주셨음을 믿는다. 맨 주먹인 나에게 조건 없이 동업을 제의한 그 이면에는 논리적인 여건도 있었겠으나 그러한 환경과 기회를 조성하여 주신 분이 분명 있었기에 그 모든 여건이 합력하여 선을 이루었다고 믿는 것이다.

그 뒤 한일인쇄교역(주)의 승승장구는 교만을 불러일으켰고 교만은 위험 대비라는 것을 염두에 둘 수 없게 했으며 회사 확장에만 열을 올리게 했다. 드디어 오일쇼크의 충격에 시달리다가 결국 무릎을 꿇게 되었다. 너무나 안일한 생각에서 나에게는 후퇴나 실패라는 것은 없을 것이라는 환상(幻想)이 나를 사로잡고 있었다고 생각한다. 뜻밖의 중동 오일쇼크는 약 5년여간 태풍이 되어 줄기차게 밀어닥쳐 나는 백척간두(百尺竿頭)에서 오로지 회사 살리기에만 오매불망(寤寐不忘)으로 골몰할 수밖에 없었다. 그러나 비책(祕策)은 찾을 수가 없었고 날마다 용기를 잃지 않게 해 달라는 기도와 함께 모든 방법을 다 동원하며 하루하루를 힘겹게 버텨나가야만 했다. 이미 전술했듯이 결국 다른 방법은 없었고 최후의 수단으로 회사를 무상으로 양도하여 부도만이라도 피할 수 있는 길을 택해야만 했다. 남들이 흔히들 사용하는 계획 부도는 나의 사전에 존재할 수가 없었다. 측근에서 몇 사람이 유혹의 손길을 내보였으나 단호히 물리쳤다. 무상양도의 길을 어렵게 찾아내어 부도를 면하였고 양수자인 옥 사장에게 붙들려 회사가 안정을 찾을 때까지 협력자가 되었다. 헤어질 때 그자에게서도 상호 약속 불이행으로 또 한 번 이용당한 꼴이 되어서 궁극적으로 배신을 당하게 되었다. 옥 사장은 당초에 나와 약속한 것을 끝내 이행하지 않았고 내가 청구금을 포기함으로 결말이 났지만 결국 나는 옥사장의 이용물이 되고 만 꼴이 되었다. 세상 사람들은 이렇게 믿을 수 없는 존재라는 것을 또 한 번 깨닫게 되었고 나는 그를 용서하면서 몇 마디 충고로 매듭을 짓고 떠나왔다. 결국 나는 예수님의 긍휼과 사죄의 은총을 배워 흉내낸 종이 되었고 주기도를 실행할 수 있었다는 자긍심을 가질 수 있었다.

'우리가 우리에게 죄지은 자를 사하여 준 것 같이'라는 기도문을 스스로 행한 일이라는 생각을 해 보았다. 내가 물질적 이해관계만을 중요시했다면 끝까지 약속을 이행해 달라고 주장하면서 강압적으로 겁박을 줄 수도 있었겠지만 그렇게 비열한 방법은 쓸 수가 없었다. 옥시범 사장은 상대방 거래처와 함께 짜고 계획적으로 탈세를 하고 있었기 때문에 밀고하면 결정적 타격을 가할 수가 있었다. 문방구 어음으로 거래하며 약속된 날에 현금과 맞바꾸는 방법으로 거래 내용의 근거와 흔적을 철저히 감추고 있다는 것을 나는 다 알고 있었다. 내가 마음만 먹으면 충분히 보복할 수도 있는 일이었으나 나의 억울함과 분노를 풀기 위하여 상대방의 그 약점을 비겁하게 이용한다는 것이 내 양심으로는 용납될 수가 없었다. 나는 사람의 약점을 무기로 삼지 않으신 주님의 사랑이 나의 마음속에 각인되어 있었나 보다. '상한 갈대를 꺽지 아니하며 꺼져가는 심지를 끄지 아니하기를(마12:20)'라는 말씀과 '원수를 사랑하라'(눅6:27)는 주님의 말씀을 순종하는 종으로서 마땅한 책무(責務)라고 생각했고 그것이 영광을 돌리는 길이라고 믿었다.

횡령과 배임을 한 정병현의 첫 번째 배신, 2중 장부로 탈세하면서도 나와의 약속 불이행으로 배신을 한 옥시범의 두 번째 배신, 공모하여 배임과 절도를 한 강종범 부장과 박남순 상무의 세 번째와 네 번째 배신을 나는 다 용서하고 복수를 하지 않았다. 내가 선한 것이 아니고 그 마음을 주신 주님의 긍휼과 사죄의 권능과 사랑의 은총으로 선한 영이 역사하였기 때문이라고 믿는다.

그 후 규문사의 어려움은 나를 궁지로 몰아갔고 급기야는 제주도 감귤농장을 굴욕적으로 양도하게 되었으나 또 한편으로는 그것이 기사회생(起死回生)의 기회가 되었다. 이 모든 연단을 통하여 나는 더욱 믿음에 확신을 갖게 되었으며 난관마다 지켜주신 하나님을 만날 수 있었으니 이 또한 끝없는 하나님의 은혜라고 믿는다. 그동안 우리 4남매를 잘 양육하였고 또 적령기에 다 결혼하여 믿음의 가정을 이루고 있으며, 손자녀 7명이 모두 주안에서 잘 자라서 의사, 간호사, 항해사, 체력관리사로 4명은 이미 의젔한 사회인이 되었고 아직 3명은 대학생이니 이 또한 하나님의 은혜요 넘치는 내 잔이라고 할 수 있겠다.

갈림길 여섯번째로는 역삼동 재건축을 통해서 재기의 발판을 만들 수 있었고 현재 살고 있는 아파트도 분양받을 수 있었다는 것이다. 하나님의 은혜와 섭리가 아니면 어떻게 여기까지 올 수 있었을까 자문(自問)을 해 본다. 지난날의 모든 역경과 환난 속에서도 눈동자와 같이 지켜주시고 인도하신 주님의 은혜에 감사드리며 남은여생도 함께해 주실 것을 믿고 의지하며 하늘나라 가는 그날까지 담대히 나아갈 것을 다짐해 본다.

아내와 내가 다 고령이지만 아직까지는 큰 병 없이 건강을 유지하는 것도 내 잔을 채워주시는 주님이 함께 하시기 때문으로 믿는다. 뜻하지 않게 2024년 12월 27일 오후 3시 30분경 한의원에서 침을 맞으려고 준비하고 있을 때 나에게 뇌졸중(뇌경색)이 나타났지만 신속한 응급조치와 동맥 내시경 시술로 큰 장애 없이 입원 8일 만에 퇴원하여 순조롭게 회복되었으니 이 또한 하나님의 절대적 은총을 입었음을 믿고 감사 또 감사를 드린다.

질병과 죽음도 내 마음대로 좌우할 수 있는 선택사항이 아니며 오직 섭리주의 가호(加護)와 철저한 자기 관리가 합력하여 선을 이룬다는 것이 진리의 말씀이다. '그의 뜻대로 부르심을 입은 자들에게는 모든 것이 합력하여 선을 이루느니라.(롬 8:28)'는 말씀을 깊이 묵상하며 감사를 드린다. 아무리 건강관리를 잘하여도 전혀 뜻밖의 난치병이 걸린다는 것은 신의 영역에 속한다고 믿는다. 세계의 명의들이나 역사적으로 유명한 철학자들이 궁극적으로는 신적 존재를 믿으며 그분이 우리 하나님이라는 것을 자타가 공인하는 사실이다.

고령의 노부부에게 주신 건강도 내 잔을 넘치도록 채워주시는 실상이 되고 증거가 되는 것이다. 그래서 하늘 영광을 바라보고 두 손 들고 나아가 넘쳐나는 은혜와 복을 찬미하며 남은 여생을 채우려고 한다. '세상에서 너희가 환난을 당하나 담대하라 내가 세상을 이기었노라(요16:33)'라는 말씀을 의지하려 한다. 주님만 믿고 순종하면 세상만사를 극복할 수 있고 '내가 세상 끝날까지 너희와 항상 함께 있으리라(마28:20)' 하신 말씀으로 평안을 누리고자 하는 것이다. 기쁨과 감사함으로 여호와 주님을 의지하고 천국까지 동행해 주실 것으로 믿으며 순종의 길을 가려고 하는 것이다.

빚진 인생의 미진(未盡)한 마음이 한 구석에 남았지만 땅 위의 생명이 다할 때까지 최선을 다하여 성령의 아홉 가지 열매를 맺으며 살아가기를 기도하고 또 행하여 신행 일치를 실천하고자 한다. 성령님의 돌보심이 함께 해 주실 줄을 믿으며 감사 또 감사를 드린다. 다행히 금년이 다 가기 전에 역삼동 부동산이 예상밖에 기적적으로 매도가 되어 세 번째 빚인 물질적 빚은 모두 청산했으니 이제는 모든 근심 걱정 떨쳐버리고 멀리 가까이로 여행을 좀 하고 싶다. 아내에게 지고 있는 마음의 빚도 조금씩이나마 갚고 싶으나 언제까지 나와 아내의 건강이 기다려 줄 수 있을지가 미지수이다. 환경이 허락해도 육신이 여의치 않으면 물거품이 될 수밖에 없으니 안타까울 뿐이다. '헛되고 헛되다'(전1:2)고 했으니 이 세상 삶을 뛰어넘어 영생을 바라보는 소망으로 날마다 승리의 삶이 이어지기를 기도하나 이 또한 하나님의 허락 안에서만이 이루어질 수 있음을 믿는다.

나는 지금까지 4번의 물욕에 대한 유혹을 뿌리쳤다. 나의 능력에 매력을 느껴 동업하자는 서성록, 남수성, 김상철의 유혹을 단호히 물리쳤다. 이 또한 주님이 주시는 능력으로 나의 정체성을 지킬 수 있었으며 우리 회사의 부도 위기 앞에서 또 김상철의 2번째 유혹인 기획부도 권유도 물리칠 수 있었다. 공의와 정의를 내던질 수 있는 네 번의 유혹과 사기 부도 권유를 물리침으로 십계명 중에 제8, 9계명인 도둑질과 거짓 증거 금지를 지킨 것이다. '악에게 지지 말고 선으로 악을 이기라(롬 12:21)'는 말씀을 상고하며 스스로 위로 받으며 자신을 달래 본다.

나는 또 4번의 배신을 다 용서하였다. 전술했듯이 정병현 사장, 옥시범 사장, 강종범 부장, 박남순 상무를 보복하지 않았고 앞의 2분에게는 '충고(忠告)성 경종 몇 마디'로, 뒤의 두 사람에게는 자신들의 죄를 용서해 달라고 무릎을 꿇어 '이제부터는 인생을 정직하게 살아야 한다'는 충고와 계도(啓導)로 마무리를 한 것이다. 이 또한 주님이 가르친 주기도 내용을 현실적 인생 생존경쟁 속에서 실천할 수 있었던 것이다. 이 모든 것이 나의 능력이나 아량이 아니고 우리 죄인(원죄와 자범죄)들을 위하여 물과 피를 다 쏟으시고 생명까지 속죄물로 내어주신 주님의 그 크신 사랑과 긍휼로 성령님의 인도를 따라 이끌려 왔음을 믿으며 이 엄청난 은혜에 감사와 찬미를 드린다.

지난 세월 약 40년간의 인쇄 여정 중에 잊을 수 없는 유혹 4번을 추상같은 단호(斷乎)함으로 물리칠 수 있었던 것은 주님의 의를 실천한 것이었고, 배신 4번의 용서는 주님의 긍휼과 사죄의 은총을 실현한 것이라고 믿으니 이 모든 것은 사람의 마음을 조성하시고 공의와 정의를 실현코자 하시는 주님의 역사이며 전능자의 인도하심으로 믿고 무한 감사와 영광을 다시 한번 돌려드린다. 오직 주님의 영광과 기쁨을 위하여 이 호흡이 멈출 때까지 달려가고자 다시 한번 옷깃을 여미고 하나님이 채워주실 참된 평안과 위로를 소원하며 두서없지만 이 글을 마치려고 한다.

‘아버지 저들을 사하여 주옵소서 자기들이 하는 것을 알지 못함이니이다(눅23:34)’를 큰 소리로 외쳐본다. 그리고 우리들은 부지불식간에 짓는 죄를 알지 못하는 어리석은 죄인들이오니 사죄의 은총으로 날마다 깨끗이 씻어 주옵소서라고 기도할 뿐이다.

‘항상 기뻐하라 쉬지 말고 기도하라 범사에 감사하라 이것이 그리스도 예수 안에서 너희를 향하신 하나님의 뜻이니라’(살전 5:16~18)를 묵상하며 순종의 삶을 살아갈 것을 다짐해 본다. 모든 영광을 하나님께 돌려드리고 주님 주시는 참된 평화와 평강이 여러분과 함께하시기를 기원하며 할렐루야를 외쳐본다. 아멘

내 잔이 넘치나이다 (개정판)

지은이 : 정병무

펴낸이 : 김봉진

꾸민이 : 김봉우

펴낸날 : 2026년 1월 12일 펴냄

펴낸곳 : 도서출판 비움과 채움

㊖ 06764 서울시 서초구 태봉로 2길 5, 502-1201

전화 02-999-0053 전송 0508-954-3622

전자주소 : ranto@hanmail.net

ISBN 978-89-93104-56-1 03230

값 15,000원